Drei entscheidende Fragen

Theodor Dierk Petzold

Drei entscheidende Fragen

Salutogene Kommunikation zur gesunden Entwicklung

Dieses Buch und die Salutogene Kommunikation
widme ich meinen Kindern Jan und Swaantje
und ihren Kindern
und der Zukunft aller Kinder.

Würdigung und Danksagung

Systemisch verstanden ist die Salutogene Kommunikation das Ergebnis von Kommunikation und Kooperation vieler Menschen. Das Buch ist eine Kondensation eines mehrdimensionalen rekursiven Entwicklungsprozesses. Es ist ebenso schwierig, einen Anfang zu bestimmen wie alle Beteiligten zu benennen. So sei zunächst all jenen gedankt, die hier nicht namentlich genannt sind, den Eltern, Freundinnen*, Partnerinnen, Lehrerinnen, Kolleginnen, Patientinnen, Studentinnen, Kindern und Enkelkindern u. a. m. Sie haben alle dazu beigetragen, dass das vorliegende Werk entstanden ist.

Am Anfang des expliziten kokreativen Wissenschaftsprozesses, in dem Wissen geordnet und angewendet wird, stand eine kleine Arbeitsgruppe zur Salutogenen Kommunikation im Jahre 2004 von Elisabeth Möller, Annette Mulkau, Eberhard Göpel und mir. Ronald Grossarth-Maticek hatte mir 2002 den Aufbau der Ausbildung im Autonomietraining anvertraut – ein weiterer wichtiger Baustein für die Entwicklung von SalKom®. Nadja Lehmann und Rolf Bastian haben diese Entwicklung wie auch Publikationen über viele Jahre konstruktiv reflektierend begleitet und angeregt.

Mona Siegel, Beate Magdeburg, Anna Klüpfel und Alexandra Peters-Forstreuter haben das Rohmanuskript, das noch besonders schlecht zu lesen war, kritisch durchgearbeitet und konstruktives Feedback gegeben. Im zweiten Durchgang haben mir besonders Sandra Kunz, Maria Sailer und Markus Übelhör konstruktive Rückmeldungen gegeben. Allen dafür herzlichen Dank!

Für das Lektorat bedanke ich mich bei Claudia Keller, Emma Bassner, Manuela Funck und Katja Pohlenz.

Für die erfrischende und ansprechende Gestaltung der Grafiken und des ganzen Buches sei Margrit Stüber gedankt.

** Um dem Gender-Aspekt in der Sprache halbwegs gerecht zu werden, verwende ich im Plural das Femininum und im Singular wie bisher üblich das Maskulinum, wenn nicht jeweils ausschließlich das andere Geschlecht gemeint ist.*

Inhalt

Einleitung

Anfang Oktober erreicht mich ein Anruf: »Sind Sie Theo Petzold? Sie haben vor 40 Jahren bei mir die Diagnose ›Morbus Bechterew‹ gestellt. [...] Sie haben mir damals gesagt: ›Achte darauf, dass du in deinem Leben immer wieder Wohlbefinden findest!‹ Das habe ich zu meinem Lebensmotto gemacht und 40 Jahre lang keine Schulmedizin gebraucht.«

Wie schon wenige Worte eine nachhaltige Wirkung haben können – wenn sie eine gute Resonanz auf einem fruchtbaren Boden finden – konnte ich damals bestenfalls ahnen. Die Frage nach wirkungsvoller gesundheitsfördernder »salutogener« Kommunikation hat mich allerdings immer beschäftigt. Dazu musste ich Antworten auf die zugrunde liegende Frage finden: Wie können Menschen sich gesund entwickeln?

Damals war schon klar, dass jeder Mensch eine Ganzheit von Körper, Fühlen, Denken und Glauben bildet und vielfältig mit seiner Umgebung verbunden ist und kommuniziert. Angemessene, wissenschaftlich anschlussfähige Begriffe zur Beschreibung dieser komplexen dynamischen Wechselwirkungen waren allerdings schwer zu finden. Die Wissenschaften waren zunehmend auf Analyse bis zum Kleinsten und materielle Kausalitäten orientiert und haben eine Trennung von Subjekt und Objekt praktiziert. Aus praktischen wie auch erkenntnistheoretischen Gründen ist es wichtig, die subjektive Perspektive, auch die Introspektion eines Klienten[1], mit der Außenperspektive zusammenzubringen. In einer Resonanzbeziehung von Subjekt und Objekt, von Arzt und Patient, werden diese als resonierende Subjekte wirklichkeitsnäher verstehbar.

So gilt es, unter einem ganzheitlichen Aspekt geeignete Begrifflichkeiten zu finden und unter der Leitfrage nach gesunder Entwicklung die vielen existierenden wissenschaftlichen Detailerkenntnisse neu zu ordnen. Im wechselseitigen Bildungsprozess von

1 *Um den Geschlechtern in der Sprache halbwegs gerecht zu werden, ohne den Schreib- und Lesefluss zu sehr zu verkomplizieren, verwende ich im Weiteren im Singular entsprechend der bislang üblichen Schreibweise die männliche Form, es sei denn, es handelt sich explizit um eine Frau, und im Plural immer die weibliche Form, es sei denn, es handelt sich ausschließlich um Männer.*

Theorie und Praxis der salutogenen Kommunikation ist im Laufe der Jahre eine systemische Psychologie mit einer salutogenen Psychodynamik entstanden. Gesunde Entwicklung und gutes Leben sind kokreative Prozesse zwischen Individuum und Umgebung.

Eine Tatsache und drei entscheidende Fragen

»In der Wissenschaft ist die Frage wichtiger als die Antwort«, schreibt Antonovsky 1993 (S. 11). Dabei kommt es vor allem auf ihre Zielrichtung an. Fragen können unsere Gedanken und unser Suchen in eine Richtung lenken. Sie aktivieren uns auf eine andere Art und Weise als Antworten. Mit unseren Fragen wollen wir Menschen zu ihren impliziten dynamischen Funktionen leiten, die sie im Laufe der Evolution und ihres Lebens gebildet haben, zu ihren Grundfähigkeiten Wahrnehmen, Handeln und Lernen. Diese ihre autonomen Fähigkeiten sollen kommunikativ angeregt und gestärkt werden.

So brauchen wir als Beraterinnen (s. Fußnote 1) und Therapeutinnen nicht die Lösung für den Klienten zu finden. Vielmehr unterstützen wir ihn dabei, seine Lösung zu finden, und helfen ihm so bei der Annäherung an seine attraktiven Ziele. Wir kennen nicht seine Lösung, wohl aber lösende Vorgehensweisen.

In der systemischen und lösungsorientierten Therapie wird der Ansatz, Fragen zu stellen, schon seit etwa 40 Jahren kultiviert (Watzlawick 1990; De Shazer 2014; Schwing u. Fryszer 2010). Auf diese wertvolle Arbeit konnten wir in der Salutogenen Kommunikation aufbauen. In meiner jahrzehntelangen Praxis in Therapie und Beratung sowie in kreativen Gruppen wie beispielsweise im Gemeinschaftsleben in Heckenbeck haben sich in der Reflexion *drei entscheidende Fragerichtungen* herauskristallisiert, auf die ich eine nachhaltig positive Wirksamkeit zurückführe. Diese stimmen mit theoretischen Überlegungen zur systemischen Selbstregulation überein. Die psychophysische Selbstregulation wird hier erstmalig als salutogene *Psychodynamik gesunder Entwicklung* ausgeführt. Sie findet in Resonanz und Kommunikation mit einer mehrdimensionalen Umwelt statt.

Die drei Fragen führen auch zu den drei Komponenten des Kohärenzgefühls von Antonovsky: Bedeutsamkeit, Handhabbarkeit und Verstehbarkeit. Die vielen Fragen, die Sie in diesem Buch finden, lassen sich jeweils einer dieser Fragerichtungen zuordnen.

1. Die Frage nach dem Wahrnehmen (schließt die nach einer attraktiven Motivation ein): *Was ist mir bedeutsam?*

2. Die Frage nach dem Handeln: *Was will und kann ich tun, um mich meinen Zielen anzunähern?*

3. Die Frage nach dem Reflektieren: *Was will und kann ich aus Erfahrungen lernen?*

Diese drei Fragen setzen eine Tatsache voraus, nämlich die, dass Menschen aktive, mitgestaltende Wesen sind. Sie führen die Menschen zu Entscheidungen, die ihrem inneren Wesen entsprechen und ihr Potenzial anregen. Eigentlich sind es Fragen, die sich unser Organismus permanent immer wieder selbst stellt und beantwortet, die seine gesunde Selbstregulation leiten (s. Kap 2.1).

Unser ganzes System funktioniert oft so, dass es sich diese drei Fragen auch unterhalb unseres Wachbewusstseins beantwortet. Das kann in Bezug zu einem Mitmenschen, zu einer Umgebung, einer Arbeitssituation oder etwas Anderem, für den Betroffenen Bedeutsamen sein. Viele menschliche Probleme bleiben jedoch auch ungelöst, bzw. treten auf, wenn Menschen irgendwann und irgendwo im Leben aufgehört haben, sich eine von diesen drei entscheidenden Fragen zu stellen und/oder sie zu beantworten – ob unbewusst oder bewusst.

In Beratungsgesprächen und Therapien geht es dann darum, den Ausgangspunkt für das Verharren, für die Blockierung der Selbstregulation zu finden, um dort mit diesen Fragen die Regulation anzuregen und die erhaltenen Antworten neu in das Ich zu integrieren.

Wir sehen im Klienten bzw. Patienten einen Menschen, der sich in Beziehung autonom selbstreguliert. Wenn wir eine kooperative Beziehung mit ihm eingehen, mit dem Ziel seines Wohlergehens, wollen wir gemeinsam sein Problem lösen. Das bedeutet auch, gemeinsam Antworten auf seine Fragen zu finden. Seine eigenen, selbst gefundenen Antworten wirken motivierender auf sein Handeln als gegebene Ratschläge. Deshalb sehen wir den wichtigsten Teil unserer Tätigkeit im Fragen.

Diese Fragen sowie deren wissenschaftlicher und praktischer Hintergrund können auch jenseits von Therapie und Beratung Menschen helfen, ihr Leben konstruktiv zu reflektieren, daraus zu lernen und neue Entscheidungen zum guten Leben zu finden. Das wird in diesem Buch ausgeführt.

Es werden ebenso die selbstregulatorischen Grundlagen gesunder Entwicklung als auch kommunikative Lösungen von verletzenden Interaktionsmustern beschrieben. Eine konsequente salutogenetische Orientierung auf die Entstehung von Gesundheit führt zu einem anderen Verstehen unserer Selbst als eine an Krankheiten orientierte Reflexion, wie sie in der verbreiteten Alltagspsychologie praktiziert wird.

Eine salutogene Selbstreflexion dient der Selbsterkenntnis als Mitgestalter in Beziehungen, in Kommunikation und Kooperation. Dieses neue, systemische Lernen kann für unser aktuelles und zukünftiges weises Mitgestalten des guten Lebens in dieser Biosphäre entscheidend sein.

Inhalt des Buches

Das Buch beginnt mit einem neuen Verständnis der systemischen Selbstregulation als Grundlage gesunder menschlicher Entwicklung. Es skizziert ein systemisches Gesundheitsmodell. Der erste Abschnitt geht der Frage nach: *Wie können wir uns gesund entwickeln?* Hier werden die *drei entscheidenden Fragerichtungen* in Zusammenhang mit der Selbstregulation gebracht, die eine Stimmigkeits- wie Kohärenzregulation ist. Diese Kohärenzregulation findet in aufbauenden oder bedrohlichen Umwelten statt, in sogenannten *Lebensdimensionen.* Um die Beziehungen zu unseren Umwelten gut mitzugestalten, haben wir Urvertrauen und *drei motivationale Einstellungen.*

Im zweiten Abschnitt wird unter der *Fragestellung nach dem Zusammenspiel von Körper und Seele* das ganzheitliche Modell der psychophysischen Stimmigkeitsregulation vertieft und als Grundlage einer systemischen Psychologie und salutogenen Psychodynamik skizziert. Diese autonome Selbstregulation bringt uns sogar unter Stressbedingungen immer wieder zu unseren attraktiven Zielen. Hier kommen die *drei entscheidenden Fragen* in jeweils angepasster Formulierung zur Anwendung. Gesunde Stimmigkeitsregulation findet in Kooperation mit Mitmenschen und anderen Systemen in mehrdimensionalen Umwelten statt. Dazu haben wir eine Menge unterschiedlicher Ressourcen.

Wie strukturiert sich unsere Persönlichkeit in unseren Weltbeziehungen? Im dritten Abschnitt wird die Psychodynamik gesunder Entwicklung als Integrationsprozess in eine Persönlichkeit auf dem Hintergrund der systemischen Psychologie beschrieben. Dabei strukturiert sich die Persönlichkeit in Bezug zu den unterschiedlichen Lebensdimensionen. In Resonanz zu diesen bilden Menschen innere Ich-Dimensionen aus. Insbesondere die Bedürfniskommunikation und emotionale Kompetenz in sozialen Bezugssystemen werden ausgeführt. Unterschiedliche Arten des Lernens spielen für unsere gesunde Entwicklung eine sehr wichtige Rolle.

Im vierten Abschnitt werden Kommunikationsmuster, die zu Verletzungen führen, unter folgender Fragestellung untersucht: *Wie können verletzende Beziehungen heilen? Wie können wir Macht-Opfer-Beziehungen heilsam lösen?* Dabei rückt das Beziehungs- und Interaktionsmuster des Macht-Opfer-Dreiecks in den Fokus. Dieses spielt bei vielen Problemen in Beratung und Therapie als auch allgemein in der Gesellschaft eine außerordentlich große Rolle. Durch geeignete Fragen können wir das verletzende Kommunikationsmuster unterbrechen und die heilsame Selbstregulation in Richtung von immer mehr Autonomie in stimmiger Verbundenheit anregen. Dazu gehören auch reflexive Lernvorgänge.

Im letzten Abschnitt »Wie kann man mit salutogener Kommunikation aufbauend kooperieren?« werden Anwendungen und Techniken der Salutogenen Kommunikation in verschiedenen Settings vorgestellt und ein kurzer Ausblick auf die Bedeutung der Kommunikation für die kulturelle Evolution gegeben.

»Um nicht missverstanden zu werden, müssen wir betonen,
dass Begriffe wie (...) Gesundheit Idealbegriffe sind,
die den Weg zu einem Ziel weisen.
Das Ziel selbst kann nie vollständig erreicht werden.«
Thure von Uexküll und Wolfgang Wesiack 1991 (S. 611)

Wie können Menschen sich gesund entwickeln?

Theoretischer Hintergrund

Ein Anspruch an Theorie ist in den Gesundheitswissenschaften zum einen Konsistenz – möglichst interdisziplinär integrierend – und zum anderen Praxis. Theorie muss sich in der Praxis bewähren – möglichst in individuellen und kollektiven Settings. Eine gute Theorie soll die beste Praxis sein. Und womöglich auch andersherum: Eine bewusste, reflektierte und kommunizierte Praxis ist der beste Weg zu einer guten Theorie.

Für unsere wissenschaftliche wie auch praktische Frage nach gesunder Entwicklung spielt das menschliche Subjekt die zentrale und entscheidende Rolle. Der Mensch wie Sie und ich will und soll sich gesund entwickeln. Auf diesem praktischen Weg eines guten Lebens soll uns die Theorie dienlich sein. Dabei erachte ich es für die Gesundheitswissenschaften aus praktischen wie auch erkenntnistheoretischen Gründen für sehr wichtig, die subjektive Perspektive mit der Beobachterperspektive zusammenzubringen. Die Trennung von Subjekt und Objekt in der Medizin kann überwunden werden, wenn wir Arzt und Patient in einer Resonanzbeziehung verstehen.

Wie die Praxis des guten Lebens sich immer weiter entwickelt, entwickelt sich die Theorie immer weiter. So ist die Salutogene Kommunikation eine lernende Methode. Das systemische Gesundheitsmodell der kooperativen Selbstregulation ist das aktuelle Ergebnis der Arbeit. Anstöße hierfür kommen aus der Kybernetik als Lehre der Steuerung dynamischer Systeme und der Komplexitätsforschung. Das Modell basiert auf neuropsychologischen Erkenntnissen zu motivationalen Einstellungen und einem dynamischen und systemischen Verstehen lebender Systeme.

Ein wesentlicher naturwissenschaftlicher Anstoß für ein neues salutogenetisch, also auf gesunde Entwicklung hin orientiertes Denken, kam aus der Chaosforschung. Resultate der Chaosforschung zeigen, wie abstrakte Informationen als Attraktoren chaotische Vorgänge zu einer neuen Ordnung leiten. In der Entdeckung der Attraktoren als attraktiv wirksame Informationen sehe ich eine grundlegende Antwort auf die Frage nach der Beziehung zwischen Geist und Körper. Dabei verstehe ich Informationen ganz allgemein als etwas Abstraktes und Metaphysisches, als etwas Ähnliches wie Geist. Lateinisch informare bedeutet, etwas in eine Form bringen. So können Informationen wie Geist unser Gehirn informieren. Information ist als ein Synonym für Geist aus einer Beobachterperspektive zu verstehen. Allerdings muss man dabei die Bedeutung der Informationen und nicht nur ihre Quantifizierung in Betracht ziehen, wie es die Informatik macht. Informationen informieren die Energie, bringen diese also in eine Form (s. Petzold 2021).

Geist kann somit attraktiv für körperliche Vorgänge sein. Den Anspruch auf eine mathematische Formulierbarkeit dieses Vorganges habe ich in Bezug auf menschliche Gesundungsprozesse allerdings aufgegeben. Diese sind in ihren zirkulären Wechselwirkungen so komplex, dass sie sich prinzipiell einer genauen Berechenbarkeit entziehen. Aus dieser Einsicht heraus habe ich ein *Attraktionsprinzip* für lebendige Vorgänge formuliert (s. Glossar; Petzold 2021). Dieses gilt insbesondere auch für Heilungsvorgänge, die demnach von attraktiven Informationen wie Ganzheit, Gesundheit und/oder Wohlbefinden geleitet werden.

Zurzeit gibt es in der wissenschaftlichen Medizin und den Gesundheitswissenschaften eine verbreitete kognitive Dissonanz. Wissenschaftlich reflektierende Akteure wissen, dass Leben und Gesundheit äußert komplexe mehrdimensionale Vorgänge sind, aber ihr alltägliches Denken und Forschen sind in der Regel linear kausal ausgerichtet – sowohl theoretisch als auch praktisch.

Das ist verständlich, da wir uns in den Lebenswissenschaften wie auch allgemein im kulturellen Leben in einem größeren Übergang befinden. Es gibt noch keine allgemein anerkannten Denk- und Forschungsmodelle für diese komplexen Vorgänge, und die laufenden Bemühungen in diese Richtung sind häufig stark mathematisch und technisch digital ausgerichtet, weil sie industriell ökonomisch verwertbar sein sollen.

So gilt hier mein Bemühen, ein einfaches physisch-sozio-kulturell-geistiges Gesundheitsmodell zur Erfassung und zum Umgang mit der Komplexität so zu beschreiben, dass die Grundsätze ohne mathematische Formeln verstehbar und im bewussten Leben anwendbar werden. Ein wichtiger Unterschied zu vielen anderen Bemühungen zur Annäherung an die Komplexität ist, dass ich das lebendige Subjekt, den Menschen, in seiner Subjektivität zentral mit einbeziehe.

Gesundheit wird von der WHO seit 1948 definiert als ein »Zustand vollständigen körperlichen, geistigen und sozialen Wohlergehens« – also als ein attraktiver Idealzustand. Attraktive Idealzustände und Ziele bezeichne ich im Weiteren in Anlehnung an die Attraktoren der Chaosforschung als *Attraktiva*[2].

2 *Die Endung »tor« in »Attraktor« bezeichnet eine aktive Qualität, dies trifft jedoch auf das bezeichnete Phänomen der attraktiven Informationen nicht wirklich zu. Die Information dieses attraktiven Zustands ist als abstrakte, womöglich nichtlokale Größe in einem virtuellen Möglichkeitsraum zu denken 1 (vergl. Peitgen, Jürgens u. Saupe 1992, 1994; Petzold 2021; Kriz 2017). Sie bezeichnen abstrakte Informationen, die einen mehr oder weniger stabilen Zustand eines dynamischen Systems kennzeichnen. Sie sind als ruhende, durch Attraktivität wirkende Information zu verstehen, ähnlich dem »unbewegten Beweger« bei Aristoteles. Deshalb und weil diese Informationen sich in Bezug auf Menschenleben in ihrer Komplexität einer Berechenbarkeit prinzipiell entziehen, nennen wir diese in der Salutogenen Kommunikation »Attraktiva«.*

Wie können wir uns nun vorstellen, dass die Information dieser komplexen Ordnung Gesundheit in unser reales Dasein als Mensch kommt? Einen physikalisch-neuronalen Weg hat John C. Eccles beschrieben (1994, s. Zitat Kap. 2.2, S. 70). Dieser lässt sich in das hier dargestellte Selbstregulationsmodell gut integrieren.

Neben dem Attraktionsprinzip fand ich ein weiteres Ergebnis der Chaosforschung zentral und zwar das der sich wiederholenden zirkulären Schritte zur Annäherung an ein attraktives Ziel. Demnach können wir uns unser Dasein als einen Annäherungsweg an Gesundheit, mit vielen Wiederholungen und Schleifen, vorstellen. Dabei fließen Ergebnisse eines Durchlaufs rückkoppelnd in den nächsten ein.

So beschäftigen wir uns hier bei gesunder Entwicklung vor allem mit Wegen der Annäherung an das allgemeine Ziel Gesundheit.

In diesem Selbstregulationsmodell von lebenden Systemen sind Attraktiva motivierende Informationen (s. a. Kap. 1.1, 1.3, 2). Diese können bewusst oder unbewusst sein. So passt dieses Verständnis von Attraktiva sehr gut zur Bedeutung von Gesundheit als Idealzustand, dem sich Menschen selbstregulativ, nicht selten auf chaotischen Wegen, anzunähern suchen.

Für die Praxis bedeutet das, dass wir die selbstregulative Annäherung an Attraktiva von Patientinnen kommunikativ und kooperativ fördern, wenn wir uns bei ihrer Begleitung auf ihre attraktiven Ziele von Gesundheit einlassen und diese unterstützen. Das kann dazu beitragen, dass die Heilung beschleunigt wird oder überhaupt erst in Gang kommt.

So ist die Grundlage der Salutogenen Kommunikation, dass ein Kommunikator[3] (Berater, Arzt, Mitmensch, Kooperationspartner) immer bemüht ist, in *Resonanz* mit wichtigen Attraktiva des Gegenübers zu kommen und zu bleiben. In Resonanz mit diesen kann er dessen motivierende Intentionalität teilen. Dies ist die Voraussetzung für eine gelingende Kooperation (s. Kap. 2.7, 4.9).

Dieses wissenschaftlich begründete Modell kooperativer Selbstregulation hat sich neben der Anwendung in Therapie und Bera-

3 *Siehe Fußnote 1.*

tung auch im Alltagsleben bestätigt und bewährt. So kann es sowohl bei individuellen Entscheidungen zur gesunden Entwicklung als auch in kreativen Gruppenprozessen in Teams, Projekten und Gemeinschaften hilfreich sein (s. Abschnitt 5).

Salutogene Kommunikation ist in und aus solchen Prozessen entstanden und dient eben diesen. Der Ausgangspunkt ist immer wieder ein Besinnen und Einstimmen auf individuelle und gemeinsame Attraktiva.

1.1 Allgemeine Prinzipien

Da gesunde Entwicklung in vielen und mehrdimensionalen Wechselbeziehungen stattfindet, denken wir in der Salutogenen Kommunikation unser Mensch-Sein systemisch. Das bedeutet, dass wir den Menschen als eigenes Ganzes sowie gleichzeitig als Teil größerer Ganzheiten sehen. Dabei kommuniziert und kooperiert ein Mensch als ganzer mit seinen Organen als Teilsystemen[4], mit anderen Menschen als Mit-/Partnersystemen sowie in übergeordneten Übersystemen wie seiner Familie, Kultur, der Menschheit und der Biosphäre. Dies ist die allgemeine Grundlage des systemischen Gesundheitsmodells.

Wenn ein Baby schreit, antwortet die Mutter (oder eine andere Bezugsperson) ihm. Vielleicht legt sie es an ihre Brust, nimmt es auf den Arm oder lächelt es freundlich an, oder vielleicht schaut sie es auch besorgt an, oder überfordert und genervt … Die jeweilige Antwort der Mutter findet beim Baby wieder Resonanz. Es trinkt und ist zufrieden und still oder lächelt bzw. schreit lauter oder …? So kommunizieren und kooperieren Baby und Bezugsperson zirkulär miteinander (s. Kap. 3.4).

Das Baby scheint innerlich eine Idee, ein inneres Bild von einem Soll-Zustand, also einer Attraktiva zu haben. Gemessen und bewertet an diesem inneren Maßstab stellt es Abweichungen fest in

4 *In der Komplexitätstheorie von komplexen adaptiven Systemen (KAS) werden Teilsysteme auch als »Agenten« bezeichnet (Füllsack 2011; Sturmberg a. Martin 2013; Bircher 2019).*

Bezug auf die Antwort der Bezugsperson oder auf seinen Blutzucker und seine Temperatur, auf das Gefühl von Geborgenheit und Sicherheit und anderes mehr.

So mag an diesem kleinen Beispiel schon deutlich werden, dass die Kind-Mutter-Beziehung keine lineare Bindung ist, sondern ein komplexer, kommunikativer und zirkulärer Entwicklungsprozess. Die kindlichen Aktivitäten wie auch generell die Entwicklung des Kindes werden offenbar von attraktiven Zielen geleitet, wie z. B. Sattheit, Wohlbefinden, Stimmigkeit, Kohärenz, Autonomie und anderen.

Persönliche Entwicklungen wie auch körperliche Heilungsprozesse haben eine Tendenz, sich auf Attraktiva zuzubewegen. Wenn auch viele Menschen dieselbe oder eine ähnliche Attraktiva haben, ist der Annäherungsweg dorthin jeweils ein ganz eigener. Es gibt also so viele gesunde Entwicklungen, wie es Menschen gibt.

Hinter diesen konkreten individuellen Erscheinungen suchen wir nach wiederkehrenden Mustern gesunder Entwicklung. Ein Erkennen derartiger Musterabläufe soll uns helfen, förderliche Regeln zur Annäherung an die Attraktiva zu finden und zu explizieren. Da Menschen grundsätzlich autonom regulieren, können wir allerdings nie den konkreten Lösungsweg für einen Mitmenschen wissen, wohl aber ihm durch Fragen helfen, seinen Weg und seine Ressourcen zu finden. Dabei werden förderliche Interaktionsmuster und -dynamiken angeregt.

Für die jeweilige gesunde Entwicklung können wir beim Menschen drei prozessuale Grundfähigkeiten sehen (s. Abb. 1 und Kap. 2.1), die eine Ähnllichkeit zu den drei Komponenten des Kohärenzgefühls SOC von Antonovksy aufweisen:

1. Er kann wahrnehmen, was bedeutsam ist. Dazu hat er ein positives, kohärentes inneres Bild von seinem Leben. Dies ist für seine Wahrnehmung derart maßgeblich, dass er unterscheiden kann, was für ihn aufbauend, stimmig und gut ist und was potentiell bedrohlich. Um dieses Wahrnehmen anzuregen, fragen wir in der Salutogenen Kommunikation die erste entscheidende Frage: *Was ist dir bedeutsam?*

2. Er kann handeln und kooperieren, um a) sich seinen positiven Zielen anzunähern und b) Bedrohungen abzuwenden bzw. zu vermeiden oder c) gelassen in einer vertrauten und stimmigen Umgebung zu ruhen. Um seine Aktivität anzuregen, fragen wir die zweite entscheidende Frage: *Was willst und kannst du tun?*
3. Er kann sein Handeln bilanzieren und Erfahrungen reflektieren, er kann Interaktionen mit seinen Umwelten verstehen und daraus lernen, um in Zukunft differenzierter wahrzunehmen und effektiver zu handeln usw. Um das Reflektieren anzuregen, fragen wir die dritte entscheidende Frage: *Was willst und kannst du lernen?*

Das neue Denken in der salutogenetischen Orientierung geht von Attraktiva aus, gewissermaßen als Regelgrößen für unser Leben. Gesundheit ist eine von ihnen. Wir suchen Wege dorthin, anstatt

STIMMIGKEITSREGULATION IM KONTEXT

Abbildung 1: Die menschliche Selbst- und Stimmigkeitsregulation und die drei entscheidenden Fragen.

Unser Leben dreht sich um Attraktiva. Das übergeordnete attraktive Ziel ist die Stimmigkeit (s. Kap. 1.3). Die Selbstregulation startet mit dem Wahrnehmen, das von den maßgeblichen Attraktiva, auch Soll-Zuständen, gesteuert oder womöglich treffender: attrahiert wird. Daraus folgt die Motivation zum Handeln. Nach der Aktivität bilanziert und reflektiert der Mensch das Ergebnis und den Verlauf der Interaktion mit der Umgebung.

primär Ursachen für Abweichungen in der Vergangenheit zu suchen und diese zu bekämpfen. Ansätze für ein solches heuristisches Denken finden wir schon in der lösungsorientierten Therapie (De Shazer 2014) sowie immer wieder bei einzelnen Therapeutinnen, wie schon bei dem Psychoonkologen LeShan (1989, 2010).

Lawrence LeShan hat in den 1960er-Jahren in der Psychotherapie dieses Umdenken in Richtung Attraktiva mit großem Erfolg praktiziert. Nach zehn Jahren üblicher klinischer Psychoonkologie in den 1950er-Jahren wechselte er seine Haltung um 180 Grad. Er resümierte, dass er nicht wisse, ob die Patientinnen in diesen zehn Jahren von seiner Psychotherapie profitiert hätten. Da sie alle im Spätstadium einer Krebserkrankung waren, seien alle recht schnell verstorben. Bis dahin hätte er, wie auch alle anderen Medizinerinnen und Psychotherapeutinnen, drei handlungsleitende Fragen im Hinterkopf gehabt, wenn er einem Patienten begegnete (s. Tab. 1). Diese Fragen habe er dann grundlegend geändert und nur zwei leitende Fragen im Hinterkopf gehabt.

Pathogenetische Orientierung	Salutogenetische Orientierung
1. Was ist krank am Patienten (Diagnose)?	1. Was ist o.k., gesund stimmig am Patienten (Gesundheitsziele und Ressourcen)?
2. Was ist die Ursache der Krankheit?	
3. Wie können wir die Krankheit bekämpfen bzw. wie müssen wir mit ihr umgehen?	2. Was will und kann er (und wir) tun, damit es ihm besser geht?

Tabelle 1: Leitende Fragen im Hintergrund bestimmen die innere Haltung und die Ausrichtung der Aufmerksamkeit (s.a. LeShan u. Büntig 2010).

Daraufhin, so LeShan, hätte er etwa 50% Remissionen erlebt, ohne dass in der Klinik die ärztlichen Therapien geändert wurden. Remission bedeutet Stillstand, Besserung oder Genesung des Tumorleidens.

Er hat das, was wir hier aus wissenschaftlicher Perspektive »Attraktiva« nennen, poetisch einfühlsam als »die Melodie des eigenen Lebens« beschrieben. Damit hat LeShan die wichtigste Umstellung im Denken von der pathogenetischen zur salutogenetischen Orientierung in Bezug auf Therapie vorweggenommen. Er hat in der praktischen Psychoonkologie gezeigt, dass die innere Ausrichtung des Therapeuten auf heilsame Ziele therapeutisch positiv wirkt – eine Grundlage der Salutogenen Kommunikation.

Sein Vorgehen hat viele Kolleginnen und mich inspiriert, sich aber nicht als Methode durchgesetzt, u. a. deshalb, weil sie damals noch nicht wissenschaftlich theoretisch und neuropsychologisch begründet werden konnte. Das können wir heute tun. Neben den qualitativen Fallstudien von LeShan finden sich nunmehr umfangreiche statistische Untersuchungen in den Heidelberger Interventionsstudien zum Autonomietraining von Grossarth-Maticek (1999, 2000, 2003, 2008) sowie grundlegende neuropsychologische Erkenntnisse bei Grawe (2004) und Elliot (2008). So gibt es heute berechtigte Hoffnung, dass dieses Umdenken zum Mainstream werden kann.

Eine Tatsache und warum Fragen wichtig sind

Vorbedingung für die oben vorgestellten Fragen ist die Feststellung einer Tatsache, die nicht weiter bezweifelt wird – ein Axiom des guten Lebens. Es ist ein wissenschaftlich und erkenntnistheoretisch belegtes Glaubensbekenntnis[5] und lautet:

Menschen gestalten ihre Welt mit. Jede und jeder, wir alle und gemeinsam gestalten unsere Innen- und Umwelten mit.

Dieses grundlegende Axiom ist so wichtig, weil es unsere Mitgestaltungsfähigkeit und -macht betont. Mit dem Anerkennen und Bewusstsein unserer Mitgestaltungsmacht sind wir zu *Verantwortungsbewusstsein* aufgefordert. Wir Menschen gestalten unsere Zukunft und die Zukunft für unsere Kinder mit. Wir sind nicht ohnmächtig – auch wenn wir uns oft so fühlen. Selbst als Opfer und durch Ohnmacht bewirken wir etwas – allerdings möglicherweise etwas anderes als wir gerade im Herz oder Kopf haben.

5 *Ich nenne es Glaubensbekenntnis, weil wir nach konstruktivistischer Erkenntnistheorie nicht wissen können, ob wir wirklich denken, wissen usw.: Wir glauben, dass wir wissen usw. Im Grunde muss es heißen: Ich glaube, also bin ich.*

Die erste Frage nach unserer Motivation, nach dem, was uns bedeutsam ist und uns aktiv werden lässt, ist deshalb so entscheidend, weil sie Licht in unsere Wahrnehmungen und Bewertungen, in unser Handeln und Lernen bringt. Diese Frage zielt auch und gerade auf das ab, was uns im tiefsten Inneren bewegt. Mit ihr kann die Ethik als Handlungsorientierung in kulturellen und globalen Zusammenhängen an die erste Stelle treten (Kap. 4.8).

Weiter erscheint diese Frage als entscheidend für unsere Kooperationen (s. Kap. 2.7, 4.9, 5.3), denn zum guten Gelingen einer Kooperation bedarf es einer gemeinsamen Intentionalität (vgl. a. Tomasello 2010, 2020).

Mit der Kommunikation der Antworten auf diese Frage wird Transparenz der Hintergründe von Aktivitäten hergestellt.

Damit kommen wir zur zweiten entscheidenden Frage: Was wollen und können wir tun, um uns unseren attraktiven Zielen in dieser Welt anzunähern? Bei dieser Frage geht es um das Mitgestalten. Da dürfen oder müssen wir uns entscheiden, welche der vielen Optionen wir auswählen und umsetzen (Kap. 2.1, 2.7).

Mit dieser Frage kommen wir zur Handlungskonsequenz aus unserer Wahrnehmung und Motivation. Wir bewegen uns aus einem virtuellen Möglichkeitsraum in einen realen Erfahrungsraum hinein: Was will und kann ich heute, morgen, im nächsten Jahr, in meinem Leben tun? Zu was will ich mit wem und wie kooperieren? Was soll und kann mein Beitrag sein?

Nach jeder Aktivität (wobei hier auch Passivität als eine Form des Verhaltens zählt) kommt das Bilanzieren und Reflektieren der Erfahrung – die dritte Frage also, die für das weitere Leben entscheidend ist: Was willst und kannst du aus Erfahrungen lernen? Sie ist wichtig, damit wir auch beim Lernen lernen, autonom zu werden und ganz bewusst zu entscheiden, was wir lernen wollen, und womöglich neue Möglichkeiten des Lernens entdecken und kultivieren. Ein großer Teil unseres alltäglichen und anhaltenden Lernens geschieht gänzlich unbewusst. Ein anderer Teil wird von unserer Kultur gesteuert, über die Bildungseinrichtungen und Medien. Es wird Zeit, dass wir unser Lernen reflektieren, dass wir darüber nachdenken, ob unser bisheriges Lernen und Handeln uns wirklich unserem Ziel eines guten Lebens näherbringt. Wie wichtig ist es, immer die neueste Technik bedienen zu können, die aktuellste Mode zu tragen, den Tatort gesehen zu haben und/oder alle Nachrichten zu hören oder zu sehen, um immer »auf dem Laufenden« zu sein? Was wollen wir aus den Zivilisationskrankheiten lernen – individuell und auch kulturell politisch?

Brauchen wir neue, komplexere Formen des Lernens? Was bedeutet es, gesellschaftliche und globale Entwicklungszusammenhänge zu reflektieren? Wie funktioniert ein Lernen in Gruppen und Teams?

Das, was wir lernen, fließt in unsere folgenden Wahrnehmungen, Bewertungen und Handlungen ein. Aus ein und derselben Erfahrung können wir sehr unterschiedliche Dinge lernen. Aus einer Grippe können wir lernen, dass wir uns im nächsten Jahr impfen lassen möchten, oder dass sie genau zur rechten Zeit kam, weil wir ein Innehalten im Alltag brauchten – und dass wir uns in Zukunft womöglich auch ohne Erkrankung so eine Pause nehmen könnten. Je nachdem unter welcher Fragestellung und Intentionalität wir die Erfahrung interpretieren, je nachdem in welchen Dimensionen wir die Kohärenz suchen, lernen wir etwas anderes. Für ein gutes Leben weltweit brauchen wir ein anderes Lernen als für ein gutes Leben in den eigenen vier Wänden.

Mit dem Lernen wird der rückkoppelnde Zyklus sich entwickelnder lebender informationsverarbeitender Systeme beendet. Das Ergebnis fließt im Prozess der mehrdimensionalen Kohärenzregulation in den nächsten Zyklus auf der Spirale menschlicher Entwicklung ein (s. a. Abb. 2). So kann sich auch Lernen weiterentwickeln (Kap. 2.4, 3.5, 3.6, 4.9, 5.4).

1.2 Fallbeispiel Katja

Um zu veranschaulichen, wovon hier gesprochen wird, sei ein kleines Fallbeispiel wiedergegeben, dass sich im Rahmen eines Seminars mit Medizinstudentinnen im dritten Semester an der Uni Göttingen ergab. Das Gespräch fand vor der Gruppe der Medizinstudentinnen statt und dauerte etwa zehn Minuten.

Studentin Katja hat seit einem Jahr Schmerzen im Daumengrundgelenk links – besonders nach Belastung. Sie hat inzwischen mehrere hand-/chirurgische Untersuchungen und Beratungen. Die Diagnose ist: eine Sehnenscheidenentzündung, die operiert werden soll (zwei Handchirurgen, ein Allgemeinchirurg nach Röntgen, MRT). Sie habe aber nicht mal Zeit gehabt, den MRT-Befund in Ruhe mit einem dritten Handchirurgen zu besprechen. Die Beschwerden bessern sich nach Ruhe und insbesondere durch das Tragen einer Schiene und das Reiben mit Brennnesseln (ein befreundeter Heilpraktiker hat ihr den Tipp gegeben).

Bevor die Symptomatik begann, hatte sie gerade ein stressiges erstes Semester hinter sich und dann am darauffolgenden Tag der Mutter (Allgemeinärztin) in der Praxis geholfen. Die Mutter habe später gemeint, dass die Beschwerden wohl »psychosomatisch« seien.

Der Stress, so Katja, ließe sich nicht vermeiden – ihre Mutter und ihre Familie bräuchten sie. Im Studium hätte sie den Präparationskurs und jetzt müsse sie das Pflegepraktikum machen …

Momentan gehe es einigermaßen gut, aber wenn sie präpariert habe, hätte sie für mindestens zwei Tage wieder stärkere Schmerzen – wie zu Beginn. Dann in Ruhe ließen die Schmerzen wieder langsam nach.

T(HERAPEUT) Was brauchen Sie, damit es heilen kann?

K(ATJA) *Zwei Monate Ruhe. Aber das geht nicht.*

T Warum nicht?

K *Studium, und zu Hause brauchen sie mich.*

T Was brauchen Sie, damit Sie sich die Ruhe zur Heilung nehmen können?

K *Meine Mutter braucht mich. Und der Hund, der Papagei …*

T Ist es schön, so gebraucht zu werden?

K *Ja. Aber auch stressig. Ich weiß schon: Mit meiner Mutter …*

T Können Sie Ihrer Mutter nicht vertrauen, dass sie es auch gut ohne Sie schaffen kann?

K *Die Familie ist mir sehr wichtig, sie bedeutet mir viel. Wir helfen uns gegenseitig.*

T Meinen Sie, dass Sie vielleicht mal mit Ihrer Mutter darüber reden können, dass Sie zur Heilung zwei Monate Ruhe brauchen? Sie scheint ja sehr verständnisvoll zu sein, wenn sie schon meint, dass Ihr Daumenschmerz vielleicht eine psychosomatische Reaktion sein könnte.
(Katja guckt leicht hilfesuchend in die Runde – so, als ginge das gar nicht.)
Oder wollen Sie sich lieber operieren lassen?

K *Raten Sie mir, ich soll mich nicht operieren lassen und es noch mit Brennnesseln und Ruhe versuchen?*

T Ich will Ihnen jetzt diesbezüglich nichts raten, außer dass Sie sich die Zeit und Ruhe für Ihre Heilung nehmen, die Sie brauchen, so wie Sie es gesagt haben.
Vielleicht möchte ich Ihnen empfehlen, einmal mit Ihrer Mutter darüber so offen zu sprechen, wie Sie es jetzt hier mit mir gemacht haben. Sie sehen m. E. alles sehr klar und treffend. Sie brauchen nur dementsprechend aktiv zu werden.
Wie fühlt sich das für Sie an?

K *Ganz gut – mal sehen.*

Reflexion des Gesprächs

Wenn Katja der salutogenetischen Frage nachgeht, hat sie spontan eine klare Lösung. Ihr fallen sowohl hindernde Zusammenhänge in ihrer Familie und Berufsausbildung ein als auch Ressourcen wie Ruhe, eine Schiene, Brennnesseln und eine verständnisvolle Mutter. Eine Lösung ihrer Unstimmigkeiten zwischen den Bedürfnissen des Körpers »zwei Monate Ruhe« (1. Ich-Dimension)[6] und der Unterstützung ihrer Mutter in der Praxis (2. Ich-Dimension) sowie des Präparationskurses im Medizinstudium (3. Ich-Dimension) könnte die Aussicht auf Genesung verbessern. Dabei spielt aus meiner Sicht ihr Gefühl, der Mutter helfen zu müssen, eine besondere Rolle, womöglich auch eine pathogene. Hier zeigt sich ein Aspekt von Parentifizierung – von Beeltern der Mutter. Auf jeden Fall scheint

6 *Die Ich-Dimensionen werden in Kapitel 3.2–3.5 ausführlicher beschrieben.*

mir ein offenes Gespräch mit der Mutter eine gute Möglichkeit, hier ein altes Beziehungsmuster zu lösen.

Dieser Fall wird auf den folgenden Seiten immer mal wieder aufgegriffen und dient so neben anderen Beispielen zur Anschauung für die kommenden Ausführungen.

1.3 Stimmigkeit als Motivation

Katja hat eine ganz klare Vorstellung davon, was sie zu ihrer Heilung braucht: »Zwei Monate Ruhe«. Heil-Sein ist die Attraktiva für den Organismus. Heilung bedeutet ganz- und gesund-werden – einen Annäherungsprozess. *Ganz* und *gesund* sind Attraktiva für den ganzen Menschen, also für Körper, Gefühl, Denken und Glauben. Dabei verstehen wir in der Salutogenen Kommunikation diese Ganzheit des Menschen als seine Seele, griechisch: Psyche. *Psychosomatisch* bedeutet dann, dass das Ganze etwas erlebt, was im Körper als einem Teil des Ganzen Ausdruck findet. Damit Katja sich ihrer heilen Ganzheit annähern kann, braucht sie zwei Monate Ruhe. Wäre es einen Versuch wert, dies auszuprobieren, bevor sie sich operieren lässt? Auffallend inkohärent erschien mir, dass sie sagt, dass »die Ruhe nicht gehe, weil die Mutter und Familie sie brauche«. Sie empfindet also, dass ihr Streben nach Kohärenz in der Familie im Widerspruch zur Kohärenz ihres Körpers steht. Sie denkt so, obwohl anzunehmen ist, dass ihre Mutter im Grunde möchte, dass es ihr körperlich gut geht.

Die Information der Ganzheit eines Menschen ist die Attraktiva für ein individuelles Leben. Sie ist der Ursprung und das Ziel des Zusammenspiels all seiner Anteile und Aspekte: Handeln, Fühlen, Denken und Glauben. Dieses Zusammenspiel ist seine Kohärenz.
Seine abstrakte Ganzheit ist seine Seele/Psyche. Seine Kohärenz macht, dass sein reales Ganzes mehr ist als die bloße Summe seiner Teile.

An diesem einfachen Beispiel können wir schon viel über die Selbst- und Kohärenzregulation des Menschen im Kontext seiner Beziehungen erkennen. Der Schmerz im Daumengrundgelenk hat Katja wie eine Warnlampe auf eine Inkohärenz in ihrem Organismus aufmerksam gemacht. Schmerz ist ein starkes Abwendungsziel, das man loswerden oder vermeiden möchte. Daraufhin war sie motiviert, etwas für ihre Heilung zu unternehmen. Allerdings stand diese Motivation in Konflikt mit ihrem Wunsch, zur Kohärenz der Familie beizutragen sowie mit ihrem Vorhaben, das Medizinstudium einschließlich Präparations-Kurs zu absolvieren, um ihre berufliche Stellung im kulturellen System[7] zu finden. Katja hat diverse Ärztinnen (als kulturelle Expertinnen für Gesundheit) aufgesucht und einiges ausprobiert – mit einem bislang unbefriedigenden Ergebnis. Jetzt hat sie sich für ein Gespräch mit mir vor ihren Kommilitoninnen gemeldet.

Ihre stimmige Verbundenheit in sich, mit ihrer Familie und ihrem Berufswunsch erscheint als die übergeordnet motivierende Attraktiva, ganz im Sinne von Klaus Grawe, der diese Stimmigkeit allerdings als »Konsistenz« bezeichnet (ein Begriff, der mir zu statisch erscheint, aber das gleiche meint):

»Konsistenzregulation findet ganz überwiegend unbewusst statt und durchzieht so sehr das ganze psychische Geschehen, dass es angemessen erscheint, von einem obersten oder pervasiven Regulationsprinzip im psychischen Geschehen zu sprechen.«
Klaus Grawe (2004, S. 190/191)

Auch andere Hirnforscher wie Thomas Fuchs (2010) und Gerald Hüther (2018) haben das Streben nach Kohärenz als eine grundlegende Funktion der Gehirntätigkeit festgestellt.

Aus subjektiver Sicht wird dieses Streben nach Kohärenz als Wunsch nach Harmonie, Ausgeglichenheit und Ähnlichem gefühlt und ist in vielen traditionellen Gesundheitslehren das höchste Ziel. Antonovsky stellte das Kohärenzgefühl, den »Sense of Coherence SOC«, als zentrales Konstrukt ins Zentrum seiner Salutogenese, der Rahmentheorie für gesunde Entwicklung.

Im Unterschied und als grundlegende Ergänzung zum analytischen Denken in den klassischen Naturwissenschaften, die von den Wechselwirkungen der kleinsten Teilchen ausgehen, gehen wir im

7 *Als Kultur verstehen wir hier die große Kategorie von Systemen, die von Menschen durch vermittelte Kommunikation wie Sprache und Geld sowie Regeln geprägt sind: Normen und Werte, Professionen, Ökonomie, Institutionen und andere Organisationen.*

systemischen Denken vom Ganzen aus. Die Information der Ganzheit eines Systems lenkt seine Kohärenz, seinen Zusammenhalt, wodurch es überhaupt ein System wird (Petzner 2016, S.21f; Petzold 2011, 2017). Diese übergeordnet *motivierende Information der Ganzheit* ist wiederum in Resonanz mit stimmiger Verbundenheit auch außen.

1.4 Drei basale motivationale Einstellungen

Um diese Kohärenz in seinen Lebenswelten immer wieder hinreichend herzustellen, hat der Mensch drei basale Einstellungen, die durch drei neuro-motivationale Systeme gesteuert werden. Das Annäherungs-, Abwendungs[8]- und Kohärenzsystem regulieren sein Wahrnehmen, Handeln und Reflektieren und auch seinen Stoffwechsel, wie Atmung und Verdauung, bis in die Zellen hinein. Mit gezielten Fragen können wir diese Systeme und Einstellungen anregen und integrieren.

Bewertung als Auslöser für die drei motivationalen Systeme

Annäherungsziele *(Verlockung)*	Kohärenzziele *(übergeordnet – oft langfristig und implizit)*	Abwendungsziele *(Bedrohung)*
Harmonie (Selbst-)Mächtigkeit Genuss Sinnliche Beziehung Anerkennung bekommen Probleme lösen	Stimmige Verbundenheit Gesundheit Ganz-/Heilsein Wohlbefinden Autonomie Zugehörigkeitsbefühl Gerechtigkeit, Fairness Sinnhaftigkeit Integration	Unstimmigkeit Krankheit Opferrolle, Ohnmacht Schmerz Isolation Ungerechtigkeit Verletzung Probleme haben

Tabelle 2: Auslöser für die drei motivationalen Systeme. Innere und äußere Auslöser für eine Aktivität der jeweiligen motivationalen Einstellung wie Bedürfnisse, Zustände oder äußere Gefahren.

8 *Engl. »Avoiding-system« – in der deutschsprachigen Literatur wird es meist »Vermeidungssystem«, »Unlustprinzip« oder »Aversionsystem« genannt. Da es aber nicht nur zum Vermeiden von Gefahren motiviert, sondern auch zum aktiven Abwenden dieser, bezeichne ich es als »Abwendungssystem«, das zum Abwenden der Gefahr und zum sich Abwenden von einer Gefahr (= vermeiden) motivieren kann.*

Die motivationalen Systeme werden angeschaltet durch eine *Bewertung* einer Situation: Ist sie aufbauend und Lust versprechend oder bedrohlich, oder erscheint sie verbunden und stimmig? Die Bewertung von Sinneseindrücken kann von Werten geprägt werden, die sich auf das Selbst beziehen oder auf soziale, kulturelle und geistige Systeme. Wenn es in der Bewertung Inkohärenzen und Ambivalenzen gibt, kann es zur gegenseitigen Hemmung kommen. Beispielsweise schmeckt Süßes gut, ist aber in größeren Mengen ungesund. Oder die Nähe eines Partners wird ersehnt, aber in der Realität kann man sie nicht aushalten.

Die Anlagen der neuro-motivationalen Systeme sind genetisch bedingt, ihre jeweilige Ausprägung erfolgt durch Erfahrung (s. Grawe 2004). Sie regulieren sowohl den Stoffwechsel bis in die Genaktivitäten hinein als auch bestimmte Bewegungsmuster. So konnte z. B. neurophysiologisch gezeigt werden, dass grundlegende Bewegungsmuster wie Beugen und Strecken der Arme mit einer Aktivität des Annäherungssystems bzw. Abwendungssystems verknüpft sind.

Optimaler Weise arbeiten alle drei Systeme synergetisch zusammen. Die nach Kohärenz und Sinn strebende Kohärenzmotivation bestimmt die Richtung des Lebensweges. Sie gibt den übergeordne-

Drei neuro-motivationale Systeme und Einstellungen

Annäherungsmodus *(wie Verheißung)*	Kohärenzmodus *(übergeordnet – oft langfristig und implizit)*	Abwendungsmodus *(wie Warnlampen)*
Lust	Stimmig gebunden	Unstimmigkeit
Mut	Liebend	Angst, Furcht
(Selbst-)Gefälligkeit	Gelassen	Ekel
Genuss	Ur-/Vertrauen	Opferrolle, Ohnmacht
Sinnlichkeit	Autonomie	Schmerz
Probleme lösend	Wohlbefinden	Ungerechtigkeit, Verletzung
	Zugehörigkeitsbefühl	Probleme habend
	Fair	
	Sinn findend	
	Integrierend	

Tabelle 3: Drei motivationale Systeme und Einstellungen sorgen für Aktivitäten, Gefühle und Bewertungen und regulieren die Spannungen im Körper und den Stoffwechsel bis in die Genaktivitäten hinein.

ten Sinn auch für das lustvolle Trachten im Annäherungsmodus. Und das Abwendungssystem sorgt dafür, dass wir alles vermeiden oder abwehren, was unsere Sicherheit bedroht und damit eine Annäherung an Kohärenz ver- oder behindert.

In der Selbstregulation, die eine Kohärenzregulation ist, finden wir eine Hierarchie der motivierenden Ziele. Es kann wichtig sein, im Gespräch herauszufinden, welches Motiv den stärksten oder nachhaltigsten Einfluss hat. Z. B. wollte Katja einerseits der Mutter und Familie helfen und andererseits einen frei beweglichen Daumen haben. Damit eine Integration ihrer physischen Kohärenzbedürfnisse in die Familie stattfinden kann, habe ich ihr empfohlen, offen mit ihrer Mutter zu sprechen.

Einstellung im Annäherungsmodus

»Ich habe attraktive Ziele vor mir und genieße den Tag.«
»Lustgewinn ist der Inhalt meines Lebensglücks.« (Hedonismus)

Die Annäherungsmotivation ist primär bezogen auf Nahrung, Genuss, Sex und andere sinnliche Bedürfnisse (Grawe 2004; Elliot 2008). In der englischen Fachliteratur wird dies als »wanting« bezeichnet. Gemeint ist ein lustvolles Verlangen – ein drängender, »appetitiver«, durch das innere Belohnungssystem über Dopamin gesteuerter Antrieb. Diese als positiv empfundene Motivation kann auch für Kohärenzziele wie Sinnhaftigkeit aktiviert werden (s. u.).

Aus der Ruhe im Kohärenzmodus kommen wir heraus, wenn sich ein konkretes Bedürfnis meldet, wenn unser Organismus etwas braucht und/oder wir in unserer Umgebung etwas Attraktives wahrnehmen, das für uns aktuell aufbauend und lustvoll sein könnte.

Im Falle einer Bewertung als attraktiv – gleich ob Frau, Mann, Nahrung, Reichtum oder eine bequeme Couch – springt unser Annäherungssystem an. Wir empfinden dies als positive Motivation, da wir dabei ein angenehmes Lustgefühl verspüren, das mit einer Dopaminausschüttung unseres inneren Belohnungssystems verknüpft ist. Im Unterschied dazu wird die Motivation bei Bedrohungen als unangenehm empfunden, da sie mit einem Angstgefühl und mit Stress verknüpft ist und deshalb gern als »negativ« bewertet wird.

Manche Männer können monatelang einer schönen Frau hinterherlaufen, auch ohne Erfolg, aber trotzdem mit dem inneren Belohnungsgefühl von Lust. Neuro-physiologisch ganz ähnlich ist es, wenn Sie die Absicht haben, im Herbstwald leckere Pilze zu sammeln und sich auf den Weg machen. Auch dann wird Dopamin schon bei dem daran Denken ausgeschüttet und Sie haben beim Suchen richtig Lust. Sie spüren diese Lust auch, wenn sie keinen Pilz finden. Wenn dieses neuro-motivationale Annäherungssystem nicht mehr funktioniert, würden Sie verhungern. Dies konnte in Rattenversuchen mit dem Medikament Haloperidol (ein Neuroleptikum, das das Dopamin-System blockiert) gezeigt werden (Salamone 1994). Leben ist bei seiner aktiven Nahrungsaufnahme existenziell vom Annäherungssystem gesteuert und abhängig.

Um in einen Annäherungsmodus zu kommen, braucht es ein Minimum an Vertrauen (s. Kap. 1.6).

Bei menschlichen Babys findet die Nahrungsaufnahme am Anfang des Lebens in einer Kooperation mit den Eltern statt, die den Kindern bei der Nahrungsbeschaffung und -aufnahme helfen. Grundlage für diese Kooperation im Annäherungsmodus ist Vertrauen. Das Neugeborene hat das Urvertrauen, dass seine Eltern ihm aufbauende Nahrung geben, und die Eltern haben das Vertrauen, dass das Kind die von ihnen angebotene Nahrung zu seinem Wachstum aufnimmt.

Diese Kooperation zwischen (zumeist) der Mutter und dem Säugling ist ein Ausdruck von Liebe und wird mit einer Ausschüttung von Oxytocin und weiteren Botenstoffen, sogenannten Glückshormonen, begleitet und belohnt. Oxytocin wird deshalb als Bindungshormon bezeichnet. Es begleitet die primäre zwischenmenschliche kooperative Beziehung mit einem Lust- und Glücksgefühl und steigert somit ihre Attraktivität. Wenn bei sozialem Kooperieren auch Dopamin ausgeschüttet wird, wie beispielsweise bei Sex, Spielen und beim gemeinsamen Alkoholgenuss, kann auch Beziehung suchtähnlich abhängig machen. Alle Süchte landen letztlich im dopaminergen System.

Das *Annäherungssystem* ist anscheinend stärker abhängig von kommunikativen, soziokulturellen Faktoren als das Abwendungssystem. Genetisch annäherungsdisponierte Babys lächeln öfter und strahlen ihre Bezugspersonen häufiger an, selbst wenn sie Ungemach erfahren. Sie sind risikofreudiger und erkennen Gefahren oft erst spät.

Der Annäherungsmodus aktiviert mehr in der linken Hirnhälfte und im Lustzentrum, dem Nucleus accumbens – im dopaminergen System.

Das Annäherungssystem kann auch zur Annäherung an Kohärenzziele aktiviert werden. Deshalb ist eine klare Unterscheidung oft schwierig oder bislang nicht immer möglich. Wenn wir uns zum Beispiel für eine lebendige Umwelt engagieren, entspringt das einer Kohärenzmotivation. Wenn wir dies konkret oder auch nur in der Vorstellung mit anderen zusammen machen, wird ebenfalls Dopamin ausgeschüttet, was unsere Motivation und Aktivität noch verstärkt.

Obwohl es als Gegenspieler des Abwendungssystems gilt, kann es mit diesem auch im Sinne einer Angstlust sich gegenseitig verstärkend zusammenwirken, vorausgesetzt, dass der Glaube an ein Überleben vorherrscht, wie beispielsweise beim Krimi konsumieren, beim Bungee-Jumping oder dem Lesen von Schreckensnachrichten.

Fragen zur Anregung und Integration des Annäherungsmodus

Was tut dir gut?

Was macht dir richtig Spaß?

Was kannst du genießen? Alleine? Gemeinsam?

Wie kannst du unterscheiden zwischen Genuss und gierigem oder suchtmäßigem Verlangen?

Einstellung im Abwendungsmodus

»Ich sehe die Gefahr und bin angespannt, um sie abzuwenden (oder mich von ihr abzuwenden).«
»Ich fühle mich unsicher.« »Ich habe Angst.« »Ich habe keine Zeit.«

Da unsere Umwelt nicht immer angenehm für uns ist, sondern gelegentlich sogar bedrohlich, ist unser Abwendungssystem für unser Überleben sehr hilfreich. Es lässt uns auf Gefahren mit Kampf, Flucht oder einem Totstellreflex (Schock, Ohnmacht) reagieren, vorausgesetzt, wir haben die Gefahr erkannt. Zur differenzierteren Wahrnehmung von Bedrohungen können Angst, Furcht, Schmerzen, Ekel, Anspannungen und andere unangenehme Empfindungen gehören. Auch wenn diese unangenehm sind, brauchen wir sie zumindest als Warnlampen, um unser Leben zu meistern und ein gutes Leben führen zu können. Im Abwendungsmodus ist je nach Aktualität der Bedrohung unsere neuro-hormonelle Stressachse mit dem sympathischen Nervensystem aktiviert[9] (s. Kap. 2.6).

Besonders bei Frauen wurde noch eine andere Reaktion auf bedrohliche zwischenmenschliche Situationen beobachtet: ein »Kümmern und Anschließen« (»Tend-and-befriend«). Diese Reaktion auf Bedrohung wird als evolutionär sinnvolle Reaktion für z. B. schwangere Frauen verstanden (Stangl 2020). So können Frauen in bedrohlichen Konfliktsituationen wohl leichter zu einer Kooperation finden (vgl. 4.7).

Was im Leben in der Wildnis Giftschlangen und Wölfe für unsere Vorfahren waren, sind in der heutigen Zivilisation Umweltgifte, pandemische Krisen, schnell fahrende Autos und gewalttätige, egoistische und unkooperative Menschen. Alle Gefahren sind Stressoren für uns und stellen uns die Herausforderung, diese abzuwenden bzw. einen stimmigen Umgang damit zu finden.

Da Lebewesen bei Gefahr oft schnell reagieren müssen, geschieht die Bewertung von akuten Bedrohungen häufig implizit unterhalb

9 *Schauer u. Elbert (2010) unterscheiden sechs evolutionäre Stufen einer «Verteidigungskaskade« der Abwendungsreaktion in einem Trauma bis hin zur Dissoziation: Einen kurzen Moment des Stillhaltens und Wahrnehmens (Freeze), dann Fliehen, Kämpfen, Erschrecken, Erlahmen und schließlich Ohnmacht.*

der bewussten Verarbeitung. So entsteht in diesem Stress-Zustand das Gefühl, keine Zeit zu haben. Alles muss ganz schnell erledigt werden … Womöglich ist dies die motivationale Einstellung, die das Gefühl der »Beschleunigung« in modernen Gesellschaften produziert, welches Hartmut Rosa (2005, 2016) beschreibt. Das Denken wird dabei eingeengt und fokussiert *(lat. Angina mentalis)* auf die Bedrohung und auf Möglichkeiten, diese abzuwenden.

Der Abwendungsmodus aktiviert mehr Neuronen im rechten Hirn, im Mandelkern und den Sympathikus.

Die Stärke der Aktivität des Abwendungssystems scheint dabei etwas mehr genetisch bedingt zu sein als die des Annäherungssystems (Grawe 2004). Dadurch haben die so veranlagten Kinder es scheinbar schwerer, weil sie eine geringere Frustrationstoleranz haben, leichter schreien, ängstlicher reagieren und dadurch für die Bezugspersonen schwieriger im Umgang sind. So kommt es, dass sie von Bezugspersonen im Abwendungsmodus wiederum häufig mehr Abweisungserlebnisse erfahren und dann wiederum mehr Abwendungsverhalten entwickeln. So schaukelt sich ein starkes Abwendungsverhalten sozial hoch und bildet stressende Bahnungen im Gehirn. Dabei entwickeln sich Beziehungsmuster im Abwendungsmodus: Man bekämpft sich und fühlt sich gleichzeitig abhängig und gefangen in der Beziehung (s. a. Abschnitt 4).

Wenn genetisch abwendungsaktiv disponierte Kinder allerdings verständnisvolle Bezugspersonen haben, können sie eine psychische Stabilität entwickeln, die wiederum stärker ist als die von genetisch mehr annäherungsaktiven Kindern (s. Grawe 2004).

Fragen zur Anregung und Integration des Abwendungsmodus

Was ist deine größte Angst? Was könnte schlimmstenfalls passieren?

Wie fühlst du dich angesichts dieser größten Gefahr?

Wie könntest du diese Gefahr abwehren (ggf. mit welcher Hilfe)?

Was brauchst du, damit du dich sicher fühlen kannst?

Was stellst du fest, wenn du die Gefahr genauer in Betracht nimmst?

Einstellung im übergeordneten Kohärenzmodus

»Ich bin verbunden und kann mich und die Welt wohlwollend und vertrauensvoll annehmen und frei mitgestalten.«
»Ich bin ganz gelassen und kann die Welt und mich aus einer angenehmen Distanz beobachten.«
»Ich kann meine Lust und meine Ängste gleichermaßen wertschätzen und zügeln.«

In der Suchtforschung wird ein drittes motivationales System beschrieben (Berridge 1999 zit. n. Grawe 2004, S. 295 ff; Elliot 2008; Esch 2017; Roth 2019), das in der englischsprachigen Fachliteratur mit »*liking*« charakterisiert wird, allerdings noch keinen einheitlichen Namen hat. In Bezug auf seine übergeordnete Funktion, für Kohärenz zu sorgen, nennen wir es in der SalKom® Kohärenzsystem[10]. Dieses Motivationssystem ermöglicht es uns u. a., auf eine Lust versprechende Handlung zu verzichten, gegenüber einer Droge »Nein« zu sagen und auch entsprechend zu handeln. Süchtige wissen zwar, dass ihnen die Droge schadet, aber diese Einsicht ist getrennt vom Verhalten – hat keine motivationale Folge mehr. Sie handeln anders als sie wollen. Dieses »liking« ist also eine Motivation, die dem Dopamin gesteuerten Belohnungskreis und wohl auch der Abwendungsmotivation bei gesunden Menschen übergeordnet ist. Sie ist mit maßgeblichen Kohärenzzielen verbunden, die unsere kognitive Bewertung (»liking«) steuern und eine Affektkontrolle ermöglichen. Es ist anzunehmen, dass es biochemisch insbesondere über Serotonin reguliert wird (Roth 2019, S. 208 ff), einem Botenstoff, der schon bei Einzellern und wohl allen Lebewesen vorkommt. Serotonin hat in unserem Körper je nach Rezeptor viele unterschiedliche Funktionen und findet sich besonders ausgeprägt in den Eingeweiden des Bauches. Letztere funktionieren im kohärenten Entspannungsmodus am besten.

Mit zunehmender Aktivierung im Kohärenzsystem beginnt der Mensch die Zweiteilung in entweder gut oder böse zu überwinden.

10 *Die meisten Aussagen hier zum Kohärenzsystem erfolgen aufgrund Introspektion und Fallbeobachtungen, (noch) nicht auf neurobiologischen Forschungsergebnissen – wohl aber in Anlehnung an solche.*

Das *Kohärenzsystem* befähigt uns dazu, unser Annäherungs- und Abwendungsverhalten zu integrieren und zu kontrollieren, wenn diese uns zu sehr zu einseitiger Aktivität motivieren. Denn dann würden wir uns selbst oder unserer Mitwelt schaden, wie beispielsweise bei vernichtendem (Konkurrenz-)Kampf, Rache, Fremdenfeindlichkeit und Krieg (wie er auch gegen Coronaviren ausgerufen wird), bei Drogenkonsum und anderem Suchtverhalten.

Das Kohärenzsystem realisiert die neuropsychische Einstellung der Ruhe und Gelassenheit im Kohärenzmodus. Es aktiviert im Präfrontalcortex und den Vagusnerv (wahrscheinlich den ventralen Ast nach Porges 2010) und ist sowohl dem Annäherungs- als auch dem Abwendungssystem übergeordnet, allerdings enger positiv mit dem Dopamin gesteuerten Annäherungssystem verknüpft. Deshalb wurde und wird es noch gelegentlich als ein Teil dieses Systems gesehen.

Wer in der Einstellung des Kohärenzmodus ist, ist offener und lernt kreativer als im Abwendungsmodus. Das gilt auch für die Situation eines Beratungsgesprächs. Dies bedeutet, dass der Berater darauf achtet, dass er zu Beginn und während des Gesprächs im Kohärenzmodus ist – und damit ein feines Gespür für Stimmigkeit hat. Diese seine innere Verbindung ermöglicht es ihm, im Dialog mit dem Klienten immer wieder gute Fragen zu finden, die dem Klienten helfen, für seine Probleme stimmige Lösungen zu finden. Nach Möglichkeit soll auch der Klient in einen Kohärenzmodus kommen und seinen inneren Arzt kontaktieren.

Der Kohärenzmodus ist anscheinend eine Einstellung und eine Hintergrund-Motivation, in der Ziel und Weg zusammenfinden. Viele Menschen finden diese in der Meditation, in der Natur, im Nachdenken und in der Wissenschaft oder gelegentlich auch in Ritualen, Gruppenkreisen, wie beim Tanzen, Singen oder Ähnlichem. Die Kohärenzmotivation ist das höchste und tiefste systemische Streben der Selbstregulation nach innerer und äußerer Stimmigkeit. Es ist unter anderem mit einem Gefühl von Sinnhaftigkeit verknüpft. In diesem sensibel schwingenden Kohärenzmodus können wir uns ganz, gelassen und verbunden in uns und mit der Welt fühlen. Wir befinden uns dann in einer inneren Ruhe im *Urvertrauen*, aus dem Mut und Kraft zur Mitgestaltung kommen.

Mithilfe dieses Systems, das durch Lernerfahrungen wie auch kulturelle Werte und Normen modifiziert wird, kommen Menschen in die Lage, sich auch gegen ihr Dopamin belohntes Lustprinzip zu entscheiden. Um sich von der eigenen, vernünftigen Bewertung und Einsicht, also dem, was man gut findet (»likes«), im Tun leiten zu lassen, braucht man dieses übergeordnete Kohärenzsystem in Verknüpfung mit handlungsrelevanten Strukturen.

Naheliegend ist, dass dieses System motivational mit Geisteszuständen verknüpft ist, die »gesunder Menschenverstand«, »Vernunft« (Kant 1781, 1788/2015), Verständnis, Fairness, Gelassenheit, innerer Beobachter, innerer Arzt, Verantwortungsbewusstsein, reflexives Bewusstsein, Weisheit und Ähnliches genannt werden.

Dieses übergeordnete Motivationssystem scheint zum einen gebildet oder angeregt zu werden, wenn Kohärenz im System erlebt wird, z. B. in geborgener, vertrauter Umgebung, bei Entspannung, Ruhe und Meditation. Zum anderen wird es herausgefordert durch starke Aktivitäten des Annäherungs- oder Abwendungssystems, die die Kohärenz im Übersystem gefährden. Das kann beispielsweise bei Erkrankungen oder Inkohärenzen in Beziehungen der Fall sein. Dies fordert dann zum integrierenden Reflektieren und Lernen heraus. Das Kohärenzsystem strebt danach, ein vernünftiges Maß herzustellen bzw. einen Umgang mit der Gefahr zu finden.

Gewissermaßen motiviert das Kohärenzsystem dazu, aus einer Metaperspektive der Stimmigkeit auf eine Situation zu schauen, diese zu bewerten und dementsprechend zu handeln. Wenn ich nach zwei Stücken Schokolade immer mehr Appetit darauf bekomme, anstatt befriedigt zu sein, kann ich mithilfe meines Kohärenzsystems meine Genussgier erkennen und auch mein Bauchgefühl spüren, das schon genug hat, und kann auf weitere Schokolade verzichten.

Oder wenn ich in einer Bürgerversammlung Angst habe, meine Meinung zu sagen aus Angst, nicht angenommen, sondern ausgeschlossen zu werden, kann mein Kohärenzsystem mir reflektieren, dass diese Angst aus der Kindheit kommt und jetzt real keine wirkliche Bedeutung hat. Auf der anderen Seite bewertet es die Inhalte, die ich mitteilen möchte, als wichtig für die anderen Mitbürgerinnen. So fasse ich den Mut und spreche.

Hierzu erscheint es hilfreich, aus einer direkten, emotionalen Beziehung zur Bedrohung umzuschalten in eine distanziertere und reflektierte System-Interaktion. Dann kann man die gemachten Erfahrungen aus einer *distanzierten* Metaposition, aus der Position eines inneren Beobachters, verarbeiten.

Ähnliches erleben wir bei der genussvollen Annäherungsmotivation. Damit diese nicht zur Sucht wird, braucht es immer wieder eine distanziertere Metaposition im Kohärenzmodus.

Auch wenn das Kohärenzsystem zu Affekten distanziert ist, ist es nicht gefühllos, sondern hat Bezug zu Gefühlen. Wenn wir im Leben etwas mehr stimmige Verbundenheit erleben, kommt Freude auf, vielleicht auch innere Heiterkeit. Mit dem Kohärenzsystem ist wohl die große Emotion Freude verknüpft. »Freude, schöner Götterfunken ...« lässt Beethoven tönen und weist damit auf die Beziehung dieser Emotion mit übergeordneten, attraktiven Dimensionen hin. Wenn wir dann dankbar sind für das, was uns Stimmigkeit bereitet und Freude macht, vertieft das die Freude. »Danken« kommt von »denken«. Mit Dankbarkeit wird die Emotion Freude kognitiv integriert. Dann ist Dankbarkeit die Krönung der Freude.

Fragen zur Anregung des Kohärenzmodus

Was ist bedeutsam und stimmig für dich? Was tut dir nachhaltig gut?

Was motiviert dich nachhaltig? Was macht Sinn in deinem Leben?

Wie kannst du am besten tiefe Gelassenheit finden?

Wie kannst du Verbundenheit in der Distanz halten? Und Distanz aufbauen bei gehaltener Verbundenheit?

Wie kannst du Emotionen und Bedürfnisse sinnvoll und stimmig integrieren?

Wofür bist du dankbar in deinem Leben?

Corona-Krise

In der Corona-Krise konnte man anhand der unterschiedlichen Meinungen und Aktivitäten alle drei basalen Einstellungen und ihr gesellschaftliches Zusammenspiel sehr gut studieren. Angesichts der ersten Todesfälle gab es drei unterschiedliche Kategorien von Reaktionen: erstens die Angst vor einer großen, unbekannten, ansteckenden und sich womöglich unkontrollierbar ausbreitenden tödlichen Gefahr. Diese Reaktion führte zur Rolle des Mahnenden und zum Alarmismus (im Abwendungsmodus). Zweitens die von Optimismus geprägte: »Ist nicht für alle so schlimm, wird mich schon nicht treffen.« Diese Reaktion führte zur Unterschätzung des Risikos und zur Verharmlosung (im Annäherungsmodus). Und drittens die zurückhaltende, um eine differenzierte Einschätzung der Gefahr im Gesamtkontext gesunder Entwicklung und eines guten Lebens bemühte, weitsichtige Bewusstseinseinstellung im Kohärenzmodus, in dem auch die Folgen von Interventionen umfassend abgewogen wurden.

Diese Reaktionstypen waren auch in den einzelnen Staaten und Institutionen sowie in den Medien und bei den Bürgerinnen zu finden. Sie haben sich nicht selten zu ernsthaften Konflikten hochgeschaukelt. Die Konflikte entstehen in den ersten beiden affektgeladenen Einstellungen. Diese können allerdings jeweils für sich gesehen sachliche, wissenschaftliche Argumente ins Feld führen oder Gelassenheit fordern und somit den Anschein einer Einstellung im vertrauenswürdigen Kohärenzmodus erwecken.

Wer in der Einstellung des Annäherungs- oder Abwendungsmodus fixiert ist und sich damit identifiziert, reagiert schnell, hat besonders im Abwendungsmodus das Gefühl, schnell reagieren zu müssen. Er sucht Argumente für die eigene Sichtweise und sieht die Welt aus der mentalen Enge dieser Einstellung heraus. Im Abwendungsmodus hält sich diese Enge fester und ist ausgeprägter. Der Sinn dahinter ist der, dass Gefahren schnell beseitigt werden müssen, damit wir überleben und uns möglichst in Sicherheit entfalten können. Allerdings besteht dabei wiederrum die Gefahr der Selbstschädigung der eigenen Lebendigkeit durch übertriebene Risikovermeidung. Diese motivationale Einstellung in einer Angstblase wie auch in einer Depression finden wir häufig im Zusammenhang des Beziehungsmusters im Macht-Opfer-Dreieck (s. Abschnitt 4). Bei vielen Politikerinnen, Journalistinnen und auch einigen Wissenschaftlerinnen konnte man die Bewusstseinsenge *Angina mentalis* im *Abwendungsmodus* schön studieren: Sie sprachen beispielsweise immer noch von einer »Ruhe vor dem Sturm« in den Krankenhäusern, obwohl die Zahlen ganz anderes zeigten.

Die Menschen im *Annäherungsmodus* hingegen waren zum einen die (meist jungen Menschen), die Corona-Partys gefeiert haben und zum anderen die, die das Risiko der Corona-Infektion heruntergespielt und es mit einer »normalen Grippe« gleichgesetzt haben. Wenn solche Menschen in politisch verantwortlichen Positionen waren, haben sie ihre Bürgerinnen dazu verleitet, mit der Infektionsgefahr leichtsinnig umzugehen. Das hat zu ziemlich vielen Corona-Infizierten und stellenweise auch Toten geführt – soweit man dies bis heute sagen kann. Ob sich das mit Blick auf eine dadurch erworbene Herdenimmunität vielleicht im kommenden Jahr als Vorteil herausstellen wird, kann man jetzt noch nicht abschließend beurteilen. Auch das Gefühl der Überlebenden, es in Kooperation aus eigener Kraft gemeistert zu haben, ohne sich Zwängen zu beugen, kann langfristig von Vorteil sein.

Aus der Perspektive des Kohärenzmodus halten wir vieles für möglich und versuchen, die unterschiedlichen Reaktionstypen wertschätzend zu integrieren.

Wechsel zwischen den motivationalen Einstellungen

Wichtig ist, dass wir nicht im Abwendungsmodus mit seinen stressigen Gefühlen verhaftet bleiben wie das sprichwörtliche Kaninchen im Blick auf die Schlange, sondern immer wieder den Dreh zum Loslassen, zum Besinnen, zur Entspannung und zu attraktiven Annäherungs- und Kohärenzzielen finden: zu Vertrauen, Sinn, Freude und Lust. Das ist der Kern der gesunden Kohärenzregulation, die zum guten Leben führt. Probleme haben will keiner – Probleme lösen hingegen macht Spaß und führt zu einer größten Dopaminausschüttung im Gehirn. Unser Gehirn belohnt uns für jede Problemlösung – sogar schon für die Suche nach einer Lösung. Deshalb spielen so viele Menschen Sudoku. Probleme lösen ist nicht nur hilfreich für unser Überleben, sondern auch evolutiv: Es erweitert unsere Handlungsspielräume in Richtung Komplexität.

Da wir im akuten Abwendungsmodus nicht kreativ lernen können (Grawe 2004), sondern vielmehr auf schnelle, weitgehend automatische Reaktionsmuster zurückgreifen, ist für uns ein Wechsel der Regulationsstrategie erforderlich, sobald keine akute Gefahr vorhanden ist und wir kreative Lösungen finden wollen. Im anhaltenden Angstmodus können wir nicht frei und kreativ werden, bestenfalls noch auswendig lernen. Wir müssen aus dem automatischen Kampf- oder Fluchtverhalten und der Angina mentalis aussteigen und eine weite, vertrauensvoll distanzierte, womöglich gelassene und Vernunft gesteuerte Haltung finden. Diese entspringt dem Kohärenzmodus. In diesem Modus kann man sowohl Gefahren erkennen als auch Möglichkeiten einer neuen, stimmigen Verbundenheit.

Katja hatte aufgrund ihrer Schmerzen im Daumengrundgelenk Hilfe bei Ärztinnen gesucht. Sie hatte das Gefühl: *»Da stimmt was nicht mit meinem Daumen«* – sie spürte eine Bedrohung für ihre körperliche und funktionale Integrität. Hinter dem Abwendungsziel Schmerz steht allerdings das Kohärenzziel Wohlbefinden und, bezüglich der Familie, das Zugehörigkeitsgefühl, das hergestellt wird durch ein »sich gegenseitig helfen».

Die pathogenetisch orientierte Medizin springt motivational auf das Abwendungsziel »Schmerz« an und will diesen und dessen Ursache bekämpfen. Sie denkt und agiert im Abwendungsmodus. Aus dieser Abwendungsmotivation heraus werden Katja chirurgische Eingriffe angeboten.

Hier kann nun, neuropsychologisch begründet, ein salutogenetisches Umdenken vom Abwendungsziel zu Annäherungs- und/oder Kohärenzzielen beginnen. Dazu verbinden wir uns mit der positiven Attraktiva im Kohärenzmodus und fragen nach der Gesundung.

Mit dieser Frage und dem Vertrauen in die kooperative Stimmigkeitsregulation kommt Katja in eine andere basale motivationale Einstellung und hat dort Zugriff auf andere Informationen in ihrem System. Damit weiß sie sofort, dass sie zwei Monate Ruhe braucht. So einfach erscheint die Lösung. Leider ist sie es noch nicht: Da sind noch ihre Mutter und Familie und das Studium. Sie sucht nicht nur Kohärenz in ihrem Körper, sondern auch mit der Mutter in der Zugehörigkeit zur Familie sowie durch ihr Medizinstudium zur Kultur. Hier gibt es also offenbar einen Konflikt zwischen den Kohärenzen in unterschiedlichen Lebensdimensionen (s. Kap. 1.7 und Abschnitt 3). Womöglich kann auch hier das Urvertrauen im Kohärenzmodus helfen. Mit diesem Vertrauen könnte sie mit ihrer Mutter ins Gespräch gehen.

Fragen zum Zusammenspiel der motivationalen Systeme

Hast du die Risiken für das Leben erkannt und realistisch eingeschätzt?

Sind diese handhabbar?

Kannst du in eine übergeordnete Macht und Stimmigkeit vertrauen (Urvertrauen)?

Was brauchst du, um zu vertrauen?

Wo kannst du dich geborgen fühlen?

Wie viel Lust und Genuss sind für dich wie wichtig? Welche?

Was brauchst du, um am tiefsten Punkt deines Leides umzuschalten ins Vertrauen, zur Hoffnung, zu Kohärenz- und Annäherungszielen?

1.5 Fallbeispiel Frau Küster

Frau Küster, 52 Jahre alt, ist seit zehn Jahren geschieden und hat zwei Töchter im Alter von 25 und 18 Jahren. Die Jüngere wohnt noch bei ihr, die Ältere ist vor drei Jahren zu ihrem Vater in den Nachbarort gezogen. Die ältere Tochter, so Frau Küster, mache ihr viele Sorgen, weil sie eine Essstörung habe.

Sie erzählt eingehend von der Zeit, als ihre Tochter noch bei ihr wohnte und sie zunächst gar nicht recht mitbekommen hatte, dass sie immer mehr Gewicht verlor. Sie habe dann versucht mit ihr zu reden – aber sobald es um die Essstörung ging, habe ihre Tochter blockiert.

Kürzlich hatte ihr der gemeinsame Zahnarzt einen Ausdruck zu einem Zahnfleischproblem in die Hand gedrückt, mit dem die Tochter bei ihm gewesen war. Auf diesem Ausdruck standen verschiedene ernste Allgemeinkrankheiten, die einen Zahnfleischrückgang verursachen können.[11] Hierdurch machte sie sich wieder mehr Sorgen und fühlte sich verpflichtet, mit der Tochter über mögliche Erkrankungen zu sprechen. Daraufhin bekam sie von dieser eine heftige Abfuhr.

Sie wünsche sich so sehr, dass die Tochter gut auf ihre Gesundheit achte und dass sie selbst wieder besser mit ihr reden könne.

T(herapeut) Haben Sie Vertrauen in Ihre Tochter?

K(üster) *(fühlt in sich hinein): Nicht ganz. Auf der einen Seite ist sie sehr intelligent und wortgewandt, macht ihr Studium prima und joggt – allerdings etwas exzessiv. Auf der anderen Seite komme ich nicht an sie heran und mit dem Nicht-gut-Essen verhält sie sich selbstzerstörerisch. Da redet sie nicht offen mit mir, da kann ich ihr nicht wirklich vertrauen.*

T Was brauchen Sie, damit Sie Ihrer Tochter ganz vertrauen können, dass sie ihren eigenen Weg findet, der letztlich auch gut für sie ist?

K *Ich weiß es nicht. Sie soll sich wegen der Essstörung Hilfe holen und mit mir darüber offen reden – dann kann ich vertrauen. Ist es nicht normal, dass man sich als Mutter Sorgen um die Tochter macht und ihr helfen will?*

T Möglicherweise ist es normal, allerdings ist das jetzt nicht so wichtig. Es könnte sein, dass Ihre Tochter Ihr Vertrauen braucht, um wieder offen mit Ihnen zu reden. Sie sind die Mutter und Ihre Tochter kann Ihnen wieder mehr vertrauen, wenn Sie ihr Vertrauen schenken. So möchte ich

11 *Möglicherweise hat der Zahnarzt der Mutter den Hinweis auf die möglichen ursächlichen Erkrankungen für das Zahnfleischproblem ohne Genehmigung und Wissen der erwachsenen Tochter gegeben und damit seine ärztliche Schweigepflicht und womöglich auch das Vertrauensverhältnis zur Tochter verletzt. Zu einer derartigen Verletzung des Vertrauensverhältnisses kommt es typischerweise leicht im Kommunikationsmuster des Macht-Opfer-Dreiecks, wo der Retter in der Retterrolle schnell zum Täter werden kann (s. Abschnitt 4).*

noch einmal fragen: Was brauchen Sie, damit Sie Ihrer Tochter vertrauen können? Da Sie sie jetzt nicht mehr kontrollieren und über sie bestimmen können – kann vielleicht ein überpersönliches Vertrauen, so etwas wie ein Urvertrauen, hilfreich sein?
(Mögliche Quellen von Vertrauen und Urvertrauen werden besprochen. Letztlich aber bleibt, dass sie im jetzigen Moment nicht gut in ein Gefühl des Vertrauens kommen kann.)

T Wollen Sie sich einmal vorstellen, wie ein nächstes Gespräch mit Ihrer Tochter aussehen könnte? (Nach zustimmendem Kopfnicken): Stellen Sie sich vor, sie sitzt dort auf dem Stuhl. Was möchten Sie ihr zu dem Thema sagen, von dem Sie mir gerade erzählt haben?

K *Ich würde vielleicht mit ihr über die Erfolge in ihrem Studium reden ... Und dann müsste ich es doch ansprechen: Du, der Zahnarzt hat mir einen Zettel gegeben auf dem steht, dass deine Zahnfleischkrankheit durch Aids oder Magersucht entstehen kann. Ich mache mir Sorgen um dich. Das musst du mal untersuchen lassen.*

T Wie reagiert sie?

K *Genervt abweisend und innerlich zusammengezogen und will gehen.*

T (nach einigen unbefriedigenden imaginierten Dialog-Versuchen): Wenn Sie jetzt nicht wirklich die Sorgen loslassen und in ein Gefühl von Vertrauen kommen können, versuchen Sie bitte einmal so zu tun, als ob Sie Ihrer Tochter voll und ganz vertrauen würden. Was würden Sie aus einem solchen Gefühl des Vertrauens heraus Ihrer Tochter sagen?

K *Auch wenn ich mir als Mutter öfter mal Sorgen um deine Gesundheit gemacht habe, so kann ich jetzt sehen, dass du erwachsen bist und dir voll vertrauen, dass du deinen Lebensweg so gehst, wie er für dich stimmt. Auch wenn es anders ist als ich es mir manchmal denke oder wünsche, so vertraue ich darein, dass du es besser weißt als ich und es letztlich gut wird. Wenn du mal meine Unterstützung brauchen kannst, freue ich mich, wenn du mich darum fragst.*

T Wie fühlt sich das für Sie an?

K *Gut und frei.*

T Wie reagiert Ihre Tochter?

K *Sie bleibt sitzen und ihre Augen werden offen und feucht. Ich habe das Gefühl, dass sich etwas öffnet zwischen uns.*

T Wollen und können Sie eine Kommunikation mit Ihrer Tochter mit einem solchen Grundgefühl einmal ausprobieren?

K *Ja, auf jeden Fall.*

Reflexion des Gesprächs

Da Frau Küster keinen direkten Zugang zu ihrem Gefühl von Vertrauen in ihre Tochter finden konnte, habe ich ihr eine Imagination des Gefühls vorgeschlagen. Vielleicht verändert schon dies etwas an ihrer Beziehung zur Tochter und reicht für diese Situation.

Frau Küster hatte Zweifel an einer gemeinsamen Intentionalität, weil sie das Gefühl hatte, dass ihre Tochter nicht mehr ihre eigene gesunde Entwicklung verfolgt. Dabei hatte sie selbst dazu ein anderes inneres Bild als die Tochter, nämlich ein Bild von »normalem Essverhalten«. Der Tochter war vermutlich für ihre gesunde Entwicklung etwas gänzlich anderes wichtig. Vielleicht war es eine gute Beziehung zu Mutter und Vater zu haben, getragen von Vertrauen in ihre autonome Entwicklung und mit Unterstützung, Respekt und jenseits von Kontrolle. Dies konnte sie jedoch nicht verständlich kommunizieren. Vertrauen und gemeinsame Intentionalität scheinen zwei Seiten einer guten menschlichen Kooperation zu sein.

Vermutlich war auch das Vertrauen von Frau Küsters Mutter zu ihr schon eingeschränkt, zum Beispiel durch Kriegserlebnisse. So hatte sie womöglich Kindheitserfahrungen, die ihr den Zugang zu ihrem Urvertrauen begrenzten. Als Folge davon fällt es ihr jetzt schwer, ihrer Tochter einen so tiefen und umfassenden mütterlichen Vertrauensvorschuss zu geben, dass diese sich ihr gegenüber vertrauensvoll öffnen kann. Deshalb wäre es angebracht, mit Frau Küster in einem weiteren Gespräch an der Beziehung zu ihrer Mutter zu arbeiten und dort wieder einen umfassenderen Zugang zu ihrem Urvertrauen zu finden. Dadurch könnten die Beziehung zur eigenen Tochter entlastet und mögliche Ressourcen erschlossen werden, um hier mehr Vertrauen zu finden. Aus systemischer Sicht sollte bei der Problematik mit der Tochter das Thema mit der Mutter bearbeitet werden.

1.6 Urvertrauen als Lebensgrundlage

Ein ähnliches Thema wie in der Beziehung von Frau Küster zu ihrer Tochter finden wir auch häufig bei anderen Eltern, deren Kinder eine Suchtthematik entwickeln: die Schwierigkeit nämlich, ihrem erwachsenen Kind bei – man kann sagen: trotz – vorhandenem Suchtverhalten das grundlegende Vertrauen zu schenken, dass es seinen Weg in diesem Leben finden wird. Erfahrungen lassen vermuten, dass die Chance für die Kinder, das Suchtthema zu bewältigen, umso größer ist, je tiefer die Eltern dieses Vertrauen aufbringen können.

Vertrauen scheint von grundlegender Wichtigkeit für das (mit-) menschliche Leben zu sein. Es ist eine Grundlage für gelingende und kreative Kooperation, ohne die Leben nicht möglich ist. So erscheint es nicht verwunderlich, wenn sich in verschiedenen Forschungen zur Kooperation selbst in der Spieltheorie und Ökonomie ein Vertrauensvorschuss als Grundlage für die nachhaltig erfolgreichsten Strategien herausgestellt hat (Axelrod 2009). Allerdings kann blindes Vertrauen wieder gefährlich sein und zu Missbrauch und destruktiver Kooperation führen.

Wenn Vertrauen ein derartig wichtiges zwischenmenschliches Lebenselixier ist, hat es noch eine eingehendere Betrachtung verdient.

»Ich atme, also (ur-)vertraue ich.«

Ein Neugeborenes wird mit einem Urvertrauen geboren. Es kommt mit der Erwartung aus dem Mutterleib in die Welt, dass die Luft gut zum Atmen und die Muttermilch aufbauend nahrhaft ist, dass seine – wahrscheinlich genetisch als Soll-Zustände verankerten – Grundbedürfnisse in Kooperation befriedigt werden. Daraus kann abgeleitet werden, dass der Befriedigung aller einzelnen Bedürfnisse ein existenzielles Streben nach Kooperation zugrunde liegt. Die grundlegende Kooperation zwischen Säugling und Eltern wird subjektiv gerne als Aspekt von Liebe und Verbun-

»Nicht ›blindes‹, sondern sehendes Vertrauen ... scheint mir das höchste Gut zu sein.« Martin Buber

denheit empfunden. Dann ist Kooperation Liebe in Aktion und Aktivität in Verbundenheit.

Urvertrauen wäre demnach ein im Laufe der Evolution entstandenes und somit vermutlich genetisch verankertes Gefühl, das im Lebendigen selbst, in seiner Kooperation, in Teilhabe und Hingabe an das Leben zum Ausdruck kommt: im Atmen, im Suchen des Säuglings und in seiner Hinwendung zur Mutterbrust, in seinem Rufen nach der Mutter ... Urvertrauen ist demzufolge mehr eine Grundeinstellung des Lebendigen als ein deutliches Gefühl – wohl verknüpft mit dem Kohärenzsystem.

Urvertrauen ist so als andauerndes Potenzial angeboren – dem Leben *andauernd* innewohnend. Es braucht nicht erworben zu werden. Es ist dem Leben inhärent, evolutionär gebildet und bestätigt. Es kann allerdings, wie auch andere genetische Aktivitäten, epigenetisch an oder ausgeschaltet oder gedimmt werden.

Die »verlässlichen Beziehungen«, die Erikson (1957, 1988) zur Entstehung des »basic trust« beschreibt, sind erforderlich, damit das Urvertrauen in zwischenmenschlicher Kooperation erhalten bleibt und die für Urvertrauen postulierten Genaktivitäten für zwischenmenschliche Kontakte nicht abgeschaltet werden. Wenn Kinder in ihrer Familie diesbezüglich negative Erfahrungen machen und ein tiefes *Misstrauen* gegenüber Menschen entwickeln, kann es dennoch sein, dass sie aufgrund ihres globalen Urvertrauens immer noch positive Verbundenheit und Kooperation in der Natur wie mit Tieren suchen und finden können. Dies ist die Grundlage für die Wirkung tiergestützter Therapie. Dabei kann ihre soziale Ich-Dimension (s. Kap. 3.4) sich im Annäherungsmodus entfalten.

Wenn Kinder Verletzungen und Bedrohungen erfahren, entwickeln sie zu ihrem Schutz *Misstrauen*. Dies ist als eine Herausforderung zu verstehen, sehendes Vertrauen und Mut zu entfalten. Man prüft dann beispielsweise die Luft, die Nahrung und auch die Menschen oder Regierungen, ob sie vertrauenswürdig sind. Misstrauen findet im Abwendungsmodus statt und ist deshalb mit Stress verknüpft. Mit Vertrauen hingegen können wir wieder in den Annäherungsmodus schalten.

Wenn wir Urvertrauen als ein Potenzial und eine Eigenschaft betrachten, welches allen Lebewesen innewohnt – sozusagen als unveräußerlicher Teil jeden Lebens – dann können wir die zentrale Bedeutung von Vertrauen für unsere gesunde Entwicklung und Kooperation erahnen. Dann ist Urvertrauen eine innere Bedingung für jede Form von Lebensäußerung und Kooperation.

In unbekannten und bedrohlich erscheinenden Situationen, für die wir noch kein Vertrauen entwickelt haben, brauchen wir Mut, um voranzugehen. Diesen Mut schöpfen wir aus dem Potenzial des Urvertrauens im Kohärenzmodus. Selbst in äußerst verzweifelten und bedrohlichen Situationen können wir aus dieser Kohärenz-Ressource schöpfen und den Mut trotz Verzweiflung finden. Dieses Urvertrauen brauchen wir, wenn wir Verletzungen erlitten haben, auch als Ressource für die Entwicklung von sehendem Vertrauen.

Eine Frau mit ausgesprochen schwieriger Kindheit und Frühberentung aufgrund vieler schwerer Erkrankungen berichtete, dass sie in einer schwer depressiven Phase mit Suizidgedanken bei Sturm an einem Nordsee-Strand spazieren war. Da hat das Tosen der brandenden Wellen bei ihr eine derart heilsame Resonanz hervorgerufen, dass sie wieder frischen Mutes ihr Leben angegangen ist.

Wenn wir *Urvertrauens-Gene* oder angeborene neuronale Verknüpfungen postulieren und uns ihre Funktion so vorstellen, wie Gene eben funktionieren, hilft uns das, ihre Wechselbeziehungen von innen und außen (Epigenetik) in Bezug zum Vertrauen besser zu verstehen (Bauer 2006, Spork 2019).

Dieses Verständnis impliziert, dass es grundsätzlich jedem Menschen möglich ist, *Urvertrauens-Potenzial zu entfalten, also mögliche Gene* wieder anzuschalten, auch wenn sie durch viele lebensbedrohliche Erfahrungen weitgehend abgeschaltet wurden. Wir haben also Grund, Vertrauen in das Urvertrauen eines jeden Menschen zu haben – selbst wenn dieser uns mit tiefem Misstrauen begegnet.

Sehendes Vertrauen ist die reife Form von Vertrauen, die durch Erfahrung differenzierte, aber nicht gestörte Einstellung des Urvertrauens. Im sehenden Vertrauen sind auch das Selbstvertrauen und das Bewusstsein über die eigene Selbstwirksamkeit integriert.

Misstrauen und Vertrauen entwickeln sich *dynamisch* und *kontextbezogen* in der mehrdimensionalen Umwelt, also in Familie, Gesellschaft, Menschheit und Biosphäre. Vertrauen ist nicht etwas, das man erzwingen oder einfordern kann – Vertrauen will geweckt, geschenkt oder verdient werden.

Fragen nach Vertrauen

Wem möchtest du vertrauen?

Was ist der Grund für dein Misstrauen?

Was brauchst du, damit du ihm vertrauen kannst? Kann er etwas dazu beitragen?

Was kann in deiner Beziehung zu diesem Menschen »sehendes Vertrauen« bedeuten?

Wie kannst du dir selbst vertrauen?

1.7 Kommunizieren und kooperieren in Lebensdimensionen

Als Neugeborenes sind wir im Urvertrauen damit beschäftigt, unseren Körper in seiner neuen Umwelt und in der Beziehung zur Mutter und zu anderen Bezugspersonen zu organisieren, damit wir wachsen und gedeihen. Wir lernen, unsere Temperatur, den Sauerstoffdruck, den Nährstoffspiegel im Blut und vieles andere in Kooperation mit unserer Umwelt zu regulieren.

Fast parallel dazu lernen wir, mit unseren nächsten Mitmenschen zu kommunizieren. Zuerst findet diese Kommunikation in Form von Blickkontakt, Schreien und Körperkontakt nur mit nahen Personen in der Familie statt, dann wird der Kreis der Interaktionspartnerinnen im Kindergarten und Schule immer mehr. Dort können wir dann auch schon so sprechen, dass uns auch Menschen außerhalb unserer Familie verstehen – und wir können diese verstehen. Die Welt ist schon viel komplexer als nur mein eigener Organismus – erst durch die Familie und jetzt die weitere Umgebung, sowohl die Natur bzw. Stadt als auch die Gesellschaft. Mit der Berufsausbildung und meinem ersten verdienten Geld werde ich dann ein selbstständiger Teil der Kultur.

Wenn ich eine andere Sprache lerne, wird mir langsam klar, dass es außer meinem Land und Volk noch andere Länder und Völker gibt, mit einer anderen Sicht auf die Welt. Meine Welt wird noch einmal dimensional komplexer als meine Heimat. Obwohl ich schon als Kind im Urlaub in Südfrankreich war, habe ich diese Erfahrung der Fremde erst später derart realisieren können, dass die Fremde und die Fremden genauso Teile des globalen Ganzen sind wie ich, der für diese ein Fremder aus der Fremde ist.

Der Blick aus einer Astronautenkapsel im Weltraum auf unseren blauen Planeten Erde hat das globale Erleben um eine Außenperspektive erweitert. Aus dieser Sicht wird unser komplexes Erdenleben zu einem kleinen Teil des Sonnensystems und des Universums. Und wir selbst auch. Durch Fotos aus dieser Außenperspektive bekommt eine abstrakt systemische Meta-Sichtweise eine visuell erfahrbare Brücke.

Diese systemische Sichtweise impliziert, dass es eine Ordnung von Ganzheiten gibt (Bertalanffy 1969; Riedl 1979; Petzold 2011 c), die Arthur Köstler (1984) »Holarchie« genannt hat. Das bedeutet, dass ein kleines System, eine kleine Ganzheit, ein Teilsystem einer größeren Ganzheit ist. So ist z. B. ein Individuum ein Teil einer Familie, die Familie ein Teil einer Gesellschaft, einer Nation und Kultur und eine Kultur wiederrum ein Teilsystem der Menschheit und der Biosphäre. Nach innen geschaut sind die Organsysteme, die Organe und Zellen Teilsysteme eines Individuums.

Lebensdimensionen

Ein Mensch wird geboren in die Biosphäre, in eine Kultur und in eine Gemeinschaft wie eine Familie. In diesen großen Lebensdimensionen wächst er und reguliert sich selbst in Beziehung zu diesen.

Von dem Mathematiker Benoît Mandelbrot und aus der Chaosforschung (Peitgen u. a. 1994) wissen wir, dass Dimensionen nicht fest begrenzt, sondern fraktal sind. Das bedeutet, dass wir Übergänge zwischen z. B. der sozialen und kulturellen Dimension finden, die Selbstähnlichkeiten mit beiden haben. So ist beispielsweise eine kleine Firma zwar eine kulturelle Organisation, aber die Mitarbeiterinnen sind in ihrer Kommunikation sehr persönlich, fast familiär miteinander und teilen auch Privates.

Im Folgenden seien die Lebensdimensionen mit ihren Charakteristika und in ihren Wechselbeziehungen kurz beschrieben.

1. Physische Lebensdimension

Diese erste Lebensdimension ist gekennzeichnet durch die physische Selbstregulation von individuellen Lebewesen. Individuen haben durchlässige physische Grenzen und über ihre Grenzorgane körperliche Beziehungen sowie Energie- und Stoffaustausch mit ihrer Umgebung. Auch zwischen unseren Organsystemen, Organen, Zellen und Materie findet so eine direkte, physikalisch-chemische Kommunikation und Kooperation statt.

2. Soziale Lebensdimension

Die sozialen Systeme sind charakterisiert durch direkte, sinnliche Kommunikation, die überwiegend nonverbal verläuft. Wie psychologische Untersuchungen ergeben haben, macht diese nonverbale Kommunikation einen Anteil von 80–100 % unserer Kommunikation mit nahestehenden Personen aus. Die Kooperation in dieser Lebensdimension dient primär den Bedürfnissen zur Weitergabe und Entfaltung des physischen und sozialen Lebens. Außer der Familie weisen auch Nachbarschaften und Freundeskreise diese sozialen Kriterien auf.

3. Kulturelle Lebensdimension

Für kulturelle Systeme, in diesem Buch häufig als *Kultur* zusammengefasst, sind wichtige Kriterien, dass sie mit *vermittelter Kommunikation* zu einem Zweck kooperieren, der überwiegend nur indirekt der *Bedürfnisbefriedigung* der Beteiligten dient. Kulturelle Kommunikation ist durch explizite Regeln sowie durch Zeichensysteme wie Worte, Rauchzeichen und Geld vermittelt. Zur Kultur gehören Normen und Werte sowie der Staat mit all seinen Teilsystemen, wie Institutionen, Politik, Ökonomie, Kunst, alle professionellen Angelegenheiten und Organisationen, Bildung, Sprache, Geld u. a. m.

4. Global geistige Lebensdimension

In dieser Lebensdimension finden die Völker und Kulturen zusammen. Es besteht eine transnationale und transkulturelle Kohärenz. Globale Systeme zeigen eine meta-sprachliche transkulturelle Kommunikation und Kooperation. Gegenstand und Bewusstsein der Kommunikation sind die Wahrheiten hinter der Sprache. Diese

Unsere Rahmen: Lebensdimensionen

Vom großen Ganzen zum ganzen Kleinen

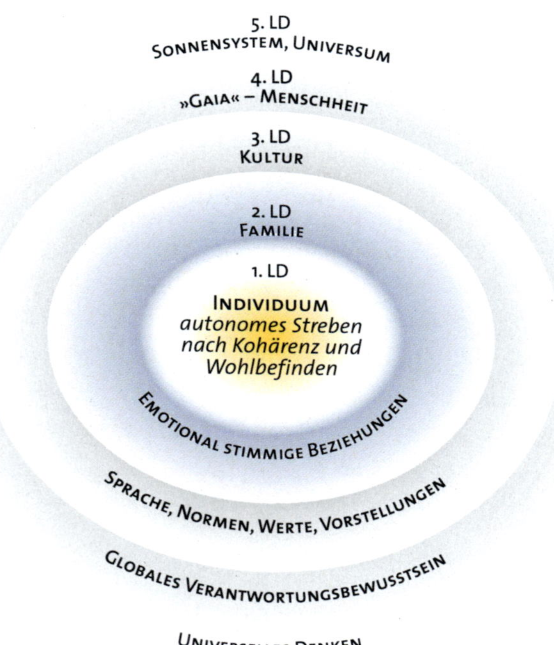

Abbildung 2: Kohärenz in Lebensdimensionen – holarchisches Modell der Rahmung unseres Daseins.

Jede Lebensdimension (LD) hat ihre charakteristische Kohärenz und Resonanzfähigkeit. Jedes Individuum steht im Mittelpunkt seiner Weltbeziehungen. In seinem Inneren kommunizieren seine Organe überwiegend physikalisch-chemisch. Mit seinen nahen Mitmenschen im sozialen Übersystem kommuniziert es zu 80–100 % direkt sinnlich, also nonverbal. In seinen kulturellen Bezugssystemen wird die Kohärenz wesentlich durch Zeichensysteme wie Sprache und Geld hergestellt. In der globalen Lebensdimension ist die Kohärenz transkulturell, meta-sprachlich – geistig.

lassen sich mit unterschiedlichen Sprachen kommunizieren (Matoba u. Scheible 2007; Machleidt u. Heinz 2010; Petzold u. Lehmann 2011 d). Diese metasprachliche Kommunikation und Kooperation erfordert eine reflexive Verständigung und reflektierte Betroffenheit über Grenzen hinweg mit globaler Verflechtung.

Fragen zur Mitgestaltung deiner Lebensdimensionen

In welchen Lebensdimensionen hast du dein Mitgestaltungspotenzial schon zufriedenstellend entfaltet?

In welchen möchtest du mehr mitgestalten?

Wie?

Was brauchst du dazu?

Eine Ordnung der Lebensbereiche in Dimensionen von Komplexität

Im Fallbeispiel von Katja haben wir schon drei der für unser Leben sehr wichtigen, menschlichen Lebensdimensionen kennengelernt: den individuellen Organismus, den sozialen Verbund (die Familie) und die Kultur. Katja hat uns auch schon beispielhaft gezeigt, wie diese Lebensbereiche in ihrer individuellen Ganzheit und ihrer psychischen Dynamik erscheinen. So finden wir in unserer neuropsychischen Struktur Ich-Dimensionen, mit denen wir zu den Lebensdimensionen in Resonanz sind (s. Abschnitt 3).

Wie für Katja die stimmige Verbundenheit mit ihrer Familie und ihr Medizinstudium bedeutsam waren, können wir allgemein sagen: Die Kohärenz eines Übersystems ist in der Regel attraktiv für die Dynamik seiner Teilsysteme, für deren Kommunikation und Kooperation. So arbeiten die meisten Menschen ihr Leben lang mit anderen zusammen, um die Stimmigkeit der Gesellschaft, sich selbst eingeschlossen, herzustellen und aufrecht zu erhalten. Dabei bezieht Stimmigkeit sehr komplexe und mehrdimensionale Beziehungen mit ein. Subjektiv fühlen wir dies Streben nach Kohärenz als Suchen nach Zugehörigkeit zu unseren Übersystemen, als Wunsch dazuzugehören, unsere Rolle im Übersystem zu haben und inkludiert zu sein. Jedes neue Mitglied (Teilsystem) einer Familie oder Organisation (allgemein: eines Systems) verändert dieses System, erfordert eine Anpassung auch des Systems an sein neues Mitglied, und sei es fast unmerklich.

So erscheint als ein salutogenes und gleichzeitig entwicklungsorientiertes Ziel die *Integration und Inklusion aller Teilsysteme in das jeweilige Übersystem.*

Die Kohärenz der Lebewesen wurde im Laufe der Evolution dimensional komplexer. Jede dieser Dimensionen fordert mit ihrer Kohärenz Beachtung. Gerade das Zusammenspiel der einzelnen Dimensionen in ihrer vertikalen Ordnung will beachtet werden, wenn es um gesunde Entwicklung, Salutogenese, gutes Leben und Kreativität geht. Bei Katja gab es hier einen Konflikt zwischen ihrem inneren Bild ihrer individuellen Kohärenz (1. Lebens- und Ich-Dimension) und ihrer Identifizierung mit einer Rolle in der Familie, die ihre Zugehörigkeit zu diesem Übersystem sichern soll (zur 2. Lebens- und Ich-Dimension).

Wenn die Dynamik einer Zelle, wie beim Wachstum vieler Tumore, sich aus der Kohärenz des Gesamtorganismus löst und primär nur das eigene Wachstum verfolgt, kommt sie in Inkohärenz zum Organismus. Wenn sie nicht integriert wird, entsteht Chaos im System und entweder sie oder der Mensch stirbt und dann mit ihm auch der Tumor. Wenn ein Präsident in erster Linie seine eigenen Interessen verfolgt (oder die seiner Partei oder Familie), entsteht Chaos im Staat. Wenn eine Nation ihre Interessen über die der Menschheit stellt, gibt es leicht Krieg. Jedes System hat seine Aufgabe innerhalb seines Übersystems und hat seinen Dienst für dieses bottom-up zu leisten. Und andersherum ist es Aufgabe der Übersysteme, für möglichst gute Bedingungen für eine gesunde Entwicklung ihrer Teilsysteme top-down zu sorgen. Soweit eine stark vereinfachte Sicht auf eine holarchische Ordnung.

Wie wir immer komplexere Beziehungen entfalten

Ein zweijähriger Junge lernt die Sprache, Werte und Regeln seiner Bezugspersonen und Familie. Dabei drückt er beim Sprechen sein Verstehen der Sprache und Regeln auch in Bezug zu seinem eigenen Kohärenzempfinden auf seine implizite Art aus, z. B. durch seine Stimme und Mimik beim Sprechen. Dadurch wird auch die Kohärenz der Familie modifiziert. Unsere Kommunikation und Kooperation als Teilsysteme haben zwei Aspekte: Sie sind in Resonanz zur Kohärenz des Übersystems und drücken diese aus (topdown). Gleichzeitig stellen wir diese Kohärenz mit her und verändern sie (bottom-up). Jedes System hat seine eigene Resonanzfähigkeit (s. Abb. 8).

So hat jedes autonome System ein gewisses Grad an Freiheit, an Wahl-, Entscheidungs- und Mitgestaltungsmöglichkeit.

Kinder nehmen Eltern und Lehrer als ihre Vorbilder. Familien orientieren sich an überlieferten oder vermittelten Erziehungsmethoden sowie ökonomischen und hygienischen Vorgaben der Kultur. Regierungen orientieren sich an Gesetzen, Wirtschaftsinteressen, an Erkenntnissen der Wissenschaften und ggf. an moralischen Grundsätzen von Religionen bzw. ethischen Prinzipien der Menschheit (dies jedoch leider meist zu wenig). Gesetze und Normen sind mehr der explizite Teil der Kohärenz.

Wenn ich hier von *Orientierung* an der Kohärenz von Übersystemen spreche, soll das nicht heißen, dass sich alle Teilsysteme ihrem Übersystem so anpassen, wie dieses es sich wünscht. Es soll aber heißen, dass sie in ihrem Leben nicht umhinkommen, sich mit den Regeln, Werten und Normen des Übersystems – als Aspekte seiner Kohärenz – auseinanderzusetzen. In aller Regel übernehmen sie einen beträchtlichen Teil dieser Kohärenz – selbst wenn sie sich explizit gegen herrschende Normen stellen. So entstehen einige Paradoxien, besonders in Übergangszeiten.

Ein aktuelles Beispiel finden wir wieder in der Corona-Krise. Die Politikerinnen und Richterinnen sollen die Interessen aller Bürgerinnen vertreten. Im Glauben, die Gesundheit zu schützen, erlassen sie einschränkende Zwangsmaßnahmen. Daraufhin erscheinen selbsternannte »Widerständlerinnen« gegen diese Maßnahmen, und berufen sich auf Rechtsnormen wie das Grundgesetz, also darauf, was auch die Politikerinnen vertreten wollen.

Das Grundgesetz und andere Gesetze bestimmen die explizite Kohärenz unserer Gesellschaft. *Implizit* wird die Kohärenz stark durch Normen und Werte geprägt wie beispielsweise Leistung und Konsum oder auch Angst vor Schädigungen. Wenn jetzt eine stärkere Orientierung an Umweltschutz eine Umstellung des Konsums

SYSTEMISCHES EVOLUTIONSMODELL

Kohärenz und Kooperation in Lebensdimensionen

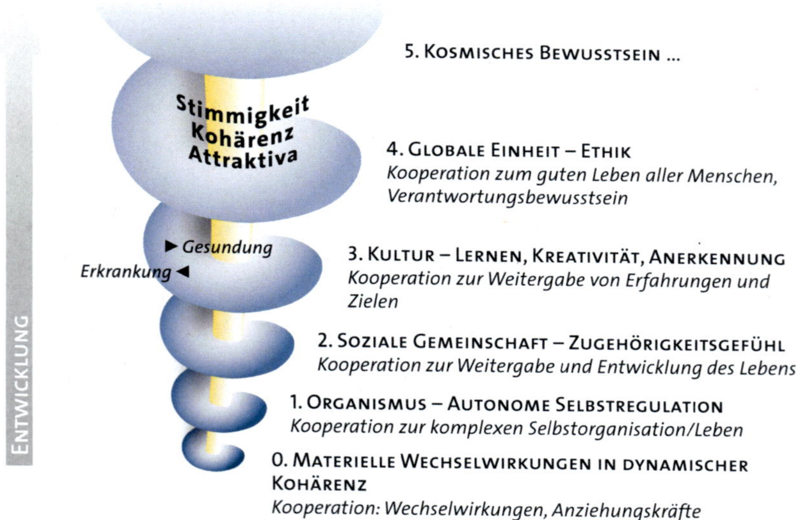

Abbildung 3: Systemisches Evolutionsmodell – Kooperation in Lebensdimensionen

Im Laufe der Evolution auf der Erde entwickeln sich die Lebewesen zu immer komplexeren Einheiten. Der Grad der Komplexität ist hier nach oben hin dimensional zunehmend. Attraktiv für diese Evolution ist die Kohärenz der Systeme in sich und im größeren Ganzen. Diese ist durch die gelbe Säule in der Mitte dargestellt, um die die Dynamiken kreisen. Die Kohärenz von Übersystemen ist maßgeblich für die Kooperation seiner Teilsysteme. Wenn sich ein Lebewesen von der Kohärenz weiter entfernt, nennen wir es Erkrankung. Gesundungsprozesse bedeuten, dass es sich wieder in Richtung Kohärenz annähert. Derartige Entfernungen von der Kohärenz können in jeder Dimension auftreten, häufig kommt es zurzeit zwischen den sozialen und kulturellen Beziehungen vor.

dringend erfordert, entstehen Widersprüche zwischen massenhaft freiem Konsum wie unbeschränkter Mobilität und einer zukunftstauglichen Kohärenz der Gesellschaft.

Die hier dargelegte systemische Sichtweise (Systemtheorie) ermöglicht und impliziert ein neues Verständnis gesunder Entwicklung in der kulturellen Evolution. Wenn wir Evolution als den Vorgang verstehen, in dem sich immer komplexere Lebewesen und Netzwerke von Lebewesen bilden, bedeutet Evolution für uns Individuen, dass wir immer *komplexere Beziehungen* entfalten und leben.

Das heißt, dass die Kohärenz, die Kooperation und die Kommunikation von Individuen und Gesellschaften immer komplexer werden. Entsprechend spiegelt auch unser Bewusstsein die Komplexität wider und gleichzeitig fördert dieses komplexe, vernetzte Bewusstsein die Entwicklung der Kooperationen.

Das bedeutet auch, dass wir uns entwickeln und kreativ werden, indem wir neue Kommunikations- und Kooperationsmöglichkeiten finden und praktizieren.

Wenn wir uns heute in einem Übergang der Evolution befinden, in einer »Großen Transformation« (s.a. bpb 2013; *Anthropozän*), in einer Erweiterung menschlicher Beziehungen von kultureller Kohärenz hin zu globaler, transkultureller Kommunikation, vom *objektfixierten Bewusstsein* (soweit es westliche Zivilisationen betrifft) hin zum *reflexiven Verantwortungsbewusstsein*, so ist es hilfreich, alle bisherigen Kohärenzen und Kommunikationsweisen zu integrieren. Womöglich ist es förderlich, eine entwicklungsorientierte Vision von Kohärenz zu haben. Dies kann helfen, die Zukunft nicht nur vorhersagen zu wollen, sondern vielmehr sie aktiv mitzugestalten.

Konstruktive Veränderungsprozesse von Übersystemen scheinen besonders dann erfolgreich zu verlaufen, wenn sich die Teilsysteme an der Kohärenz eines Über-Übersystems orientieren. So kann heute die Umgestaltung von Kulturen und Nationen durch eine Orientierung an der Menschheit und der Biosphäre konstruktiv geschehen. Dabei sehen wir auch, dass in dieser großen, komplexen Dimension Übergänge viel länger dauern als im Individuum oder in einer Zelle. Jede Lebensdimension hat ihre eigenen Zeitverläufe.

Fragen zur Kooperation in Lebensdimensionen

In welcher Art von Kommunikation und Kooperation in welcher Lebensdimension fühlst du dich sicher? In sinnlich direkter, emotionaler, sprachlicher oder/und transkultureller?

Wo bist du zufrieden?

Was ist dein Beitrag zur Kohärenz welcher Übersysteme?

Welche Wünsche und Erwartungen hast du an welche Übersysteme?

Welche Kommunikation und Kooperation möchtest du noch weiter ausbauen, lernen und entfalten?

Was brauchst du dazu?

1.8 Zusammenfassung

Menschen können sich gesund entwickeln, wenn sie sich von den Attraktiva motivieren lassen, die ihnen bedeutsam sind.

Das neue Denken in der salutogenetischen Orientierung bedeutet ganz wesentlich, das Leben als einen dynamischen, komplexen Vorgang zu sehen, der auf attraktive Ziele, auf Attraktiva, zusteuert. Diese Attraktiva bilden den Kern menschlicher Motivation. Dies ist die Grundlage des systemischen Gesundheitsmodells.

Motivation – das was Lebewesen zur Bewegung, zum Leben veranlasst – ist der Urgrund von Leben. Maschinen haben keine Motivation, auch Künstliche Intelligenz KI nicht.

Zu ihrem guten Leben haben Menschen drei motivationale Systeme, die zu basalen Einstellungen der Wahrnehmung, des Spannungszustands und des Stoffwechsels führen: Zum einen das wesentlich über Dopamin und Lustgefühle geregelte Annäherungssystem, des Weiteren das Abwendungs-/Vermeidungssystem zum Abwenden und Vermeiden von Gefahren. Und als dritte und übergeordnete die Motivation im Kohärenzsystem, die nach Kohärenz im Inneren und Äußeren sucht.

Das Kohärenzsystem hat die für die gesunde menschliche Entwicklung maßgebliche Aufgabe, für eine stimmige Integration von Erfahrungen im Inneren und in den Umwelten zu sorgen.

Im Kohärenzsystem sind das Urvertrauen und die Freude zu Hause. Urvertrauen ist eine Grundlage jeder Lebensäußerung und Kooperation.

Unsere Weltbeziehungen werden entsprechend ihrer Komplexität in Lebensdimensionen systemisch holarchisch geordnet. In jeder der hier aufgeführten vier Lebensdimensionen wird in einer charakteristischen Art und Weise kommuniziert und kooperiert.

»Aber um diese Angelegenheit vollständiger zu verstehen, muß man wissen, daß die Seele tatsächlich mit dem ganzen Körper verbunden ist und daß man ganz genau genommen nicht sagen kann, sie sei in bestimmten Teilen des Körpers mit Ausschluß der anderen, weil dieser eins ist, und in gewisser Weise unteilbar, und zwar aufgrund der Anordnung seiner Organe, die sich so eines auf das andere beziehen, daß der Körper defekt ist, wenn eines von ihnen wegfällt, und weil die Seele ihrer Natur nach keinerlei Beziehung zur Ausdehnung hat, noch zu den räumlichen Dimensionen oder den anderen Eigenschaften, aus denen der Körper zusammengesetzt ist, sondern nur zur Gesamtheit von deßen Organen. Wie ersichtlich ist, kann man nicht die Hälfte oder ein Drittel einer Seele begreifen, noch welchen Raum sie einnimmt, oder daß sie kleiner würde, wenn man einige Glieder abschnitte, denn sie trennt sich von ihm gänzlich, wenn man den Gesamtzusammenhang seiner Organe auflöst.«

RENÈ DESCARTES[12] (1649, 1984) VON DER LEIDENSCHAFT DER SEELE, SEITE 51

WIE SPIELEN PSYCHE UND KÖRPER ZUSAMMEN?

GRUNDLAGEN EINER SYSTEMISCHEN PSYCHOLOGIE UND PSYCHODYNAMIK

Während des Medizinstudiums fand ich in Schriften von Wilhelm Reich[13] (damals nur als »Raubdrucke« erhältlich) Forschungen zu einer ähnlichen Fragestellung wie der meinigen: Wie spielen Seele und Körper zusammen? Reich ging dabei – im Unterschied zu seinem Lehrer Sigmund Freud – von der Arbeit mit dem Körper und seinen Funktionen aus. Er verfolgte in seinem Werk »Funktion des Orgasmus« die Frage der gesunden Selbstregulation des Menschen. Nach meinem Studium absolvierte ich dann eine Ausbildung in Bioenergetischer Analyse nach Alexander Lowen, einem Schüler Reichs. Bei dieser körperorientierten Psychotherapie fehlte mir allerdings der Einbezug zwischenmenschlicher Beziehungen. So kam ich zur systemischen Familientherapie ins Weinheimer Institut und zum Resonanz-NLP bei Gundl Kutschera.

12 *Aufgrund dieser Passage aus seiner letzten Schrift könnte man Descartes, der von vielen für das dualistische Denken der Neuzeit verantwortlich gemacht wird, auch als Vorreiter des ganzheitlichen, systemischen Denkens bezeichnen.*

13 *Wilhelm Reich war ein Schüler Sigmund Freuds, der aus politischen Gründen in die USA emigrierte. Er schrieb mit seinem Buch »Massenpsychologie des Faschismus« auch einen wichtigen Beitrag zur Aufarbeitung des Nationalsozialismus. Auch hier wurde meiner Frage nach dem Zusammenspiel von Geist und Körper nachgegangen, allerdings in einer kollektiven, politischen Dimension.*

Immer handelte es sich um Psychotherapie. Was bedeutet das? Welches Phänomen wird seit Jahrtausenden in verschiedensten Kulturen immer wieder Psyche oder Seele genannt? Und welche Rolle spielt dieses in der Beziehung zwischen Geist und Körper?

Bevor wir zu möglichen Antworten auf diese Fragen kommen, möchte ich auf dem Hintergrund einer systemischen und dynamisch salutogenetischen Sichtweise (s. Abschn. 1) die Begriffe Psyche und Seele[14], *Psychodynamik* und *psychisch gesund* definieren.

Im Kap. 1.3 hatte ich die *Psyche* des Menschen schon als Begriff aus der Introspektion für seine Ganzheit definiert. Aus der Beobachterperspektive erkennen wir diese Ganzheit als die komplexe, attraktive Information, der sich ein Individuum in seinem Leben letztlich immer wieder anzunähern sucht. Sie ist der Ursprung der Motivation zum Leben. Neuropsychisch gesehen bildet unsere Kohärenzmotivation die Brücke zur abstrakten *Seele*, zur Ganz*heit* des Menschen. Im dynamischen Prozess des Lebens werden die individuellen, mehrdimensionalen Erfahrungen in der Persönlichkeit integriert. Thure von Uexküll hat dies einen »Integrationsraum« genannt (1963). Die Annäherungs- und die Abwendungsmotivation Kap. 1.4) dienen dabei letztlich der Umsetzung der Kohärenzmotivation im Dasein in unseren Umwelten.

Die Ganz*heit* ist als abstrakte Information zu unterscheiden vom sinnlich wahrnehmbaren Ganzen eines Menschen. Das Ganze eines Menschen befindet sich in steter Veränderung und Dynamik. Seine Ganz*heit* hingegen ist die Attraktiva für diese Dynamik, gewissermaßen die Regelgröße hinter der wechselnden individuellen Erscheinung. Sie ist so etwas wie das metaphysische Bild für die

14 *Psyche und Seele verwende ich hier synonym. Seele ist die deutsche Übersetzung des ursprünglich griechischen Wortes Psyche. Im Zusammenhang der materialistisch ausgerichteten Naturwissenschaften hat die Psychologie, die eigentlich die »Lehre von der Seele« bedeutet, den Begriff Seele aus ihrem Repertoire gestrichen, weil dieser Begriff einen transzendenten Anteil habe (s. Wikipedia* Psychologie*), den die moderne, naturwissenschaftlich orientierte Psychologie verneinen müsse. Ich möchte dieser Abspaltung der Seele aus der Psychologie nicht folgen, nur weil der Begriff traditionell von Religionen und Esoterik transzendent verwendet wurde und wird. Durch die Erkenntnisse von Nichtlokalität und komplexen Dynamiken in den modernen Naturwissenschaften wie der Quantenphysik und der Chaos- und Komplexitätsforschung kann auch die dichotome Trennung von transzendent und immanent, von physisch (sinnlich erfahrbar wie messbar) und metaphysisch (qualitativ, denkbar als informativ) überwunden werden (s. a. Petzold 2021).*

individuelle Kohärenz, die das Ganze zusammen und verbunden hält.

Diese attraktive Information reguliert Heilungsprozesse, in denen sich Teile des Menschen in das Ganze integrieren. Die Seele als attraktive Information der Ganzheit wirkt inklusiv.

Das ist die Grundlage der *Psychodynamik gesunder Entwicklung*. Diese salutogene Psychodynamik ist die Lehre vom Wechselspiel der Seele mit dem individuellen, realen Dasein in seinen Beziehungen mit der mehrdimensionalen Welt.

Diese Psychodynamik steht dem Verständnis der Motivationspsychologie, wie sie von Locke und Latham (1991, 2002) ausgeführt wurde, nahe. Sie ist im Unterschied zur psychoanalytischen Psychodynamik salutogenetisch orientiert und hat das, in diesem Buch ausgeführte, systemisch dynamische Verstehen des Mensch-Seins als Grundlage. Allerdings ergeben sich in einigen Punkten auch Ähnlichkeiten und Überschneidungen zu Freuds drei Ebenen des Es, des Ichs und des Über-Ichs (s. Abschn. 3).

Das Ganze eines Menschen kommuniziert mit seiner mehrdimensionalen Umgebung auf unterschiedliche Weise und in unterschiedlichen Kanälen: über den Körper, sinnlich, emotional, gedanklich verbal, intentional und intuitiv. Immer ist das Ganze betroffen – die Auswirkungen der Kommunikation jedoch können mal mehr die eine, mal mehr die andere Dimension betreffen. Wenn der Körper die Auswirkungen der Kommunikation zeigt, wird dies *psychosomatisch* genannt. Wenn sie hingegen vor allem im Emotionalen zu spüren sind, können wir analog von psychoemotional sprechen und wenn es überwiegend das Denken betrifft, von psychomental usw. Üblicherweise wird dabei aber das *psycho-* nicht extra erwähnt, weil das Ganze als implizit Beteiligtes angenommen wird.

So verstehen wir hier unter *psychisch gesund*, wenn ein Mensch in der Lage ist, *seine unterschiedlichen Bedürfnisse, Anliegen und Ziele in seiner mehrdimensionalen Umwelt hinreichend befriedigend (für alle Beteiligten) zu kommunizieren – körperlich, emotional-mitmenschlich, mental-kulturell und geistig*. Unsere psychische Gesundheit ist somit eine dynamische, wechselseitige, kommunikative und kooperative

Angelegenheit. Dabei ist unser Urvertrauen möglicherweise das subjektive Verbindungsglied zwischen unserem Alltags-Ich und unserer Attraktiva *Seele*.

2.1 Ein ganzheitliches Modell psycho-physischer Stimmigkeitsregulation

Wie kommt der Mensch zum guten Leben?
Schon im ersten Kapitel (1.1) habe ich dies kurz skizziert. An dieser Stelle möchte ich es weiter ausführen: Ein Mensch entfaltet seine drei großen, prozessualen Grundfähigkeiten in allen Lebensdimensionen. Er ist in der Lage,

1. in der motivationalen Findungsphase seine jeweils stimmige, passende Motivation zu finden, wissend wahrzunehmen, was ihm bedeutsam ist, was ihm guttut, was ihn aufbaut und mit seinen Übersystemen kohärent ist und was er integrieren und in Kohärenz bringen kann; und davon zu unterscheiden, was ihm nicht guttut, was seine Integrität bedroht – weil es inkohärent erscheint. Seine diesen Motivationen entsprechende Bewertung kann er in jeder Lebensdimension vornehmen: in seiner physischen Umwelt, unter seinen Mitmenschen, in seinen kulturellen Bezugssystemen, global und universell.
2. in der Aktivitätsphase seine Handlungsfähigkeit zu entfalten, sich dem, was ihm bedeutsam ist und guttut, anzunähern und das, was ihm nicht guttut, abzuwenden oder zu integrieren. Jedes Handeln ist eine Interaktion oder Kooperation in und mit seinen Mit- und Umwelten – selbst das Ruhen in einer kohärenten Umgebung.
3. in der Reflexionsphase das für seine Kohärenzregulation Wichtige zu lernen. Aus Erfahrungen zu lernen, damit er in Zukunft besser unterscheiden kann, was ihm und den anderen Menschen bedeutsam ist und nachhaltig guttut, und was ihm und ihnen nicht guttut – um sich effektiver und nachhaltiger dem anzunähern und das mitzugestalten, was ihm und ihnen bedeutsam ist und guttut und dann womöglich besser zu ler-

nen ... usw. – Es ist ein zirkulärer oder genauer: spiraliger Lern- und Entwicklungsprozess. Alles ist in Bezogenheit zu allen Lebensdimensionen. Mit dem Lernen sollen und können diese integriert werden.

Dabei haben diese prozessualen Grundfähigkeiten große Ähnlichkeiten mit den drei Komponenten des Kohärenzgefühls, die Antonovsky (1997) für seinen »Sense of Coherence« als »Gefühl von Bedeutsamkeit, Handhabbarkeit und Verstehbarkeit« beschreibt. In der Kohärenzregulation sind sie dynamisch miteinander verknüpft.

Diese drei Grundfähigkeiten zur Mitgestaltung eines guten Lebens[15] sind beim Menschen sehr differenziert und komplex ausgebildet. Sie erscheinen als *prozessuale Ressourcen*. Das bedeutet, dass diese Fähigkeiten sich im Lebensprozess entfalten und nicht isoliert voneinander sind. Sie zeigen eine Abfolge in der angeführten Reihenfolge, die in der Grafik im Uhrzeigersinn zu sehen ist.

Psychophysische Selbstregulierung im Kontext

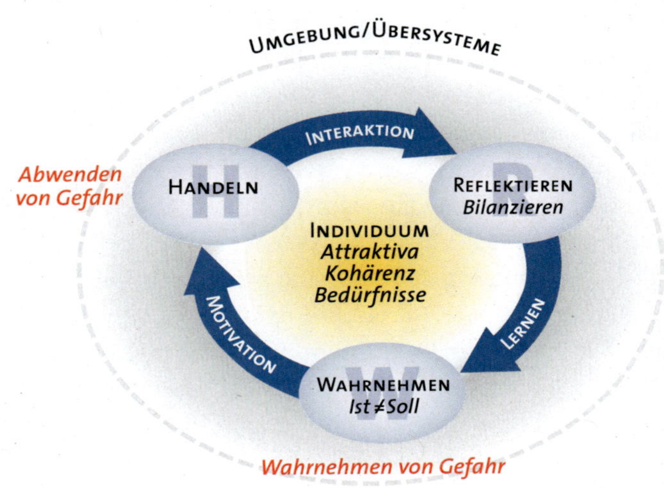

Abbildung 4: Systemische Selbst-/Kohärenzregulation in einer wechselhaften Umgebung.

15 *Gutes Leben und gesunde Entwicklung werden hier häufig synonym verwendet.*

Als ein Beispiel für psychophysische Selbstregulation soll der Blutzuckerspiegel dienen. Der attraktive Soll-Wert für den Blutzucker liegt bei 90–100 mg%. Wenn der Ist-Wert deutlich absinkt, bekommt der Mensch Hunger. Er ist motiviert zur Nahrungssuche und -aufnahme, er isst etwas und bilanziert nach jedem Stück, ob er satt ist, ob er sich gestärkt fühlt oder müde, oder ob ihm sogar schlecht wird. Je nach Bilanz lernt er daraus, dass er das nächste Mal, wenn er Hunger hat, wieder so etwas essen will oder eher nicht.

In der sozialen Lebensdimension (s. Kap. 1.7) funktioniert die Selbstregulation ganz analog: Dass mein Soll-Zustand ein Leben in Partnerschaft ist, merke ich vielleicht erst nach längerem Alleinsein. Dann begebe ich mich auf Partnersuche. Wenn ich einen Partner gefunden habe, lebe ich vielleicht mit ihm zusammen. Nach einer Weile reflektiere ich, ob es das ist, was ich mir gewünscht habe. Oder ob ich etwas verändern will.

Oder in der Kultur: Wenn ich ein inneres Bild für Gerechtigkeit in mir habe, wird dieses mir erst bewusst, wenn ich in meiner Umwelt Ungerechtigkeit wahrnehme. Dann erst bin ich motiviert, mich für Gerechtigkeit in der Welt zu engagieren. Bis sich hier eine Wirkung zeigt, kann es allerdings sehr lange dauern.

Dieses Modell der Selbstregulation ist mehrdimensional zu denken. Die Attraktiva, die in der Mitte stehen und um die sich unser Leben lang unsere Selbstregulation dreht, ist (s. Spirale in Kap. 1.7, Abbildung 2) als vertikale Achse zu denken. Unser gutes Leben dreht sich um Kohärenz in allen Lebensdimensionen – auch zur Adaptation und Integration (vgl. Vohs a. Baumeister 2011). Die jeweils aktuelle attraktive Information der Kohärenz kann wechseln und gleichzeitig eine motivationale Hierarchie darstellen. Diese Attraktiva bilden den *Maßstab* für die Wahrnehmung. Wahrnehmen ist dementsprechend zielorientiert und intentional (Schiepek 2004).

Die Selbstregulation beginnt mit einem meist unbewussten Wahrnehmen des inneren Maßstabs für Bewertungen, der Attraktiva. Am inneren Bild dieser Soll-Zustände werden die Sinneseindrücke der vorhandenen Bedingungen gesucht und gemessen. Das Ergebnis dieses bewertenden Wahrnehmens ist das »*was einem bedeutsam ist«*. Nach jedem Zyklus wird neu wahrgenommen, wobei Ergebnisse aus vorhergehenden Zyklen in die Bewertung beim Wahrnehmen einfließen können. Da unser Leben mehrdimensional ist, laufen diese Zyklen gleichzeitig parallel in mehreren Dimensionen ab: in der körperlichen Regulation, in sozialen Beziehungen, in kulturellen Bezügen, in globalen wie Tag-Nacht-Rhythmen u. a. m. Diese Mehrdimensionalität ist eine ständige Herausforderung.

Eine aufbauende Psychodynamik ist also ein sich aufbauender, öffnender Kreis in eine Spirale von immer differenzierterem und komplexerem Wahrnehmen, von wirksamerem Handeln/Kooperieren und komplexerem Lernen.

Diese drei Prozessfähigkeiten sind unterschiedlich ausgeprägt. So gibt es Menschen, die besonders sensibel und differenziert wahrnehmen können. Womöglich findet sich das bei Frauen häufiger. Andere sind besonders handlungsfähig – das wiederrum wird Männern häufig zugeschrieben. Und wieder andere können besonders gut analysieren und reflektieren. In Teams können sich die Prozessfähigkeiten gut ergänzen. Dabei ist es wichtig, die Fähigkeiten des anderen wertzuschätzen. Ungünstig ist es, wenn in einem Team alle Mitglieder dieselbe Prozessfähigkeit ausgeprägt haben. Dann wird das Team nicht besonders erfolgreich gestalten können. Allerdings kann man diese grundlegenden Prozessfähigkeiten zum guten Leben auch fördern und schulen – ganz einfach und besonders durch die drei entscheidenden Fragen.

1. Die Frage nach dem Wahrnehmen und dem Motiv:
   Was ist dir bedeutsam? Was ist deine und unsere Motivation? Welche Ziele, Intentionalität, Attraktiva verfolge ich bzw. verfolgen wir in welchen Zusammenhängen?
2. Die Frage nach dem Handeln:
   Was willst und kannst du tun, um dich deinen Attraktiva anzunähern? Und was wollen und können wir tun, um uns unseren Zielen anzunähern?
3. Die Frage nach dem Reflektieren:
   Was willst und kannst du aus den Erfahrungen lernen und was wollen und können wir lernen?

2.2 Schöpfen aus der Gegenwärtigkeit eines Möglichkeitsraumes

»Wer über die Welt Platos meditiert, weiß, daß die Welt durch Bilder bestimmt wird.« Heisenberg (1969, 1996) S. 287

Die Phase des *Wahrnehmens* beginnt meist im inneren Verborgenen bei einer Attraktiva, die die konkrete Wahrnehmung ausrichtet. Auch Gesundheit liegt im Verborgenen, wie Hans-Georg Gadamer schreibt (2010). Die Attraktiva bildet den Maßstab des Soll-Zustands. Sie gibt dem suchenden Wahrnehmen die Orientierung. Unser Wahrnehmen sucht Möglichkeiten zum Mitgestalten der Zukunft – sei es zur Befriedigung eines Bedürfnisses oder Anliegens, sei es zur Sinnerfüllung. Es sucht also nach Möglichkeiten einer Annäherung an attraktive Ziele (vgl. »Seeking-system« bei Panksepp 2008).

Wir gehen mit diesem Modell der Attraktiva von der *Gegenwärtigkeit einer möglichen Zukunft* aus. Komplexe Informationen bilden einen *nichtlokalen Möglichkeitsraum* jenseits von der realen Raum-Zeit-Dimensionalität. Zu ihrer Realisierung in Zeit und Raum (im Erfahrungsraum) brauchen diese Informationen Resonanz von Energie wie Materie.

Der Nobelpreisträger für Physiologie und Neurowissenschaftler John C. Eccles beschreibt das Zusammenwirken von Geist und Gehirn als die Interaktion eines »immateriellen, geistigen Feldes» auf die Feinstrukturen in den Synapsen: »Im Anschluss an Margenau (1984) sagen wir, dass die Interaktion zwischen Geist und Gehirn einem Wahrscheinlichkeitsfeld der Quantenmechanik analog sei, einem Feld, das weder Masse noch Energie besitzt und dennoch im mikroskopischen Maßstab eine Wirkung hervorrufen kann. Genauer gesagt: die mentale Konzentration, die bei Intentionen oder planmäßiger Überlegung auftritt, kann durch einen Prozess, der den Wahrscheinlichkeitsfeldern der Quantenmechanik analog ist, neurale Ereignisse bewirken.« John C. Eccles (1989, 1994) S. 303

Diesen Vorgang können wir beispielsweise in der Intuition erleben. Hier schwingen organische Strukturen in Resonanz mit abstrakten/metaphysischen Informationen und erzeugen in uns Gedanken oder Empfindungen, die wir vielleicht in Handlungen umsetzen (vgl. Scharmer 2019). In diesem Möglichkeitsraum befinden sich in dieser Annahme nichtlokale Informationen vor ihrer möglichen Realisierung.

Aus dieser Resonanz auf Attraktiva aus dem Möglichkeitsraum wird die Materie für die Zukunft gestaltet. Das besagt das systemische Modell für die Regulation lebender Systeme. Das Tor zur Zukunft ist unsere Gegenwart, in der Attraktiva im Möglichkeitsraum gegenwärtig sind.

Mit der Frage: »*Was ist mir bedeutsam?*« wird die Aufmerksamkeit auf die individuellen Attraktiva orientiert, werden die Antennen zum Möglichkeitsraum hin ausgerichtet.

Aus dieser motivierenden Orientierung heraus suchen wir mithilfe unserer Sinnesorgane nach realen Möglichkeiten, uns unserer Attraktiva in der jeweils aktuellen Umgebung anzunähern. Wir suchen nach aufbauender Kommunikation und Resonanz (Petzold 2000a), nach stimmiger Verbundenheit. Unsere implizite *Wahrnehmung in der Gegenwart* erfolgt im Hinblick auf eine *mögliche* gewünschte oder befürchtete *Zukunft*. Aus dieser Wahrnehmung heraus erfolgt der Start der Selbstregulation und die Motivation zum Handeln.

»Der Zug der Zukunft erscheint stärker als der Schub der Vergangenheit.«
Frei nach Leonhard Euler, bedeutender Mathematiker und Physiker 1707–1783

Diese Phase des ganzheitlichen Wahrnehmens fehlt in den gängigen Regelkreisen sowohl der Physiologie als auch der Organisationsentwicklung wie Selbstregulation. Dabei erweist es sich immer

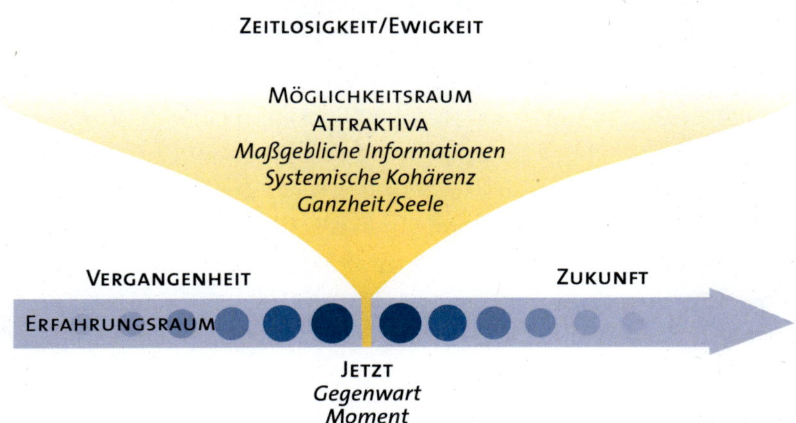

Abbildung 5: Im zeitlosen Moment der Gegenwart können wir im Erfahrungsraum in Resonanz gehen mit Informationen aus dem nichtlokalen Möglichkeitsraum, mit Attraktiva.

wieder als wichtig, nach jeder Bilanzierung und Reflexion erneut wahrzunehmen, was aktuell die Bedürfnisse, Anliegen, Soll-Zustände und Ist-Zustände sind, bevor man zukünftige Schritte plant. Das gilt auch für jedes einzelne Beratungsgespräch, wobei es wichtig ist, sich zu vergewissern, ob das attraktive Ziel ein anderes oder klarer geworden ist. Ansonsten kommt es leicht dazu, dass man Einstellungen aus der Vergangenheit, die nichts mehr mit der gegenwärtigen Situation zu tun haben, mit in die Planung nimmt – z. B. Ängste, Ziele oder Lösungen von gestern, die heute Probleme machen. Um das ganzheitlichen Wahrnehmen zu schulen, sind heute Achtsamkeitstrainings zu Recht in Mode gekommen.

2.3 Handeln, kommunizieren und reflektieren

Handeln beginnt oft mit Planen. Planen ist eine Aktivität und damit schon ein Teil des Handelns, der 2. Phase der Selbstregulation, in der wir auf die Zukunft ausgerichtet sind. Unser Tun ist immer ziel- und damit zukunftsgerichtet – selbst dann, wenn Absichtslosigkeit das Ziel ist. Mit Handeln ist hier alles gemeint, was man tut, also auch ausruhen, denken oder meditieren – ganz besonders allerdings kommunizieren und kooperieren.

»Verstehen kann man das Leben rückwärts; leben muss man es aber vorwärts.« Sören Kirkegaard

Zum angemessenen und gelingenden Handeln findet man, wenn man in Resonanz zu seinem Zielbild bleibt, seine Fähigkeiten kennt und entfaltet und ggf. noch weitere Ressourcen erschließen kann.

Wenn unsere Intention zum Handeln nicht nur selbstbezogen ist, sondern auch in Resonanz mit unseren Übersystemen entsteht, kann unser Tun eben diesen Übersystemen dienen. Aus systemischer Sicht erscheint das sogar der Normalfall zu sein. Idealerweise sind unterschiedliche Motivationen und Aktivitäten gut vereinbar. Allerdings kann es dabei auch zu Konflikten kommen, denn wenn wir zu einer bestimmten Zeit an einem bestimmten Ort handeln wollen, müssen wir uns entscheiden zu einer der Möglichkeiten, die wir vorher gesehen haben.

Jetzt müssen wir ggf. priorisieren und Kompromisse eingehen, mit unseren begrenzten Ressourcen auskommen und vor allem: mit unseren Kooperationspartnerinnen absprechen. »Man kann nicht nicht kommunizieren«, schrieb Watzlawick (u. a. 1990). So sind wir immer mit unserer Umgebung in Interaktion. Mit jedem Handeln kommunizieren wir auch mit unserer Umwelt – zum allergrößten Teil unbewusst. Kommunizieren verstehen wir als Austausch von Informationen und häufig auch Energie. Indem wir Informationen übermitteln, gestalten wir unsere Umgebung mit. Kommunikation ist schöpferisch (Petzold 2021).

Wenn wir uns darüber bewusst werden, beginnen wir, Verantwortung für unsere Kommunikation zu übernehmen – auch für das, was wir sprechen. Wir beginnen, die Worte und Inhalte unseres Sprechens in Bezug auf ihre Wirkung zu reflektieren.

Das, was wir tun, hängt stark von unseren Fähigkeiten und Möglichkeiten ab. Zum Handeln brauchen wir Fähigkeiten und andere Ressourcen. Wir Menschen sind damit reich ausgestattet (s. a. Kap. 2.8).

Wenn wir beginnen zu bilanzieren und zu reflektieren (3. Phase), ist unsere Aufmerksamkeit rückwärtsgerichtet, mit der Vergangenheit beschäftigt. Wir vergleichen das Ergebnis unserer Aktivität und womöglich deren Verlauf mit dem Ziel, das uns zum Handeln motiviert hatte. Wenn kein Erfolg gesehen oder etwas als bedrohlich bewertet wird, neigen wir zu analytischem Denken, um die Ursache dafür zu suchen. Wenn wir etwas Positives erleben, freuen wir uns und nehmen es dankbar an. Wenn das Handeln erfolgreich war, kann man es in einer ähnlichen Situation wieder ähnlich versuchen. Wenn es nicht erfolgreich war, muss man ein neues Verhalten ausprobieren, um sich seinem Soll-Zustand anzunähern. So sind auch Irrtümer oder Scheitern produktiv, da sie zum Lernen neuer Verhaltensweisen motivieren (s. u. und Kap. 2.6).

Als Folge der Reflexion kann Verstehen und Lernen stattfinden und damit eine Integration der Erfahrung in die Ganzheit des Menschen, in die Kohärenz des Gesamtsystems. Wenn uns nach einem Essen übel wird, können wir daraus lernen, beim nächsten Hunger etwas anderes zu essen. Das bedeutet auch, dass Erfahrungen in die folgenden Bewertungen einfließen (s. a. »Wahrnehmungskette« Toepfer 2018; und »Wagenhebereffekt« bei Tomasello 2014).

Weitere Fragen zum Handeln und Reflektieren

Was ist deine Motivation oder Intention zum Kommunizieren und Kooperieren?

Wem dient dein Handeln?

War dein Handeln erfolgreich?

Wie haben deine Kooperationspartnerinnen bzw. hat deine Umgebung reagiert?

2.4 Lernzyklen

Arten des Lernens

Im Grunde können wir zwei Arten von Lernen unterscheiden: Zum einen das Lernen von *Vorbildern* (dazu gehört auch das Lernen aus der *Übermittlung* von *Erfahrungen,* also von anderen Menschen), und zum anderen ein Lernen durch *eigene Erfahrungen.*

Die erste Art, das Lernen von Vorbildern, können wir unterteilen in a) ein Nachahmen von Bewegungen, wie es schon Säuglinge und Kleinkinder machen und b) in durch Zeichensysteme (wie Sprache oder Bilder) vermittelte Lerninhalte. Zum Nachahmen sind unsere sogenannte Spiegel- oder Resonanzneuronen[16] hilfreich. Diese resonieren derart mit den Bewegungen eines individuell bedeutsamen Mitmenschen, als würde man selbst die Bewegung ausführen, die man beobachtet. Das legt ein direktes Nachmachen nahe.

Aus sprachlich und bildlich vermittelten Inhalten wie Gebrauchsanweisungen, sozialen und kooperativen Verhaltensweisen oder philosophischen Ideen, können wir indirekt lernen. Der Unterschied zu direktem Nachahmen ist dabei, dass hier die Bilder von Bewegungen nicht direkt gesehen werden, sondern dass Sprache

16 *Joachim Bauer findet den Begriff »Resonanzneuronen« für die sog. Spiegelneuronen passender (2004), da ein Nachahmen immer eine eigene Note enthält, nie ein genaues Spiegelbild ist. Das trifft ganz meine Meinung.*

und andere Zeichen mittelbar unser Vorstellungsvermögen anregen und von da aus die Bewegungen steuern oder/und möglicherweise auch die Resonanzneuronen.

Die zweite Art des Lernens – aus eigenen Erfahrungen heraus – können wir unterteilen in a) Lernen aus erfolgreichem Handeln und b) Lernen aus Fehlern und Versagen oder Scheitern. Letzteres wird häufig als Lernen durch Versuch und Irrtum bezeichnet. Diese zweite Art des Lernens entspringt direkt aus dem Selbstregulationszyklus. Dabei findet das Ergebnis des Lernvorgangs wieder rekursiv Eingang in die weitere Wahrnehmung.

Wenn wir diese zwei Arten zu lernen genau betrachten, können wir die erste Art mit der zweiten zusammenbringen. Dann verstehen wir die Resonanz auf den Mitmenschen, bzw. auf das Übermit-

Lernzyklus

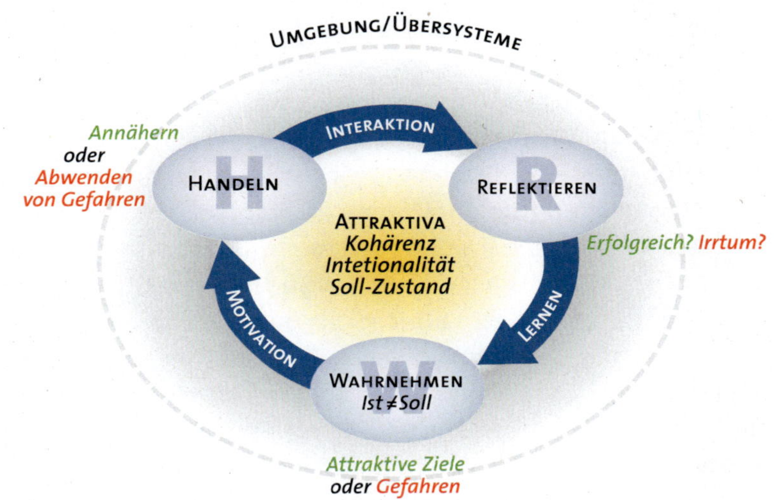

Abbildung 6: Lernzyklus

Ausgehend von einer Motivation handeln wir zielgerichtet entweder zum Annähern an Attraktiva oder zum Abwenden einer Gefahr. Nach dem Handeln bilanzieren wir, ob wir unserem Ziel näher gekommen sind bzw. die Gefahr abgewendet haben und reflektieren ggf. die Wechselwirkungen zwischen unserer Aktivität und der Umgebung. Wenn unser Handeln nicht erfolgreich war, reflektieren wir, was wir aus dem Irrtum, dem erfolglosen Handeln, lernen wollen und können. Dieses Lernen kann sich auf die ursprüngliche Motivation beziehen oder auf eine neue Attraktiva.

telte, als *Wahrnehmung* und die darauf folgende Vorstellung als *imaginierte Handlung*. Einmal probiert man die beobachtete Handlung aus und bilanziert dann den Erfolg. Im anderen Fall wird das Übermittelte in der Imagination durchgespielt und dann bilanziert, ob es machbar und stimmig ist. So kann dann ein Lernen in der Vorstellung stattfinden.

Lernen durch Herausforderungen, durch Versuch und Irrtum

Dass uns Erfolg zum Weitermachen motiviert, ist leicht einsichtig. Dass zu viel und zu früher Erfolg auch dazu führen kann, dass man meint, dass man nichts Neues mehr lernen bräuchte, ist ebenfalls gut vorstellbar. So hat Tomasello (2010) festgestellt, dass kleine Kinder eher weniger helfen, wenn man sie dafür lobt. Durch Loben verlassen wir außerdem die partnerschaftliche Kooperation.

Mit dem Lernen aus gescheiterten Anstrengungen sieht es komplizierter aus. Scheitern kann den einen dazu anspornen, noch mehr und Neues zu lernen, und einen anderen derart frustrieren, dass er aufgibt zu lernen.

Wir können nun von denjenigen lernen, die nicht aufgeben, sondern nach neuen Wegen suchen. Wie machen sie das?

Jeder, der mit seinen Bemühungen scheitert, möchte das in Zukunft vermeiden – zumindest wenn er für das Scheitern bestraft wurde. Dann wird unser Abwendungssystem aktiviert. Das Abwendungssystem schlägt als Bilanzierung aus dem Scheitern (z. B. einer Prüfung) vor: Vermeide in Zukunft solche unangenehmen Situationen. Hieraus kann Angst vor ähnlichen Situationen entstehen, beispielsweise eine Prüfungsangst. Diese entsteht insbesondere durch schlechte Zensuren, Bestrafungen und abwertende oder verurteilende Worte, wie z. B.: »Du bist zu dumm!«

Wenn man in diesem mit Angst gekoppelten Abwendungsmodus verbleibt, wird man folgerichtig Schwierigkeiten beim Lernen für die Prüfungen haben, denn das warnende Motivationssystem sagt: Vermeide Prüfungen! Wenn man nun schon bei der Prüfungsvorbereitung Angst hat und einem damit das Lernen noch schwerer fällt, sinken auch die Chancen, dass man die Prüfung erfolgreich besteht.

So sorgt das Abwendungssystem in derartigen Situationen für die Erfüllung seiner eigenen Befürchtungen.

Die Menschen, die aus dem Scheitern etwas Positives lernen, kennen einen kleinen Trick (meist ganz unbewusst): Nachdem sie den Frust des Scheiterns durchlebt haben, wenden sie sich wieder attraktiven Kohärenz- oder Annäherungszielen zu. Dann können sie Mut fassen, um die Angst zu überwinden, denn sie wissen, wozu sie es tun – dann beruhigt sich ihr Abwendungssystem wieder. Wer ein Wozu im Leben hat, kann mutig und kreativ sein und erträgt fast jedes Wie (s. a. Kap. 2.6).

Wenn wir mit unseren Kohärenz- und Annäherungszielen in Verbindung sind, können wir jeweils neu entscheiden, ob wir etwas intensiver lernen wollen, um z. B. eine Prüfung zu bestehen, oder lieber etwas ganz anderes machen wollen, was uns möglicherweise unseren Attraktiva näher bringt als ein Erfolg in der gescheiterten Situation. Im Kohärenz- und Annäherungsmodus – wenn wir mit unseren Attraktiva in Kontakt sind – können wir Neues viel besser lernen und kreativ anwenden.

Durch Meistern von Herausforderungen wie das Lösen von Konflikten und Problemen wächst und entfaltet sich unser Lernvermögen. Dann können wir auch komplexere Probleme immer differenzierter angehen und immer komplexere Kontextbeziehungen verstehen und mitgestalten. So können wir unser Lernen der Mehrdimensionalität der Wirklichkeit angemessen weiterentwickeln und in einem solcherart reflektierten Lernen all unsere Erfahrungen integrieren (s. a. Lernebenen in Kap. 3.3 ff).

Dieses kann auch verbunden sein mit einer neuen Bewertung von Situationen. Wenn z. B. ein Lehrer die Erfahrung macht, nach zehn Jahren Tätigkeit in einen Burn-out zu kommen, kann es dazu führen, dass er sein ganzes Bewertungssystem einer Leistungsmaximierung und eines Perfektionismus umkrempelt und von nun an Gelassenheit und persönliche Beziehungen höher bewertet. Für die Verarbeitung der Erfahrungen sind wiederum soziale und kulturelle Beziehungen wichtig, wie im folgenden Beispiel von Herrn Klempe zu sehen ist.

Fragen zum Lernen

Welche unterschiedlichen Folgerungen könnte man aus deinen Erfahrungen ziehen?

Welche möchtest du daraus ziehen?

Was möchtest und kannst du lernen?

2.5 Fallbeispiel Herr Klempe

Herr Klempe, 66 Jahre alt, pensionierter Gymnasiallehrer, kam im Alter von 48 Jahren wegen häufiger Infekte, Heuschnupfen, rezidivierender Gastritis und Enteritis, Hypertonie, Hyperlipidämie, Muskelhartspann besonders im Nacken- und Schulterbereich, Eisenmangelanämie bei Hämorrhoidalblutung sowie Wortfindungs- und Konzentrationsstörungen in meine Sprechstunde. Unter anderem fragte ich nach Stress in seinem Leben. Er antwortete, dass in der Schule der »normale« Stress herrsche und zu Hause alles sehr harmonisch sei.

Mit 49 Jahren – zu einem Zeitpunkt, in dem sich die Klausuren in der 13. Klasse häuften – kam er mit starken, drängenden Nackenschmerzen und -steifigkeit in meine Praxis. Ich behandelte ihn akut mit Akupunktur, dies führte aber nur zu einer vorübergehenden, etwa einstündigen Linderung.

Das am folgenden Tag durchgeführte MRT ergab den Verdacht auf einen prävertebralen Tumor oder Abszess im Bereich von Halswirbelkörper C 2 bis C 4. In der HNO-Uni-Klinik wurde zunächst eine antibiotische Behandlung versucht. Herr Klempe hatte in diesen Tagen voller Ungewissheit in der HNO-Klinik schon sein Testament geschrieben. Glücklicherweise bildete sich der röntgenologische Tumor nach Antibiotikagabe wieder zurück. Es war ein Abszess.

Nachdem die akute Gefahr behoben war, ging es für ihn darum, etwas tun zu können, damit so etwas nicht wieder auftritt. In therapeutischen Gesprächen wurde deutlich, dass er in der Zeit vor dieser Erkrankung seine Belastungsgrenzen nicht mehr gespürt hatte und den Stress in der Schule gar nicht mehr als solchen wahrgenommen, sondern als »normal« betrachtet hatte.

Also ging es zunächst darum, seine Wahrnehmungsfähigkeit für sich selbst zu entfalten – der erste Schritt in der gesunden Selbstregulation. Ein hilfreiches Warnsymptom war jeweils ein Schmerz im Nacken und in der rechten Schulter, ausstrahlend in den rechten Arm, der regelmäßig bei vermehrtem Stress auftauchte. Nachdem er sich – unterstützt durch autogenes Training – besser an- und wahrnehmen konnte, berichtete er auf die Frage nach Stress ausführlich über seine scheinbar ausweglose Stresssituation in der Schule: Im Spätherbst, Winter und Frühjahr sitze er oft bis drei oder vier Uhr nachts an der Korrektur der Klassenarbeiten.

Nur im Sommer, nach dem Abitur, habe er an Wochenenden mal frei. Die ganze Freude und Erfüllung, die er im Lehrerberuf gefunden hatte, indem er die Schülerinnen individuell förderte, sich Gedanken über Hilfen für problematische Schülerinnen machte und den Unterricht gut vorbereitete, sei durch immer neue Vorgaben, größere Klassen und zusätzliche Arbeiten verschwunden.

In den salutogenen Gesprächen suchten wir einerseits immer wieder nach Möglichkeiten, diese Situation zu verändern – beispielsweise durch Reduzierung seiner Aufgaben in der Schule oder durch Beschwerden und Forderungen an die Schulbehörde. Andererseits suchten wir internalisierte Beziehungsmuster aus der Kindheit, die ihn möglicherweise dazu geführt hatten, diesen Stress als normal anzusehen. Welches Muster steckte hinter seinem Bemühen, ein Lehrerideal selbst über die eigenen Grenzen hinweg zu erfüllen? Dieses Bemühen war so stark, dass seine Wahrnehmung des eigenen Körpers und erst recht des Gefühlslebens abgeschnitten waren und er von einem Psychiater die Diagnose »Anankastische Persönlichkeitsstörung«, also Zwangsstörung, bekam.

Herr Klempe war bei seiner Mutter allein aufgewachsen, sein Vater hatte die Familie verlassen und die Beziehung zu ihm später verleugnet. Das bedeutete Stress für die jungen Familie. Je mehr er den Schmerz über die Enttäuschung in der Beziehung zu seinem Vater zuließ, konnte er auch seine lustvollen, emotionalen und physischen Bedürfnisse wahrnehmen. Das war eine heilsame Erfahrung für ihn.

Immer wieder mit der Frage »Was tut Ihnen gut?« konfrontiert, lernte er, seine Selbstwahrnehmung zu schärfen und wichtig zu nehmen, damit er sich rechtzeitig dem Stress entziehen und ihm entgegensteuern konnte.

Eine weitere wichtige Frage für den Übergang vom Stress-/Widerstandsmodus in den Annäherungsmodus war die nach seiner Wunschlösung: »Wie soll Ihre Woche gestaltet sein, wenn Sie sie ganz nach Ihren Wünschen einrichten dürfen?«

Seine Wünsche waren klar: acht bis maximal zehn Stunden Arbeit täglich, zwischendrin eine Ruhepause mit autogenem Training, abends Unternehmungen mit seiner Frau, der Familie oder Freunden, am Wochenende Tennis spielen, Tanzen gehen oder einen Ausflug machen. Wir haben dann gemeinsam geschaut, wie er sich zumindest einen Teil seiner Wünsche im Alltag erfüllen könnte: Er durfte, beziehungsweise sollte, jeden Tag eine Mittagspause mit autogenem Training einlegen und sich jede Woche einen Tag gänzlich frei nehmen für andere Aktivitäten, die ihm Freude machen.

Inzwischen hat er auch einen Zusammenhang zwischen starken Wortfindungsstörungen und Stress festgestellt. Diese haben sich nicht deutlich verbessert – aber in den nun 18 Jahren auch nicht verschlechtert. Vermutlich hätte hier eine Verbesserung einen noch tieferen psychodynamischen Übergang mit Loslassen weiterer frühkindlich gelernter Stressmuster erfordert.

Herr Klempes Blutdruck ist schon seit 17 Jahren im unteren Normbereich. Bauchschmerzen hat er keine mehr und wenn er nun Schlafstörungen bekommt und/oder ein Halswirbelsäulen-Schulter-Arm-Syndrom, reichen ihm meist drei bis fünf Tage Arbeitsunfähigkeit zur erholsamen Regulation.

Seine Fähigkeit, im autogenen Training zu entspannen sowie nachts erholsamen Schlaf zu finden, wurde zum indirekten Gradmesser seines Stresspegels. Die Schmerzen als Warnlampe braucht er nun nur noch selten.

Aus seiner verbesserten Selbstwahrnehmung heraus und mit neuen Handlungsoptionen hat er neue Möglichkeiten zur Bedürfniskommunikation gefunden. Damit konnte er seinen Beruf sowie seine Vaterrolle bis zum Rentenalter gut ausfüllen.

Reflexion des Falls

Zu Beginn der ärztlichen Behandlung, noch vor dem Abszess, war seine Erwartung als Patient von der verbreiteten Versorgungsmentalität geprägt: Der Arzt möge bitte die Leiden beseitigen. Nach seiner einschneidenden, lebensbedrohlichen Erkrankung mit 49 Jahren öffnete er sich für eine aktivere und reflektiertere Kooperation. Das änderte sein Rollenverständnis in der Kooperation von Arzt und Patient und ermöglichte ihm ein größeres Maß an Autonomie in Bezug auf eine gesunde, bewusste Mitgestaltung seines Lebens. Maßgeblich für unsere Kooperation war sein Wohlergehen.

Solange seine Selbstregulation primär auf die Erfüllung von idealisierten Normen eingestellt war, um seine soziokulturelle Zugehörigkeit abzusichern, nahm er nur die äußeren Bedingungen wahr, die mit seinem Lehrerideal zu tun hatten. Seine Energie war ganz nach außen gerichtet, wie er es als Kind gelernt hatte, um der Mutter zu helfen. Dadurch wurde auch ein bewusstes emotionales Erleben des Schmerzes durch das Verlassen-werden vom Vater vermieden. So war er in einem permanenten Stressmodus, der zu vielerlei Symptomatiken geführt hatte. Erst nach einer lebensgefährlichen Diagnose, durch die die alte, verdrängte emotionale Bedrohung einen akuten äußeren Bezug erhalten konnte, öffnete er sich etwas mehr für die Wahrnehmung seiner Innenwelt.

So konnte er neben den äußeren stressenden Bedingungen auch eigene Bedürfnisse, Wünsche und Anliegen wahrnehmen.

Mit der Ausrichtung der Wahrnehmung auf das, was ihm bedeutsam ist, auf die eigenen attraktiven Ziele, auf seine eigene Stimmigkeit, wendet er den Fokus weg von der Widerständigkeit gegen äußere Stressoren hin zur Annäherung an Attraktiva.

2.6 Gesunde Stressregulation

Anhaltendes Erleben von unlösbarem Stress gilt heute als wichtiger Faktor für die Entstehung und Chronifizierung von nicht übertragbaren Krankheiten (NCD – Non-communicable Diseases, WHO; Schubert 2016). Dabei haben wir gute Möglichkeiten, mit unserer Kohärenzregulation Stress immer wieder aufzulösen. Das wird leichter, wenn wir die Dynamik der gesunden Stressregulation mit dem hier ausgeführten Modell verstehen.

Stress bezeichnet eine gespannte Beziehung zwischen Gestresstem und Stressor. Stress kommt durch subjektive Bewertung zustande: wenn man etwas oder jemanden für bedrohlich hält und dies bzw. diesen nicht wirklich abwenden kann, weil es bzw. er mächtiger erscheint. Der Stressor und mit ihm das Stress-Beziehungsmuster kann auch internalisiert werden (besonders bei Abhängigkeit vom Stressor, wie bei stressenden Eltern oder Arbeitgeberinnen) und innerlich eine anhaltende Wirkung entfalten. Das ist insbesondere bekannt bei posttraumatischen Belastungsstörungen.

Der Stress wandelt sich, wenn man die stressige Beziehung verändert, wenn man das Bedrohliche abwendet oder sich vom Bedrohlichen abwendet oder aber die Bedrohung umbewertet – wenn man sich also hinwendet zu attraktiven Zielen (Abb. 7).

Wenn die auf die Bewertung folgende Aktivität zum Abwenden der Gefahr erfolgreich ist, entsteht Selbstvertrauen. Das neuropsychische motivationale Abwendungssystem kann wieder in Standby geschaltet werden und der Betroffene kann sich entspannen und sich wieder vertrauensvoll angenehmen und kreativen Dingen zuwenden (neuropsychischer Kohärenz- oder Annäherungsmodus) (s. Kap. 1.4).

Wenn es nicht gelingt, die Gefahr, also den Stressor abzuwenden, oder sich von dieser abzuwenden, wird diese noch intensiver und genauer wahrgenommen. Der Abwendungsmodus und der damit verknüpfte Sympathikotonus werden erhöht und die entsprechenden Aktivitäten verstärkt. Wenn auch weitere Bemühungen zum

Dynamische Stressregulation I – Herausforderung

Abbildung 7: Stressregulation I

Die Stressregulation beginnt damit, dass ein Mensch eine Situation als bedrohlich bewertet. Dann springt sein Abwendungssystem an, und er bemüht sich, die Bedrohung abzuwenden. Wenn er damit erfolgreich ist, stärkt das sein Selbstvertrauen und er kann entspannen und sich wieder Annäherungs- und Kohärenzzielen zuwenden (Eustress). Wenn er die Bedrohung nicht abwenden kann, bleibt die Gefahr bestehen und der Stress wird stärker: Es entsteht Disstress (s. nächste Grafik).

Abwenden der Bedrohung scheitern, erweist sich die Situation als Überforderung und damit der Stress als Disstress.

Bei anhaltender Disstresslage mit vermehrter Kortisolausschüttung kann es dann zu den bekannten Stresssymptomen und -erkrankungen kommen. Möglichst vor Erkrankung gilt es innezuhalten, sich auf ein Gefühl von (Ur-)Vertrauen (Kohärenzgefühl) zu besinnen, zu entspannen und wieder möglichst autonom eine neue Entscheidung zu treffen (Abb. 8).

Stress und Übersysteme

Nicht nur das Corona-Virus haben viele Menschen weltweit als bedrohlich erlebt. Auch die politischen Maßnahmen zur Eindämmung des Virus und vor allem die verschärfte Finanz- und Wirtschaftskrise stellen für sehr viele Menschen einen großen Stressfaktor dar. Der weitgehende Lockdown der Wirtschaft hat der Umwelt wiederrum gut getan. Die Bewertung der äußeren Bedrohung ist jeweils sehr unterschiedlich.

Dabei leben auch ohne Corona schon viele Menschen in einem permanenten Stress, in einem sehr beschleunigten Leben – gerade in den hochindustrialisierten Ländern. Da war der Lockdown im Corona-Frühling für manche sogar eine erholsame Musterunterbrechung. Ein Innehalten, das ein zur Besinnung-kommen ermöglichte.

Für die gesunde Selbstregulation bei Stress ist genau das der erste wichtige Schritt: Austeigen aus dem stressenden Not-Abwendungsmuster und sich besinnen.

Zum Beispiel klingelt am Morgen der Wecker: Sie stehen auf, machen Ihre Morgenrituale, Frühstücken, versorgen ggf. noch Ihre

Dynamische Stressregulation II und die Kunst des Stehaufmännchens

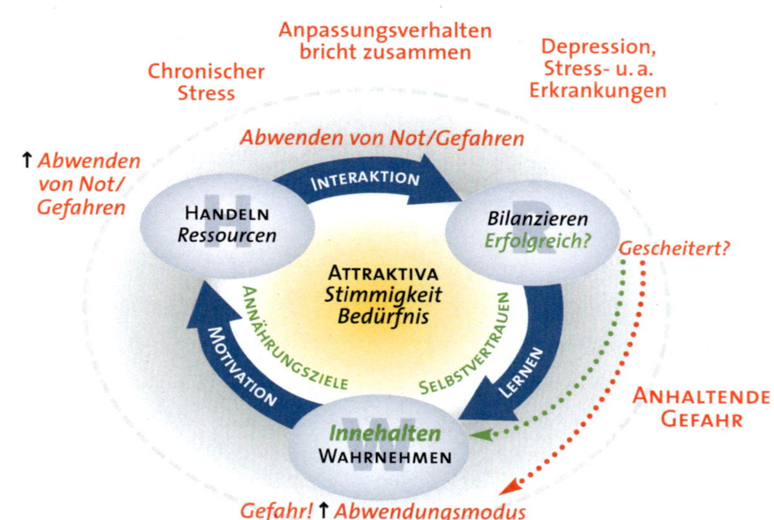

Abbildung 8: Stressregulation II

Wenn der Versuch, eine Bedrohung abzuwenden, scheitert, verstärkt der Organismus zunächst seine Wahrnehmung der Gefahr und die Abwendungsbemühungen. Bei wiederholtem Scheitern mit anhaltend gefühlter Gefahr kommt es zu chronischem Disstress mit Stresssymptomen. Spätestens dann – besser schon vorher – braucht es ein Abschalten vom Außen, ein Innehalten mit einer Wende nach Innen und ein Besinnen auf eigene Kohärenz- und Annäherungsziele.

Kinder, machen dann Ihre Arbeit, zwischendurch gibt es Nachrichten auf Ihrem Handy, die Sie teilweise beantworten, ebenso Mails, ein kurzer Informationsaustausch mit Kolleginnen, zwischendurch schnell was essen, weiter arbeiten, Nachrichten checken, essen, Film gucken, ins Bett. Sie fühlen sich zunehmend angespannt und unter Druck. Sie spüren, Sie müssen etwas ändern – so kann es nicht weitergehen. Was soll geändert werden?

Bevor Sie überlegen, was Sie verändern können, sollten Sie sich die Frage genehmigen: *Was ist mir bedeutsam?* Mit der schnellen Frage nach einem »Was soll ich verändern?« bliebe der Fokus noch im Äußeren. Die für Sie nachhaltig stimmigen Antworten kommen jedoch aus Ihrem Inneren.

Besinnen Sie sich dann auf das, was Ihnen wirklich bedeutsam ist – auf Ihre Kohärenz- und Annäherungsziele. Menschen mit einer guten Stressregulation machen das wie »Stehaufmännchen« automatisch. Wenn Sie einen stressigen Tag haben, schalten Sie am Abend ab, schlafen tief und können am nächsten Morgen wieder ganz neu entscheiden, ob und falls ja, wie, sie wieder welchen Stressor, welche Herausforderung angehen wollen. Oder ob es heute etwas Wichtigeres fürs Leben gibt. Andere Menschen haben seit ihrer Kindheit nichts anderes als Stress erlebt und nehmen diesen gar nicht mehr als solchen wahr, wie Herr Klempe. Diese Menschen versuchen krampfhaft, die Not im System abzuwenden.

Wenn eine anhaltende Überforderung von einem Übersystem ausgeht, zu dem man eigentlich dazugehören möchte – wie für Herrn Klempe erst die Herkunftsfamilie und dann die Schule – entsteht ein Ambivalenzkonflikt von Annähern an Zugehörigkeit und Abwenden des Stressors. Die Lösung dieses Konflikts wird erleichtert durch ein systemisches Verstehen, wie es in den folgenden Kapiteln ausgeführt wird. Wenn eine solche ambivalente Situation lange anhält und schon in der Herkunftsfamilie bestand, wird das Stressmuster häufig internalisiert. Die Angst in diesem Muster kann sich später zu ihr passende Objekte suchen, wie z. B. einen Fremden, eine Erkrankung oder staatliche Zwangsmaßnahmen. In der Folge kann man sich aus dieser internalisierten Angst neue

Situationen oder Geschichten kreieren: Zum Beispiel Bedrohungsszenarien ausrechnen und ausmalen oder Verschwörungen konstruieren, die bis hin zu Wahnvorstellungen gehen. Dann erscheint es so, als würde man sich den Stress selber machen. Dabei gilt es, den internalisierten Stress, der an den Wunsch dazuzugehören geknüpft ist, bewusst zu machen und wieder zu externalisieren. Dann kann man in den Kohärenzmodus kommen und wieder neu und gelassen Kontakt zur mehrdimensionalen Wirklichkeit aufnehmen.

Bei vielen Patientinnen mit nicht übertragbaren Krankheiten (NCD, wie z.B. Bluthochdruck, Adipositas, Arthrose, rezidivierende Gastritis, psychischen Erkrankungen u.a.m.) ist es zur Therapie dann hilfreich, Annäherungs- und Kohärenzziele sowie das Vertrauen zu stärken, sich diesen annähern zu können. Diese Kohärenz- und Annäherungsziele bilden für die Kooperation in der Beratung und Therapie die leitende, intentionale Grundlage.

Diese Umorientierung weg von Abwendungszielen im Außen und hin nach innen, zu Kohärenz- und Annäherungszielen, und von dort wieder zur Aktivität nach außen ist ein dynamischer und individueller Vorgang. Es ist weit mehr als nur eine Resilienz gegenüber Stressoren. Die salutogenetische Frage schließt die Resilienzfrage mit ein und geht über diese hinaus. Sie öffnet den Weg zum Wohlbefinden und Mitgestalten eines guten Lebens und der dazugehörenden Umwelt. Dazu braucht es insbesondere kommunikative und kooperative Fähigkeiten und andere Ressourcen. Mitgestalten eines guten Lebens und der dazugehörenden Umwelt ist ein kokreativer Vorgang.

2.7 Intentionalität und Kooperation

Michael Tomasello hat mit seinen Grundlagenforschungen zur menschlichen Kooperation einen sehr wertvollen Beitrag zu einem zukunftsfähigen, wissenschaftlich begründeten Menschenbild geliefert (2010, 2014, 2020). Immer wieder stellt er dabei die geteilte und dann gemeinsame Intentionalität[17] der Menschen als Grundlage ihrer Kooperation in den Fokus seiner Ausführungen. Dazu sei ein kleines seiner vielen Experimente mit Kindern kurz beschrieben: Ein zwölf Monate alter Säugling sitzt in einem Zimmer und schaut einer erwachsenen Person zu, die Akten auf einem Tisch abheftet und dann rausgeht. Dann kommt eine andere Person ins Zimmer, räumt die Gegenstände in ein Regal und geht wieder hinaus. Anschließend kommt die erste Person mit einer neuen Akte in der Hand ins Zimmer und will diese abheften und schaut sich suchend nach dem Hefter um. Das kleine Kind zeigt mit der Hand in die Richtung auf das Klammergerät, mit dem die Akten abgeheftet werden können. Tomasello nennt diesen Vorgang beim Kind »*Teilen der Intentionalität*« der Bezugsperson. Aus diesem Teilen der Intentionalität heraus entsteht der Impuls zu helfen, zu kooperieren: Das Kind zeigt auf den Hefter (Tomasello 2010, S. 26 f).

Offenbar hat der kleine Säugling schon die Fähigkeit, mit der Absicht der Bezugsperson in Resonanz zu gehen und aus dieser Resonanz heraus, aus der geteilten Intentionalität, zu handeln. Diese Resonanz ist etwas anderes als die seiner Resonanzneuronen (meist »Spiegelneuronen« genannt, s. Bauer 2005). Resonanzen in Resonanzneuronen führen lediglich zum Nachmachen bzw. Nachfühlen der beobachteten Bewegungen. Im Rahmen einer Kooperation gibt der Säugling seinen individuellen Beitrag zum Erreichen des Zieles. Der Säugling hat von Natur aus das Bedürfnis und die Fähigkeit zur Kooperation um etwas Drittes, zu etwas außerhalb der direkten Bedürfnisse der Kooperationspartnerinnen, zu dem er selbst keinen Bezug hat – schon ab neun Monaten. Kooperieren braucht anscheinend nicht gelernt zu werden. Allerdings sollte man darauf achten, dass man es den Kindern nicht austreibt, indem man es ignoriert oder abweist.

Aus seinen vielen Experimenten mit Kindern haben Tomasello und sein Team vier, wahrscheinlich angeborene, Qualitätsmerk-

17 *Unter Intentionalität verstehe ich hier die Bezogenheit und Gerichtetheit einer Intention, einer Absicht und die damit verknüpften Gedanken. Intentionalität ist ein Aspekt von Motivation. Sie steht mit der Welt in Beziehung und ist auf diese gerichtet. Sie entsteht in Resonanz zu anderen Systemen (»im sozialen Spiegel«: Prinz 2013).*

male menschlicher Kooperation gefunden, die auch als Regeln zu verstehen sind (Tomasello 2010, Tomasello und Hamann 2011/2012):

1. Kooperationspartnerinnen gehen aufeinander ein.
2. Sie haben ein gemeinsames Ziel, eine gemeinsame Intentionalität.
3. Sie stimmen ihre unterschiedlichen Rollen miteinander ab (möglichst freiwillig).
4. Sie helfen sich gegenseitig, wenn einer Hilfe braucht.

In der Intentionalität erscheint die Resonanz des Einzelnen auf die Kohärenz seines Übersystems. Damit ist die Intentionalität eine psychische Instanz, die mit dem Übersystem verbindet. Die Intentionalität veranlasst auch körperliche Aktivität und Erwartungen an zwischenmenschliche Beziehungen. Tomasello sieht in der Kooperation und damit in der gemeinsam geteilten Intentionalität den Ursprung von Kultur (2014, S. 55 ff).

PERSÖNLICHE VERTRETER DES ÜBERSYSTEMS

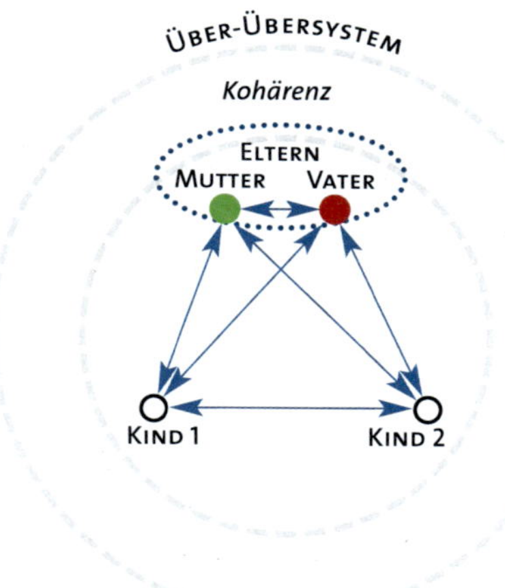

Abbildung 9: Kommunikation und Kooperation im Übersystem

Die Kinder (= Teilsysteme) einer Familie (= Übersystem) kommunizieren und kooperieren unter der Maßgabe ihrer Eltern als Vertreter ihres Übersystems. Diese Maßgabe wie z. B. Regeln sind ein Top-down Aspekt der Kooperation, die Resonanz der Kinder darauf in ihrem Fühlen, Denken und Handeln ist der Bottom-up Aspekt.

Menschen wachsen und gedeihen nur in Kooperation in und mit ihren Übersystemen. Für die Kooperation der Eltern mit den Kindern *bildet die Weitergabe des Lebens* die systemisch inhärente gemeinsame Intentionalität (s. a. Kap. 3.4). Diese ist maßgeblich für die Kooperation in der Familie und Gemeinschaft.

Fragen zur Intentionalität

Was macht Sinn in deinem Leben? In der Situation, in der du gerade bist? In deiner Arbeit?

Was, glaubst du, ist für deine Kooperationspartnerinnen bzw. Mitmenschen wirklich wichtig? Was macht für sie Sinn?

Wie kannst du die Intentionalität deiner Mitmenschen spüren?

Was hat eine gemeinsame Intentionalität für dich mit Vertrauen zu tun?

2.8 Prozessfähigkeiten und andere Ressourcen

Unsere Umwelten sind nicht nur Herausforderungen für uns, sondern primär Ursprung vieler Ressourcen. So beziehen wir die Luft zum Atmen, das Wasser zum Trinken und alles weitere, was wir zum Leben brauchen, aus unserer mehrdimensionalen Umwelt. Auch unsere Beziehungen zu unseren nächsten Mitmenschen, kulturelle Einrichtungen und Dienste sowie für viele auch geistige, kosmische bzw. »himmlische« Entitäten können Quellen für Kraft, Zuversicht und Klarheit sein. Dabei ist der Glaube an eine übergroße gute Macht auch eine innere Fähigkeit. In existenziellen Krisen kann diese Ressource die ausschlaggebende sein, die hilft.

Ressourcen spielen beim Meistern des Lebens eine große Rolle. Um uns unseren Attraktiva vom guten Leben anzunähern, können wir jede Menge Fähigkeiten und andere Ressourcen gebrauchen. Davon haben Menschen – auch und insbesondere diejenigen, die Hilfe suchen – häufig viel mehr, als sie selbst denken. In der Salutogenen Kommunikation helfen wir den Klientinnen, ihre Ressourcen zu erkennen und zu erschließen. Wir unterscheiden dabei die Ressourcen im Klienten selbst und die aus seiner Umgebung.

Als grundlegende Fähigkeiten haben wir im Kapitel 1.4 schon die basalen Einstellungen zum Annähern, Abwenden und Gelassensein als Fähigkeiten zum Antworten auf unterschiedliche Situationen kennengelernt. In Kapitel 2.1 f wurden die drei prozessualen Fähigkeiten Wahrnehmen, Handeln und Lernen ausgeführt, die den Ablauf der Kohärenzregulation bestimmen.

Weiter können wir noch angeborene konstitutionelle Fähigkeiten, systemisch vermittelte Eigenschaften und erworbene Fähigkeiten in allen Lebens- und Ich-Dimensionen unterscheiden. Alle diese

Fähigkeiten und andere Ressourcen

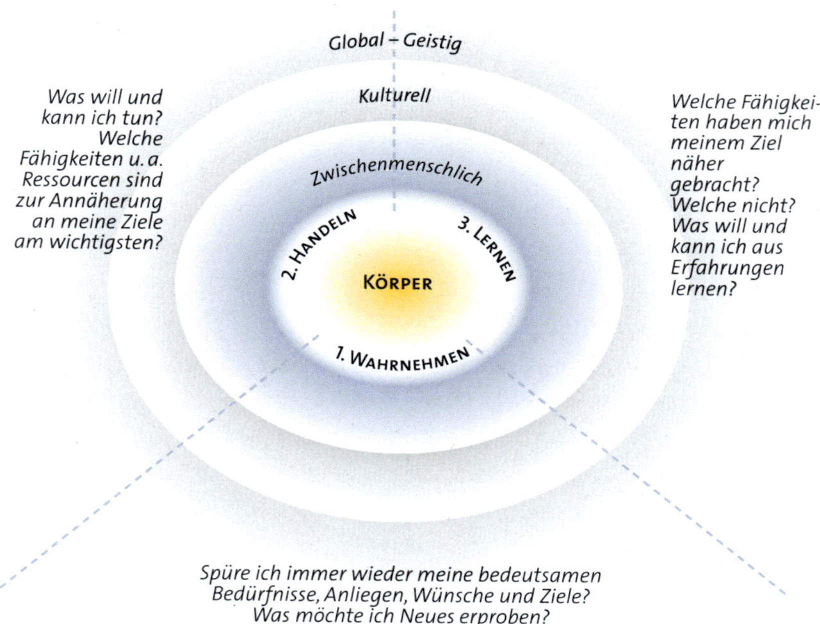

Abbildung 10: Fähigkeiten und andere Ressourcen

Die Ovalgrafik symbolisiert einen Menschen in Resonanz und Beziehung zu seinen Lebensdimensionen. In all diesen Beziehungen gibt es wichtige Ressourcen. Die drei Sektoren stehen für die Grundfähigkeiten im Prozess der Kohärenzregulation. In den Textfeldern stehen Fragen zur Anregung der Ressourcen.

Möglichkeiten von Ressourcen haben wir immer in uns, wenden sie an und machen sie uns gelegentlich bewusst, wenn es irgendwo Probleme zu lösen gibt.

In Beratungsgesprächen richten wir von Beginn an unsere Aufmerksamkeit auf die motivierenden Ziele des Klienten und auf seine Ressourcen. Diese merken wir uns, um sie in einer Situation, in der der Klient sie gebrauchen kann, ins Gedächtnis zu rufen. Für die Lösung eines Problems braucht der Mensch zweierlei: Motivation und Ressourcen. Dazu gehören all seine Fähigkeiten. Als salutogener Berater braucht es also zwei Ohren: eines für die motivierenden Attraktiva und eines für die inneren und äußeren Ressourcen.

In diese Grafik können Klientinnen ihre Ressourcen eintragen. Anregende Fragen dazu finden Sie in der Grafik.

Zwei zusammenwirkende Fähigkeiten haben Menschen im Vergleich zur Tierwelt besonders ausgeprägt: die Fähigkeit zu kommunizieren und die Fähigkeit zu kooperieren. Diese stehen sozusagen hinter all den weiteren Fähigkeiten, die aufgeführt wurden.

2.9 Zusammenfassung

Die psychische, also ganzheitliche Selbstregulation hat die Kohärenz im Inneren und Äußeren als übergeordnete Attraktiva. Sie ist eine Kohärenzregulation in drei Phasen: Wahrnehmen, Handeln und Reflektieren/Lernen. In wiederkehrenden rückkoppelnden Zyklen nähert sich ein Mensch immer wieder und immer weiter seiner stimmigen Verbundenheit an – so gut es in einer mehrdimensionalen, veränderlichen und nicht selten bedrohlichen Umgebung geht.

Dabei können zwei grundlegende Lernarten unterschieden werden: das Lernen von Vorbildern und das Lernen aus eigener Erfahrung. Beim Lernen aus eigener Erfahrung können wir wieder zwei Arten unterscheiden: Lernen aus Erfolg und Lernen aus Scheitern.

Um mit anhaltenden Stresssituationen gut umzugehen, können wir bewusst die gesunde Stressregulation anregen, innehalten und uns auf das besinnen, was wirklich positiv und bedeutsam für uns ist, und diesem folgen.

Mit dieser autonomen Selbstregulation sind Kommunikation und Kooperation mit anderen Menschen sowie mit der Umwelt existenziell verknüpft. Kooperation ist ein grundlegendes Bedürfnis und eine besondere Fähigkeit des Menschen. Seine Intentionalität zur Kooperation wird wesentlich von der Kohärenz der Übersysteme geprägt. Außer der Fähigkeit zur Kooperation haben wir Menschen noch viele weitere Ressourcen, die sich im Innen oder Außen befinden – beispielsweise in der Natur, in zwischenmenschlichen Beziehungen, in der Kultur oder auch geistige Ressourcen. Damit können wir unsere Herausforderungen meistern und unser Leben gut mitgestalten.

»Bateson (hat) eine Spur gelegt, auf der die Suche nach Alternativen zu den Logiken des Trivialen erfolgreich sein könnte: Nachzugehen wäre den dynamischen Relationen der Dinge, aufzuspüren wäre das ›Dazwischen‹, neu zu lernen wäre das In-Beziehung-Denken.«

Bernhard von Mutius (2008, S. 17)

Wie strukturiert sich unsere Persönlichkeit in unseren Weltbeziehungen?

Eine salutogene Psychodynamik gesunder Entwicklung

Im vorigen Kapitel hatte ich die Ganzheit, die Psyche, als die metaphysische Attraktiva für unser individuelles Leben beschrieben. Demnach attrahiert sie im Sinne des Attraktionsprinzips unser reales Dasein in der mehrdimensionalen Welt. In resonierender Wechselbeziehung zwischen Individuum und Welt bildet sich im »Integrationsraum« (s. Uexküll 1963) das heraus, was im Allgemeinen Persönlichkeit genannt wird. Unsere Persönlichkeit wird demnach wesentlich von zweierlei Einflüssen mitbestimmt.

»Persönlichkeit ist die dynamische Ordnung derjenigen psychophysischen Systeme im Individuum, die seine einzigartigen Anpassungen an seine Umwelt bestimmen.« Allport, 1959, S. 49).

Erstens von den Informationen in unseren Genen, die sich im Laufe von Milliarden von Jahren in epigenetisch und biologisch wirksamen Wechselbeziehungen mit ihren Umwelten formiert haben. Die Zellen mit ihren Genomen, Mitochondrien und anderen Strukturen bilden demnach einen phylogenetischen Integrationsraum (vgl. Margulis 2018; Wieser 2007; Zwanzger 2019).

Und zweitens durch die ontogenetisch also individuell wirksamen Wechselbeziehungen im jetzigen Leben mit biologisch-physischen, sozialen, kulturellen und global geistigen Umwelten.

Da wir uns in diesem Buch mit Kommunikation befassen, um die kulturelle Evolution mitzugestalten, kommt der genetische Aspekt der Persönlichkeit nur selten zur Sprache. Das bedeutet aber nicht, dass man diesen grundsätzlich nicht ernst zu nehmen braucht. Ganz allgemein hat sich eine sehr grobe Faustregel bewährt. Diese geht davon aus, dass etwa ein Drittel der Persönlichkeit, also des Phänotyps, genetisch bedingt ist und zwei Drittel durch biografische Beziehungserfahrungen. Dies gilt recht allgemein. Bei Betrachtung einzelner Eigenschaften kann es sein, dass diese zu fast 100 Prozent biografisch oder genetisch bedingt sind. Allerdings sind das eher Ausnahmen.

Wenn wir unsere Persönlichkeit im Sinne Uexkülls als ontogenetischen Integrationsraum verstehen, erscheint es logisch, dass sich hier Strukturen bilden, die mit Gegebenheiten in unserer Umwelt in Resonanz sind. In dieser Resonanz bildet eine Person aus Beziehungserfahrungen Muster. Diese häufig früh gelernten Kommunikationsmuster prägen wiederum spätere Beziehungen und damit das Verhalten eines erwachsenen Menschen in unterschiedlichen Situationen. Sie prägen also das, was uns im Miteinander als Persönlichkeit begegnet.

Je früher im Leben die Beziehungsmuster gelernt wurden, desto stärker scheinen sie mit der somatischen Regulation verknüpft, desto weniger sind sie bewusst willentlich zu beeinflussen. Häufig führen früh gelernte Kommunikationsmuster auch zu einer Neigung der Person, diese Erfahrung auf alle Menschen zu verallgemeinern.

Der Neurobiologe Gerhard Roth beschreibt vier *Persönlichkeitsebenen*, die im Laufe der Kindheit und Jugend geprägt werden (2019). Diese lokalisiert er in unterschiedlichen Hirnstrukturen. Seine Zuordnung passt mit der biografischen Persönlichkeitsentwicklung in Beziehungen in den Lebensdimension (s. Kap. 1.7) gut zusammen. Im Zuge dieser Entwicklung der Weltbeziehungen eines Menschen kommt es zur Ausprägung von Integrationsstufen, die mit *Ich-Dimensionen* treffend bezeichnet sind. Diese werden in neuronalen Verschaltungen repräsentiert, die sich durch die Kommunikation in den Lebensdimensionen bilden.

Eine gesunde, integrierte Persönlichkeit hat dann die Fähigkeit, ihre Bedürfnisse, Anliegen und Ziele (Attraktiva) in ihrer mehrdimensionalen Umgebung hinreichend befriedigend (für alle Beteiligten) zu kommunizieren – körperlich, mitmenschlich, kulturell und geistig. Das entspricht der oben (s. Kap. 2.) gegebenen Definition von *psychisch gesund*.

3.1 Fallbeispiel: Frau Koch mit einer Autoimmunerkrankung

Das Gespräch hat im Rahmen einer Aufbauausbildungsgruppe in Salutogener Kommunikation stattgefunden.

Frau Koch hat seit ca. 15 Jahren wechselnde Gelenkschmerzen, Rückenschmerzen, Kopfschmerzen. Kürzlich hat sie die Diagnose Psoriasis-Arthritis bekommen, allerdings ohne große Entzündungserscheinungen. Sie soll das Chemotherapeutikum Methotrexat einnehmen. Mutter und Großvater hatten auch Psoriasis, der Großvater besonders schlimm. Psoriasis wird als Autoimmunerkrankung gesehen – Frau Koch hat jedoch nicht das Gefühl, dass sie gegen sich arbeitet.

Sie möchte ihren Umgang damit klären.

Ich erkläre ihr, dass sich möglicherweise frühkindlich internalisierte Normen der kulturellen, 3. Ich-Dimension gegen das Leben in der 1. Ich-Dimension (dazu gehört das Immunsystem) gerichtet haben. Das bedeutet, dass sie mit Angst besetzte, eventuell lebensfeindliche kulturelle Urteile früh internalisiert haben könnte, die sich dann gegen ihre Beweglichkeit richten – möglicherweise in Form von Antikörpern gegen Gelenkschleimhäute. Deshalb schlage ich ihr vor, in die gefühlten Beziehungen der Säuglingszeit zu schauen, in der sich das Immunsystem ausbildet. Sie erklärt sich einverstanden.

Sie berichtet im Folgenden davon, dass ihre Mutter immer starke Angst hatte. Über diese war als Kind schon immer geurteilt worden, dass sie dies und das nicht könne und dass sie auch keine Kinder bekommen solle.

Wenn sie jetzt darüber spricht, bekommt sie gleich wieder starke Kopfschmerzen.

Sie selbst sollte Lehrerin werden, obwohl sie das gar nicht wollte. Sie habe schon viel gemacht, alles habe sie gut hingekriegt. Auch als Lehrerin ist sie in der Schule gern gesehen. Überall wollte man sie gerne als Arbeitskraft behalten, aber für sie selbst war eigentlich alles nicht das Richtige. Der Stress als Lehrerin sei viel zu groß: 270 Schüler pro Woche, der Lärm usw.

T(herapeut): Wie fühlt sich der Schmerz im Kopf gerade an?

K(och): *pochend, pulsierend, lebendig. Das Leben will raus – nicht im Sinne, dass das Leben aus dem Körper raus will, sondern dass es in die Welt will. Angst. – Ist anstrengend. – Möchte getragen werden.*

T Soll jemand jetzt mal deinen Kopf halten? Als Frischgeborene kannst du den ja noch nicht halten. Gibt es hier jemanden, der ihn halten soll?

K *An meinen Kopf darf normalerweise keiner dran. Wenn die Friseurin eine Kopfmassage machen will, tut das nur weh (...) Vielleicht kann Maria mal den Kopf halten? (Maria kommt und versucht es, aber Frau Koch kann ihren Kopf nicht loslassen. Maria stellt sich neben Frau Koch und setzt sich dann hinter sie.)*

T Wo will oder soll das Leben aus deinem Kopf sich im Körper entfalten?

K *(überlegt länger) Weiß nicht so recht ...*

T Ich mache dir mal einen Vorschlag. Probiere bitte mal aus, ob das passt, ob das gut für dich ist: Halte deine Hand oder Hände mal auf deinen Herzbereich, du kannst auch auf dein Brustbein klopfen.

K *(Klopft zunächst auf das Brustbein, dann legt sie die rechte Hand dorthin).*

T (nach einer Weile): Was spürst du?

K *Zittern innen drin.*

T Nimm es an. Spür nach, was es mit dir macht ...

K *Traurigkeit – (Weint).*

(Nach einer Weile): Es ist wie in Wellen, im Meer, das Leben. Ich fühle mich verbunden. (Atmet tiefer).

T Dann ist das vielleicht noch vorgeburtlich in der Gebärmutter?

K *Da war es zu eng. Da konnte ich mich nicht frei bewegen. Hier kann ich mich jetzt frei bewegen. – Keine Angst. Ich habe* Vertrauen *in das große Meer ... Meine Mutter hatte immer Angst, auch während der Schwangerschaft.*
Noch vor der Gebärmutter? – Eine andere Dimension?

T Das kann alles sein. Bleib ruhig noch bei diesem verbundenen Gefühl im Meer, mit Vertrauen. Wir brauchen es im Moment nicht interpretieren. Es ist wichtig, dass du immer wieder in dieses Gefühl gehen kannst, wenn du das willst.

K *Ja – das fühlt sich gut an. Wenn ich die Hand hier habe, kann ich in das Gefühl kommen. (Atmet einige Male tief).*
Das hat sich angefühlt wie in einer anderen Dimension – noch vor der Zeugung – ohne die Angst meiner Mutter.

Reflexion des Gesprächs

Während des Gesprächs, besonders in der ersten Phase, hat Frau Koch sehr schnell alle Empfindungen analysiert und interpretiert. In dieser Aktivität schien sie innerlich von Angst getrieben zu sein, womöglich aus einer Internalisierung der mütterlichen Angst heraus, die sie mental zu lösen suchte. Das kann wohl Kopfschmerzen machen. In der Beratung habe ich sie immer wieder nach ihren Körperempfindungen und Gefühlen gefragt und sie ermutigt, diese einfach so anzunehmen, wie sie kommen und nur wahrzunehmen, was diese machen – ohne sie zu analysieren und zu interpretieren. Im Geiste habe ich sie mir als Säugling vorgestellt, der das Vertrauen und die Bestätigung braucht und bekommt, dass alles, was in ihm geschieht, okay ist und sich gut entwickelt. Trotz aller Ängste, Urteile und Bedenken der Mutter.

Das heilsame Bild vom Meer, das Frau Koch hatte, kann sowohl ein Hinweis auf ihr Erleben in der Gebärmutter sein als auch eine Metapher für die See, auf die das Wort Seele etymologisch zurückgeführt wird. Wichtig ist nicht die Interpretation, sondern dass sie das Bild und das damit verknüpfte Gefühl als tiefe Ressource erleben kann, die es ihr ermöglicht, einen eigenen inneren Standpunkt von Vertrauen, Geborgenheit und Lebendigkeit einzunehmen. Einen inneren Standpunkt, an dem sie ihren Organismus mit seinen Lebens- und Bewegungsimpulsen samt dem Bewegungsapparat zutiefst als okay erleben kann – im Vertrauen in einer großen Verbundenheit. Einen inneren Standpunkt, von dem aus sie auch die Angst der Mutter mit Distanz und ohne Einfluss auf ihre Bewegungsfreude sehen kann. Wenn es so ist, wie sie gesagt hat und die Mutter auch während der Schwangerschaft mit ihr viel Angst hatte, könnte ein Bewusstseinsstandpunkt außerhalb der ursprünglichen Symbiose mit der Mutter hilfreich für ihre Heilung in der 1. Ich-Dimension sein.

3.2 Was sind Ich-Dimensionen?

In den Ich-Dimensionen finden sich unsere inneren Resonanzen auf die Lebensdimensionen, also auf äußere Welten. In ihnen werden Konzepte von Es, Ich und Über-Ich aus der Psychoanalyse Freuds (1923/2009), den Ich-Zuständen von Kind, Eltern und Erwachsenen aus der Transaktionsanalyse Bernes (1978), den Ego-states (Peichl 2007) sowie dem Strukturniveau von Kohut (s. Rudolf 2006) in einer systemischen Sichtweise integriert.

Wir wollen hier jenseits der verbreiteten Ich- und Selbst-Konzepte verschiedener psychologischer und spiritueller Richtungen von dem ausgehen, was jemand gerade meint und empfindet, wenn er »Ich« sagt. Zum Beispiel: »Ich liebe meine Kinder.« Oder »Ich liebe meine Frau«. Oder »Ich liebe meinen Beruf«. Dann sagt er zwar immer »Ich liebe«, aber jedes Mal ist das Wort »liebe« mit einem anderen Bezug und einem anderen Gefühl, anderen Gedanken und anderen Kommunikationsmustern verknüpft. Diese sind unterschiedliche Zustände seines Ichs, also *Ich-Zustände*. Diese unterschiedlich gefühlten Ich-Zustände werden implizit mit dem Bezug seiner Liebe kommuniziert. Kein Zuhörer würde auf die Idee kommen, dass die Liebe zu seinen Kindern dieselbe emotionale Beziehung und Verhaltensweise meint wie die zum Beruf.

Diese Ich-Zustände können vorübergehend sein, wie bei emotionalen Erregungszuständen, oder lang anhaltend, wie bei Identifikationen mit einer Mutter-, Vater- oder Kindesrolle, einer Rolle im Beruf oder Ähnlichem. Ich-Zustände entstehen als individuelle Resonanzen in Beziehungserfahrungen (vgl. Transaktionsanalyse: Berne 1978; Ego-States: Peichl 2007) und in Identifikation mit diesen Erfahrungen sowie mit sozialen und kulturellen Rollen. Je nachdem in welcher Lebensdimension ein Mensch gerade seine Beziehungen gegenwärtig hat, befindet sich sein Ich-Zustand in einer der Lebensdimension entsprechenden *Ich-Dimension*.

Wenn Sie sagen: »Ich bin«, sprechen Sie von Ihrem Ganzen, Ihrem »Ich«. Dieses lebt in Resonanz zu allen Lebensdimensionen: im Physischen: »Ich bin ganz in meinem Körper bei mir«, im Sozialen: »Ich bin ein Mitglied meiner Familie«, im Kulturellen: »Ich bin ein Bürger in meinem Land«, im Globalen: »Ich bin ein Teil der Menschheit und Biosphäre« und im größeren kosmischen Ganzen: »Ich bin ein Teil des Universums«. In Ihrer Resonanz zu diesen Lebensdimensionen nehmen Sie wahr, gestalten mit, reflektieren und lernen Sie.

Um in diesen mehrdimensionalen Beziehungen leben zu können, hat unser Gehirn im Laufe der Evolution entsprechende Regionen und Netzwerke entwickelt, die sich zwar nicht trennen, wohl aber unterscheiden lassen – ganz analog zu den Lebensdimensionen. Sie repräsentieren dimensionale Beziehungszustände des Ichs, also Kategorien von Ich-Zuständen, die hier und im Folgenden »Ich-Dimensionen« genannt werden.

Die erste Ich-Dimension wird im Hirnstamm und der »unteren limbischen Ebene« (Roth 2019, S. 89f) repräsentiert. Sie ist u.a. für die Beziehungen in unserer physikalisch-chemischen Umgebung zuständig und reguliert die Temperatur, den Sauerstoff- und Säuregehalt des Blutes u.v.a.

In der *mittleren* und *oberen limbischen Ebene* nach Roth befinden sich die Regionen und Verschaltungen, die für unsere direkten mitmenschlichen Beziehungen zuständig sind, für die soziale 2. Ich-Dimension. Hier sind die Fraktale a und b zu unterscheiden (s.u.).

Ich-Dimensionen – repräsentiert in Gehirnstrukturen

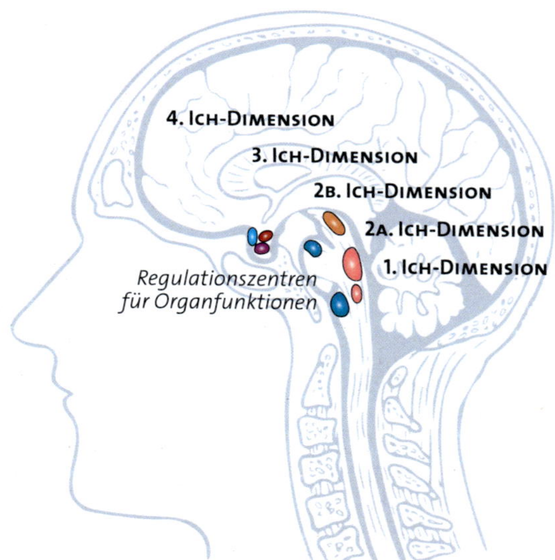

Abbildung 11: Ungefähre Lage der Repräsentanzen von Ich-Dimensionen in Hirnstrukturen

In der Großhirnrinde, insbesondere dem linken Neocortex, lokalisiert Roth die Zentren und Vernetzungen, die unser Leben in der Kultur, der 3. Lebens- und Ich-Dimension mitgestalten. In dieser 3. Ich-Dimension sprechen wir und nutzen bewusst andere Zeichensysteme wie Geld sowie Werkzeuge und Regeln. Ein großer Teil unseres bewussten Lebens spielt sich heute in der Sprache ab. »Wir leben in der Sprache«, schreiben Maturana und Varela (1987).

In mehreren asiatischen Sprachen wie im Japanischen und Vietnamesischen werden anstelle von »Ich« unterschiedliche Beziehungen angeführt, also Ich-Zustände in Bezug zur Familie, zum Beruf usw., die für eine jeweils aktuell beschriebene Situation von Bedeutung sind. Sie sehen und beschreiben ihr Ich immer in Beziehung zu anderen Systemen. Dies entspricht unserer Definition von Ich-Zuständen. In Ich-Dimensionen finden wir Ich-Zustände zusammengefasst, die in Bezug zu einer Lebensdimension entstanden sind.

Eine global geistige, integrierende 4. Ich-Dimension können wir womöglich anhand einiger besonderer Funktionen im Frontallappen (Präfrontaler Cortex PFC) lokalisieren. Hier wurde z. B. die Sinnorientierung (Spitzer 2007) und das Gespür für Fairness im rechten Präfrontallappen (Knoch 2006, 2007) nachgewiesen.

Möglicherweise gibt es noch weitere Ich-Dimensionen des Bewusstseins, die in Resonanz zum Sonnensystem oder dem Universum schwingen können – ob diese eigene Strukturen im Gehirn haben, ist bisher nicht nachgewiesen. Hier werden sie in einer möglichen 5. Ich-Dimension zusammengefasst, aber nicht weiter ausgeführt.

Die strukturellen organischen Grundlagen des mehrdimensionalen Ich sind evolutionär über mehrere hundert Millionen Jahre in Wechselbeziehungen zu den jeweiligen Mit- und Umwelten entstanden. Im Laufe des eigenen Lebens wird diese strukturelle Grundlage in Resonanz zu den erfahrenen Mit- und Umwelten geprägt. So wird das aktuelle Ich im Laufe des Lebens individuell und veränderlich gebildet (Tomasello 2020).

Die Ich-Dimensionen sorgen für eine adaptierte und integrierte Beziehung und Regulation des Menschen in seiner Umgebung. Dabei ist klar, dass der einzelne Mensch ein Teil größerer Systeme ist (Bertalanffy 1969; Kriz 2017; Strunk u. Schiepek 2006; Fuchs 2010).

Kohärenzregulation und Bedürfnisse in Ich-Dimensionen

Das ständige, übergeordnete Regulationsziel des Ich ist eine Annäherung an die komplexe Information seiner Seele in Kohärenz in seinen Übersystemen. Zum guten Leben wie zur gesunden Entwicklung bedarf es deshalb einer ständigen *Integration* von Erfahrungen in seinen Lebensdimensionen. Deshalb passt die von Uexküll geprägte Vorstellung von einem Integrationsraum wunderbar. Diese Integration kann implizit erfolgen (wie häufig im Traum) oder explizit durch Nachdenken, Reflektieren und/oder darüber Sprechen. Wichtig ist, dass Erfahrungen möglichst stimmig verarbeitet und damit integriert werden.

Kohärenzregulation und Bedürfnisse in Ich-Dimensionen

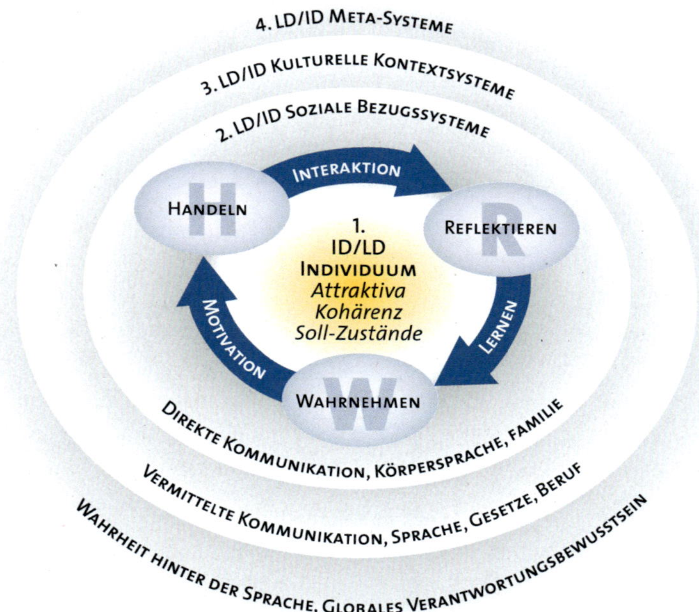

Abbildung 12: Kohärenzregulation in mehrdimensionaler Umgebung

Die in Kap. 2.1 ausgeführte Kohärenzregulation findet nicht isoliert statt, sondern in Wechselbeziehungen in einer mehrdimensionalen Umwelt. Für jede Lebensdimension hat der Mensch entsprechende Kommunikations- und Kooperationsweisen in seinen Ich-Dimensionen ausgebildet.

Psychische und psychosomatische Probleme entstehen häufig durch Unstimmigkeiten zwischen Ich-Dimensionen. Diese haben ihren Ursprung oft in sozialen, kulturellen und globalen Inkohärenzen *zwischen* Lebensdimensionen. Deren stimmige Integration ist somit ein Weg zum guten Leben in einer mehrdimensionalen Welt (s. Katja, Herr Klempe und Frau Koch). Bei Herrn Klempe (s. Kap. 2.4) bestand eine Inkohärenz zwischen seiner physischen Regulation in der 1. Ich-Dimension und seinem Lehrerberuf in der 3. Ich- und Lebens-Dimension. Dabei war sein Stressmuster und damit seine

Vulnerabilität schon als Kind in der Übernahme einer stressigen Rolle in seiner Herkunftsfamilie, also in der 2. Ich-Dimension, entstanden. Die ursprüngliche Inkohärenz war bereits zwischen seinen kindlichen Bedürfnissen und seiner Rolle in seiner Herkunftsfamilie (wohl auch als Mann-Ersatz) also zwischen der 2 a. und 2 b. Ich-Dimension.

Die Ich-Dimensionen bauen aufeinander auf. Dabei behalten sie ein gewisses Maß an Eigenständigkeit. So reguliert das Immunsystem als fraktales Teilsystem der 1. Ich-Dimension weitgehend autonom, allerdings gut vernetzt mit den anderen Ich-Dimensionen (vgl. Schiepek 2004; Schubert 2015, 2016). Diese wiederrum können auch einen Einfluss auf das Immunsystem haben, wie es womöglich bei Frau Koch der Fall war. Im Menschen sollen die Teilsysteme zu einer übergeordneten Stimmigkeit finden. Die Integration der 3. und 2. Ich-Dimension wird unter dem Stichwort »Work-Life-Balance« seit vielen Jahren gesellschaftlich verhandelt. Die darin enthaltene, implizite Aussage, dass Arbeit und damit die kulturelle Kooperation nicht zum Leben gehört, ist freilich fatal und wirft einen Schatten darauf, wie viele Menschen heute ihre Arbeit als lebensfremd und nicht zu ihrem Leben gehörend empfinden. Es sollte zutreffender heißen »Work-Privat-Balance«, denn es geht um die Balance und Integration von öffentlich-kultureller und privat-sozialer Lebensdimension.

Eine weitere Grundlage für diese Unterteilung in Ich-Dimensionen hat Abraham Maslow (1981), ein maßgeblicher Mitbegründer der Humanistischen Psychologie, mit seiner Bedürfnispyramide skizziert. Denn die hier beschriebenen Ich-Dimensionen werden von jeweils bestimmten Bedürfnissen mitgeprägt. In jeder Lebensdimension hat ein Individuum andere Bedürfnisse und es können auch nur unterschiedliche Bedürfnisse befriedigt werden. Im Anschluss an Maslow haben noch viele andere Psychologinnen Grundbedürfnisse des Menschen formuliert, die Grawe (2004) ausführlich diskutiert hat.

In der Salutogenen Kommunikation ordnen wir die Bedürfnisse wie in der Tabelle 4 ersichtlich den Ich-Dimensionen zu.

Ich-Dimension	Grundlegende Bedürfnisse
4.	Mehrdimensionale Stimmigkeit/Kohärenz, Sinnerfüllung, ethische Werte, Verantwortungsbewusstsein, der Menschheit und dem großen Ganzen dienen.
3.	Kulturelle Anerkennung, Kompetenz, Erfolg; Erfahrung, Wissen, Werte und Ziele weitergeben = kultivieren.
2b.	Leben entfalten und soziale Rollen: u. a. Geschlechterrollen, Sexualität: Leben weitergeben.
2a.	Bedürfnisbefriedigung im sozialen Kontext; existenzielles, bedingungsloses Zugehörigkeitsgefühl; wachsen und Leben entfalten.
1.	Autonomie, Selbstwirksamkeit, Sicherheit, körperliche Bedürfnisse.

Tabelle 4: Ich-Dimensionen und Bedürfnisse

Einen weiteren – evolutionär besonders interessanten – Aspekt finden wir in Lernebenen (s. u.), wie Gregory Bateson[18] sie beschrieben hat. Diese passen gut zu den Ich-Dimensionen, wie wir im Folgenden bei ihrer jeweiligen Beschreibung erkennen können.

3.3 Physische Selbstregulation

Das Alltagsbewusstsein spielt sich für viele im *Leben in der Sprache* und in Filmen ab. Dabei vergessen sie häufig, welche großartige Leistung unser Organismus ständig vollbringt, um uns am Leben zu halten. Das, was ein Neugeborenes mühsam erlernt, ist unserem erwachsenen Bewusstsein im Detail nicht zugänglich. Dies als Neugeborenes Gelernte bildet allerdings auch für uns Erwachsene noch die Basis unseres alltäglichen Lebens. So sei die Komplexität dieser basalen organismischen Selbstregulation hier skizziert, um sie uns zu vergegenwärtigen und ihre fundamentale Bedeutung für unser Leben wertschätzend zu integrieren. Hier liegt auch der Ursprung

18 *Die Inhalte der Lernebenen orientieren sich an den Lernebenen von Bateson, wobei das Lernen 1 hier der Lernebene 0 bei Bateson entspricht und analog die weiteren Nummerierungen (Bateson 1996: 367ff, 392).*

vieler psychosomatischer Kopplungen und damit die Möglichkeit eines Verstehens und Mitgestaltens.

Die Veränderungen rund um die Geburt erfordern von einem Baby, neben einer gewaltigen Anstrengung, eine neue eigene Regulation vieler Parameter. Es muss jetzt die Sauerstoffkonzentration des Blutes über die Atmung regulieren sowie die Körpertemperatur durch Zittern und anderes. Die Eiweiße, Kohlehydrate und Fette muss es jetzt durch den Mund aufnehmen. Auch die Auseinandersetzung mit Mikroorganismen muss es von nun an selbst führen.

In der ersten Säuglingszeit entwickelt sich die Wahrnehmungs- und Unterscheidungsfähigkeit des Immunsystems für Mikroorganismen, mit welchen es zur Annäherung an attraktive Ziele kooperieren kann (wie Darm- und Hautbakterien) und welche es im Abwendungsmodus abwehrt. Aus der Interaktion mit den Mikroorganismen lernt das Immunsystem. Es bildet sich sein Antikörpergedächtnis, das bei erneuten Kontakten mit bedrohlichen Eindringlingen dafür sorgt, dass diese schnell unschädlich gemacht werden können. In den ersten Monaten erhalten die Kleinen über die Muttermilch wichtige Unterstützung in ihrer Immunabwehr, bis sich dann ihr eigenes Immunsystem hinreichend entwickelt hat.

Der Aufbau des zellulären Immunsystems erfolgt gänzlich unbewusst (zumindest für unser Erwachsenenbewusstsein) und findet unabhängig von den sogenannten fünf Sinnen statt. So wird es auch als sechster Sinn bezeichnet, weil es in der Lage ist, Moleküle und Mikroorganismen wahrzunehmen und zu unterscheiden, die wir mit unseren fünf Sinnen allein nicht beobachten können.

In der Reaktion des Organismus auf physikalisch-chemische Reize sehen wir die erste Lernform, weil diese veränderlich ist und mit mehr oder weniger Energie ausgeführt werden kann, je nachdem wie es für den Organismus gut ist. Es kann auch zu einer Sättigung kommen, bei der der Organismus auf denselben Reiz keine oder eine andere Antwort zeigt als zu Beginn. Das Immunsystem kann sich die Reize sogar merken und bei einer nächsten Gelegenheit schneller reagieren. Diese einfachste Form des Lernens nenne ich *Lernen 1*.

Die Auseinandersetzung mit Mikroorganismen spüren wir erst an den Symptomen, die diese Auseinandersetzung uns gelegentlich beschert. Erst seit Erfindung des Mikroskops im 18. Jahrhundert sind diese Mikroorganismen für uns sichtbar und damit zu einer Realität der Um- und Innenwelt geworden.

Die Regulation der Sauerstoff- und Kohlendioxidkonzentration im Blut übernimmt das Neugeborene schnell und selbstständig. Sie erfolgt nach dem gleichen Ablauf wie in der Selbstregulation beschrieben: Der Säugling hat einen Soll-Wert für die Sauerstoff bzw. Kohlendioxidkonzentration gespeichert, der als Maßstab für die ständigen Messungen gilt. Wenn dieser unter- bzw. überschritten wird, wird die Atmung intensiviert. Dann wird bilanziert, ob sich die Konzentration dem Soll angenähert hat. Das Ergebnis nimmt rückkoppelnd Einfluss auf den nächsten Regulationszyklus. Aus unserer Erwachsenensicht erfolgt diese Regulation der Atmung gänzlich unbewusst im Hirnstamm.

Die frühkindliche Regulation der Nährstoffkonzentration im Blut erfolgt wesentlich mithilfe sozialer Beziehungen, in der Regel und von Natur aus über die Mutter und ihre Milch. Das Kind trägt zu dieser Regulation aktiv und kooperativ bei, zunächst indem es wahrnimmt, dass der Ist-Zustand nicht dem Soll-Zustand entspricht, es also Hunger und Durst hat, dann indem es handelt und sich bemerkbar macht. Wenn die Mutter nicht zügig auf seine ersten Mitteilungen wie Augen und Mund öffnen, mit der Zunge lecken, wach und unruhig werden, reagiert, beginnt es, Laute von sich zu geben und schließlich zu schreien. Das ist die zweite Stufe der Bedürfniskommunikation, die jetzt schon eine emotionale Färbung erhält. Das *Schreien ist ein verstärkter Ausdruck des Bedürfnisses* und beinhaltet die *implizite Botschaft: Du hast meine erste Mitteilung nicht wahrgenommen*. Mit diesen sozialen Interaktionen beginnt die Entwicklung in der 2. Ich-Dimension, die Roth (2019) in der mittleren und oberen limbischen Ebene lokalisiert.

Unsere frühen kindlichen sozialen Erfahrungen haben rückwirkend Einfluss auf die physische Selbstregulation. Als Erwachsene können wir mithilfe unseres Bewusstseins die körperliche Regulation beeinflussen, wie z. B. im Autogenen Training und mit anderen Imaginationen. Wichtig ist, dass wir uns möglichst übereinstimmend mit unseren körperlichen Bedürfnissen und bewusst verhalten. Dazu müssen wir unseren Körper immer wieder achtsam wahrnehmen.

Fragen zur Anregung der physischen Kohärenzregulation

Welche Bewegung und welche Entspannung tut dir gut? Welche tut dir nicht gut?

Welche und wie viel Nahrung tut dir gut oder nicht gut? Wann tut sie dir gut und wann nicht?

Welche Umgebungen (welche natürlichen und welche künstlichen) tun dir gut oder nicht gut?

Ich-Dimension	Selbst- und Kohärenzregulation	Ab Alter ca.
4	In globalen Beziehungen – Ethik, die Wahrheit hinter der Sprache; Mitverantwortung für die Biosphäre.	21. Lebensjahr
3	Sprachliche und ökonomische Kommunikation und Kooperation; Werte und Normen in explizit geregelter Macht; Sexualität in Geschlechterrollen.	Pubertät
2 b	Individuelles Leben in sozialen Beziehungen, Rollen entfalten, (kindliche) Sexualität – später: Leben weitergeben.	4. Lebensjahr
2 a	Physische Bedürfnisse im sozialen Kontext, wachsen und Leben entfalten.	Geburt
1	Körperliche Funktionen.	Zeugung

Tabelle 5: Ich-Dimensionen, Kohärenzregulation und Lebensalter

Die Angaben des Lebensalters sind ungefähr und kennzeichnen einen Beginn der Prägung der jeweiligen Ich-Dimension – soweit man das überhaupt sagen kann. Sie geben eine Orientierung zur biografischen Zuordnung, die für Therapien hilfreich sein kann. Die praktische Umsetzung der geprägten Muster kann das ganze Leben lang dauern und soll zunehmend in die Persönlichkeit integriert sein. Das ist dann häufig Aufgabe und Inhalt von Therapie. Deshalb ist hier nach hinten keine Altersbegrenzung gegeben.

3.4 Stufen sozialer Integration

Die basale Regulation direkter sozialer Beziehungen bleibt bei den meisten Menschen, ebenso wie die physische Selbstregulation, unterhalb des alltäglichen Wachbewusstseins. Die hier ausgeführten Zusammenhänge zwischen Grundbedürfnissen und Emotionen geben ein neues Verständnis von Emotionen unter dem Aspekt der Kommunikation wieder. Da diese kommunikativen Zusammenhänge und Interaktionsmuster wesentlich für unser soziales Miteinander sind und deshalb in der Psychotherapie und Beratung eine große Rolle spielen, gehe ich hier etwas ausführlicher auf sie ein. Auch für das kulturelle Leben sowie die Politik und internationale Beziehungen sind sie von großer Wichtigkeit (s. a. Abschnitt 4).

Mindestens in den ersten neun Lebensmonaten überschneidet sich die Entwicklung der 2a. Ich-Dimension mit der Bildung der physischen Selbstregulation in der 1. Ich-Dimension und verläuft parallel. In dieser Zeit entstehen deshalb enge Kopplungen zwischen sozialen Interaktionen und somatischer Regulation, die möglicherweise Vulnerabilitäten bilden können. Diese können im Erwachsenenleben zu ernsteren körperlichen Krankheiten führen, wenn das verletzliche Muster getroffen wird.

In diesen ersten Lebensmonaten beginnt das *Lernen 2 a* des Säuglings. Er lernt schnell, dass die Milch, auf deren Duft und Geschmack er mit Saugen und Schlucken reagiert, von seiner Mutter bzw. einer anderen Bezugsperson kommt. Diese Person reagiert auf seine Kommunikation. Der Säugling erkennt den *sozialen Kontext* des Nahrungsreizes und kann diesen durch Schreien mitgestalten.

Wenn ein Kind in dieser frühen Kindheit viel Stress erfährt, wie durch Aggression, Gewalt oder Deprivation, kann es später zu verschiedenen chronischen Erkrankungen kommen.

Da das Kind im ersten Lebensjahr noch symbiotisch mit der Mutter und ggf. einer anderen Bezugsperson verbunden ist, kann es auch mit ihrem Stress wie ihrer Angst in Resonanz gehen. Dies kann auch später noch Auswirkungen auf seinen Körper haben, wie ich es bei Frau Koch angenommen habe.

Roth beschreibt aus Sicht der Neurobiologie zwei Stufen sozialer Entwicklung in den neuronalen Vernetzungen, a) der mittleren und b) der oberen limbischen Ebene. Das passt gut zu anderen entwicklungspsychologischen Beobachtungen, wobei die erste soziale Phase (hier als 2a. bezeichnet) das dritte Lebensjahr einschließt und die zweite (hier 2b.) vom dritten Lebensjahr bis über die Pubertät (Erikson 1988; Tomasello 2010, 2020) reicht.

In der ersten Phase sozialer Entwicklung 2a. lernt das Kind seine physischen Bedürfnisse wie auch seine direkten, sinnlichen Beziehungsbedürfnisse im sozialen Kontext wie Geborgenheit, Nähe und Wärme hinreichend zu befriedigen. Seine Wahrnehmung ist geleitet von seiner organismischen Kohärenz in sozialer Beziehung – zunächst überwiegend in der Kind-Mutter-Dyade. In dieser Zeit nimmt das Kind die Mutter (und womöglich auch den Vater) als sein Übersystem wahr, mit dem es symbiotisch verbunden ist, ähnlich wie im Mutterleib. Auch da das Kind aus (meist) der *sexuellen* Kooperation seiner Eltern entstanden ist und deshalb auch väterliche Gene hat, ist es naheliegend, von einem systemischen *Mitwissen* oder *Ahnen*, von einer *informierten Teilhabe* des Kindes an der Kohärenz der Familie zu sprechen. Dieses implizite *Mitwissen* wird sowohl in systemischer Aufstellungsarbeit als auch in Gesprächen immer wieder deutlich. Kinderpsychologinnen haben immer wieder betont, dass man kleine Kinder nur in ihrer dyadisch symbiotischen Beziehung mit der Mutter verstehen kann (Winnicott 1983). Ob es einen Unterschied im systemischen Mitwissen macht, wenn das Kind nicht bei seinen leiblichen Eltern aufwächst, und wenn ja, welchen, kann ich nur als Forschungsfrage stellen.

Im weiteren Verlauf seiner frühen sozialen Entwicklung sucht das Kind die Kohärenz seiner Familie in der äußeren Beziehungsrealität. Es entwickelt sich aus der Kohärenz seiner dyadischen Mutter-Kind-Symbiose hin zu komplexeren interaktiven sozialen Beziehungen zunächst innerhalb der Familie. Der Fokus seiner Wahrnehmung ist in dieser Zeit noch darauf gerichtet, dass seine grundlegenden existenziellen Bedürfnisse in direkten sinnlichen Beziehungen kooperativ befriedigt werden. Dazu teilt es im Rahmen seiner Möglichkeiten seine Bedürfnisse mit, meist emotional, entweder mimisch, stimmlich oder anders aktiv. Ein Erfolg dieser Bedürfniskommunikation führt zu einer Selbstwirksamkeitserfahrung im sozialen Miteinander. Bei dieser Bedürfniskommunikation spielen Emotionen eine zentrale Rolle.[19]

Was geschieht in der impliziten Kommunikation der Emotionen?

Emotionale Kompetenz – ein neues Verständnis von Emotionen im Kontext von Bedürfniskommunikation

Mit einem neuen Verständnis von Grundemotionen als Ausdruck von frustrierten bzw. befriedigten Grundbedürfnissen können wir diese in unser soziales Miteinander angemessen integrieren. In einer derartigen Psychologie der Emotionen erscheinen diese unter dem Aspekt der zwischenmenschlichen Kommunikation.

Emotionen – verstanden als die den Menschen bewegenden Gefühle – sind Reaktionen auf Antworten, die ein Mensch auf seine implizite, z. B. mimische, Mitteilung seines Bedürfnisses erhalten hat. Wenn ein Kind einer Bezugsperson sein Bedürfnis mitteilt, wie z. B. etwas gemeinsam zu spielen, und die Bezugsperson verneint das Bedürfnis bzw. bricht das Spiel ab, so wird das Kind wütend oder traurig und schreit oder weint.

Da Säuglinge vollständig abhängig von der fürsorglichen Kooperation mit ihren Bezugspersonen sind, müssen sie ihre existenziellen Bedürfnisse effektiv kommunizieren können. Dabei spielen die Emotionen die Hauptrolle.

Die mit einer Emotion verknüpften Bewegungen des Kindes, wie Mimik, Gestik und Haltung, drücken seine Reaktion aus. Emotionen zeigen eine vorsprachliche (und somit prä-kognitive) *Bewertung*[20] der erhaltenen Antwort auf die vorangegangene Bedürfnisäußerung: Das Schreien des Säuglings impliziert die Botschaft: »Du hast

19 *Marshall Rosenberg (2012) hat dazu mit seiner Praxis der »Gewaltfreien Kommunikation GfK« einen wesentlichen Beitrag geleistet, indem er zeigte, dass hinter Gefühlen Bedürfnisse stecken. Und wenn wir diese Bedürfnisse verbal kommunizieren, eskaliert die Kommunikation seltener in Gewalt und es kann mehr Verständigung und Verbindung zwischen den Menschen entstehen.*

20 *Mit den Begriffen bewerten und beurteilen können wir unterscheiden zwischen einer Bewertung ausgehend vom häufig impliziten Wert für ein Individuum (1.–2. Ich-Dimension) und Beurteilung vom kulturellen Standpunkt, wie Normen und Werten, aus (3. Ich-Dimension).*

nicht gemerkt, dass ich Durst habe!« Sie verleihen damit auch der Bedürfnisäußerung Nachdruck und verstärken somit den Ausdruck des ursprünglichen Bedürfnisses (vgl. Grawe 2004; Petzold 2007, 2011a, 2013). Emotionen, samt ihrem Ausdruck mittels Stimme, Mimik und Gestik, sind also Bestandteil der zwischenmenschlichen Bedürfniskommunikation – sozusagen die zweite Stufe nach der ersten, nonverbalen Äußerung durch Augenkontakt, Mimik und Gestik. Dabei können wir einige Grundbedürfnisse bestimmten Grundemotionen zuordnen (s. Tabelle 6).

Bedürfnisausdruck und Verarbeitung der Antwort

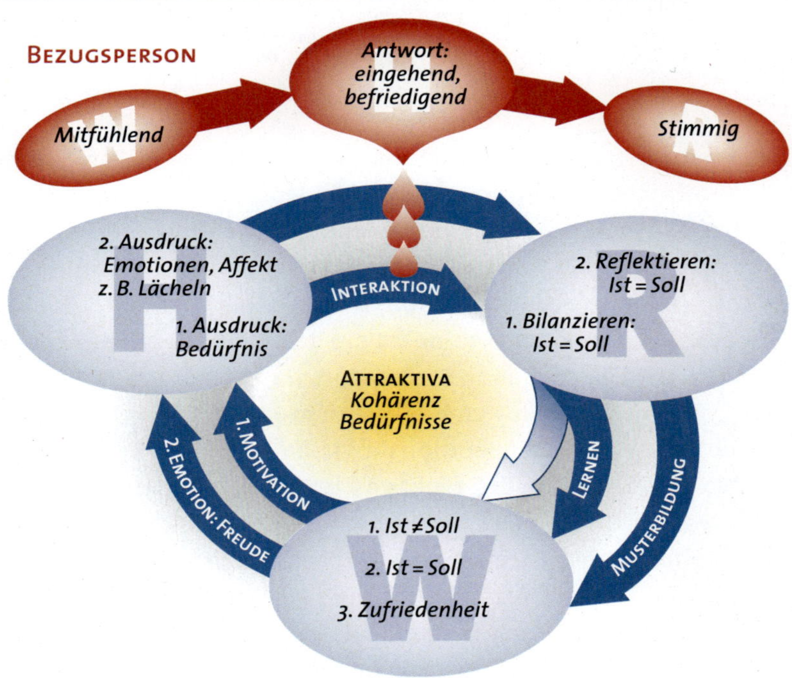

Abbildung 13: Implizite Bedürfniskommunikation mit befriedigender Antwort löst das Gefühl von Freude aus und schafft Zufriedenheit. Wenn sich bei einem Kind ein Bedürfnis wie Hunger meldet, wird es wach und kommt durch Dopaminausschüttung in einen lustvollen Aktivitätszustand. Dabei gibt es Signale von sich, die sein Bedürfnis ausdrücken, wie Augen öffnen, den Mund lecken u. a. Wenn die Bezugsperson auf die Signale eingeht und das Bedürfnis des Kindes befriedigen hilft, wird Oxytozin ausgeschüttet und bei Sättigung wahrscheinlich Serotonin und andere sogenannte Glückshormone. Dann entsteht ein Gefühl von Zufriedenheit.

Emotionen als Ausdruck frustrierter bzw. befriedigter Bedürfnisse	
Bedürfnis	**Emotion**
Sich verbunden fühlen	Trauer
Gehört/gesehen werden	Wut
Menschlich zu kooperieren	Ärger
Bedingungslos dazugehören	Eifersucht
Zugehörigkeit zur Kultur/Norm	Scham
Sicherheit, Vertrauen, Mut	Angst
Selbstwirksamkeit, Macht/Selbstmächtigkeit	Ohnmacht
Reinlichkeit	Ekel
Mehr Stimmigkeit	Freude

Tabelle 6: Bedürfnisse und Emotionen

In dieser Tabelle sind die wichtigsten Grundbedürfnisse und Emotionen zusammengestellt, wie sie in der psychologischen Literatur zu finden sind – ergänzt durch meine Erfahrungen. Diese Zuordnungen von Emotion und Bedürfnis sind als Erfahrungszusammenhänge zu sehen und nicht als lineare Beziehungen. Das hängt auch damit zusammen, dass unterschiedliche Menschen ihre Emotionen und Bedürfnisse unterschiedlich bezeichnen. Als richtungsweisender Hinweis ist die Tabelle sehr hilfreich.

So haben Emotionen einen kommunikativen Vorlauf und sind selbst ein wichtiger Teil einer zirkulären Bedürfniskommunikation (vgl. Tomm 1996). Auf dieser vorsprachlichen Kommunikation aufbauend können sich weitere Kommunikationsmuster bilden.

Eltern gehen in der Regel instinktiv auf das hinter der Emotion motivierende Bedürfnis ein, indem sie den Säugling stillen, wenn er schreit, oder das wütende Kind fragen, was es will, bzw. es an die Hand oder auf den Arm nehmen, wenn es weint. Dann stellen sie eine vertrauensvolle Kooperation durch Eingehen bzw. Verbundenheit her. Wenn der Säugling nicht geschrien hätte, wäre er womöglich verhungert; wenn das Kind nicht geweint hätte, wäre es vielleicht weiter allein geblieben und ganz einsam geworden. Emotionen sind ein verstärkter Ausdruck unserer Grundbedürfnisse, die unser Leben möglich und besser beziehungsweise sicher machen sollen. Deshalb ist es so wichtig, Emotionen und die damit verknüpften Bedürfnisse wohlwollend anzunehmen. Das ist der erste Schritt zu einer emotionalen Kompetenz – ganz besonders für Erwachsene, die in ihrer kulturell geprägten Familie möglicherweise früh gelernt haben, dass bestimmte Emotionen und eigene Bedürfnisse nicht erwünscht sind. Für sie ist oft die Emotion leichter zugänglich als das Bedürfnis dahinter. Sie können sich dann fragen: Welches Bedürfnis und welche erhaltenen Antworten haben meine Emotion hervorgerufen? Zum Finden Ihres Bedürfnisses können Sie die Tabelle 6 (s.o.) zu Hilfe nehmen.

Emotionen sind Ausdruck eines interaktiven Kommunikationsmusters. Im Laufe dieser frühkindlichen Bedürfniskommunikation und Kooperation können sich verschiedene Muster entwickeln, wenn die Eltern häufig und wiederholt in der gleichen Weise auf eine Bedürfnisäußerung des Kindes antworten. In den folgenden Kapiteln beschreibe ich einige wichtige, mit Grundemotionen verknüpfte Kommunikationsmuster.

Kommunikationsmuster *Wut:* Beachtung und Verständnis suchen ▸ nicht beachtet werden

Ein häufiges Kommunikationsmuster ist, dass das Kind sich in seinem Bedürfnis nicht gesehen oder gehört fühlt. Dann beginnt es wütend zu schreien. Zum Glück, denn so werden die Eltern daran erinnert, dass das Kind etwas braucht, um zu wachsen und sich zu entfalten.

Wütendes Schreien des Säuglings teilt der Bezugsperson implizit mit: »Es gefällt mir nicht, wie du auf meine vorangegangene Bedürfnisäußerung geantwortet hast.« Und weiter: »Bitte beachte mich und meine Bedürfnisse, wenn du zum Zweck meines Lebens und Wachsens mit mir kooperieren willst! Ich habe jetzt Durst.«

Diese Wut ist noch im Annäherungsmodus (Grawe 2004). Wenn die Eltern auf das Schreien eingehen und dem Baby etwas geben, wird dieses wieder still und hat ein deutlicheres Gefühl von Selbstwirksamkeit in der Kooperation mit seiner Bezugsperson. Derartig gelungene kooperative Interaktionen führen zu einer sicheren Bindung, die die Bindungsforscherinnen Bowlby und Ainsworth Bindungstyp B nennen (2018, 2020). Wenn es auf sein Schreien hin keine eingehende Antwort erhält, fühlt es sich in der Kooperation zunehmend machtlos und unsicher. Wenn sich dies sehr häufig wiederholt, kann daraus der unsicher vermeidende Bindungstyp A entstehen.

Gefühlt kurz vor dem Verdursten oder Verhungern – wenn es also gefühlt existenziell für das Kind wird und es sich bedroht fühlt, wird das Gefühl der Machtlosigkeit immer mehr zu einem Gefühl der Ohnmacht und Hilflosigkeit. Dabei springt das neuro-motivationale Abwendungssystem an. Das Schreien wird angstvoller, auch aggressiv oder verzweifelt oder hört ganz auf. Spätestens dann werden seine Eltern, bzw. ihr Fernbleiben, als *bedrohlich machtvoll* erlebt. Das kann zum unsicher ambivalenten Bindungstyp C führen.

Bedürfnisausdruck und Verarbeitung der Antwort

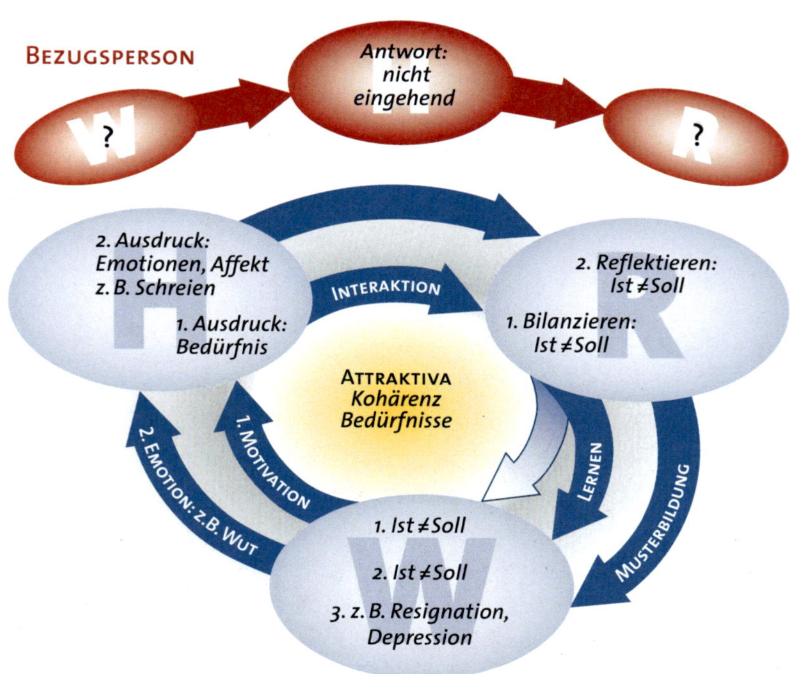

Abbildung 14: Wenn auf die primäre mimische Bedürfnismitteilung keine auf das Bedürfnis eingehende Antwort kommt, entstehen Emotionen wie Wut und Traurigkeit, die zu lauten Affekten wie Schreien oder Weinen führen. Emotionen erscheinen als Verstärkung des Ausdrucks des Bedürfnisses und als implizite Kritik an dem Nichteingehen auf die primäre Bedürfnismitteilung. Wenn das Kind auch auf diese Emotionen keine Antwort erhält, kann Resignation eintreten und/oder Depression. Dann ist wohl auch der Serotonin-Stoffwechsel vermindert.

Macht haben Eltern in Bezug auf das Kind als Vertreter des Übersystems Familie. Sie geben ihm seine Nahrung, Geborgenheit, Kleidung, legen es schlafen und bestimmen über viele weitere Dinge im Alltag. Es ist von außen betrachtet vollständig abhängig von ihnen. Ob sie das Kind das spüren lassen oder ihm viel Mitbestimmung in Kooperation einräumen, ist eine andere Geschichte. Fakt ist die systemisch gegebene *Macht* der Eltern über das abhängige Kind (s. a. Kap. 2.7, Abb. 9 und Kap. 4.2, Abb. 19). Deshalb sind sie *verantwortlich* für ihr Kind. Wenn sie ihre Macht in verantwortungsvoller Kooperation ausüben, entspricht das der systemischen Kohärenz der Familie. Das wird als liebevolle und fürsorgliche Beziehung empfunden und führt zum sicheren Bindungstyp.

Die passende, instinktiv kooperative Antwort der Bezugsperson auf das Schreien des Kindes ist, *ihm zuzuhören und zu verstehen, was es braucht, um zu wachsen und ihm das zu geben:* Geborgenheit, Nahrung, Nähe, Reinlichkeit … Mitfühlend verständnisvolle Eltern, insbesondere Mütter, handeln *instinktiv kooperativ* richtig aus der Mutter- bzw. Elternliebe und -bindung heraus – meist besser als irgendwelche kulturellen Maßgaben. Durch die instinktive Kooperation entsteht eine implizite soziale Beziehung als Basis für spätere sprachlich geprägte kulturelle Beziehungen.

Aus dieser basalen fürsorglichen Kooperation können sekundär gelernte und internalisierte Kommunikationsmuster entstehen, wie z. B.: »Wenn ich wütend bin und schreie, bekommt Mama Angst.« Dann kann es zu taktischem, manipulierendem Einsatz der Wut kommen.

Bei der therapeutischen Arbeit mit dem Thema Wut geht es in der Regel darum, den Kontakt zu finden zu bedeutsamen, bisher nicht gesehenen oder gehörten und nicht angenommenen Bedürfnissen. Es geht darum, diese zu spüren, anzunehmen, zu integrieren und zu kommunizieren.

Wenn der Therapeut die Bedürfnisse des Klienten wohlwollend annimmt, macht dieser eine heilsame Beziehungserfahrung. Diese hilft ihm, seine Bedürfnisse selbst anzunehmen und zu integrieren.

Förderliche Fragen bei Wut

Welches Bedürfnis steckt oder steckte hinter der Wut? (jeweils in einer konkreten Situation).

Mit welchem Bedürfnis oder Anliegen willst bzw. wolltest du gesehen werden?

Wie kannst du das verbal mitteilen? (z. B. als Bitte oder Wunsch in einer entsprechenden Situation)

Kommunikationsmuster Ärger: menschlich kooperieren wollen ► Ignoranz und/oder Ausnutzung erfahren

Seitdem wir durch die Forschungen von Tomasello (2010) wissen, dass Menschen ein grundlegendes Bedürfnis nach Kooperation haben und Kinder auf eine Frustration dieses Bedürfnisses mit der Emotion Ärger reagieren, können wir Ärger deutlicher von Wut unterscheiden. Wenn Kinder einer Bezugsperson oder einem anderen Kind Hilfe oder eine andere Form von Kooperation anbieten und dieses Angebot ignoriert oder abgewiesen wird, kommt beim Kind Ärger auf. Es kommt auch Ärger auf, wenn der potentielle Kooperationspartner die vier Qualitätsmerkmale menschlicher Kooperation (s. Kap. 2.7) verletzt, also nicht auf das Kind eingeht, einen anderen eigenen Zweck verfolgt, seine Rolle nicht einhält und nicht hilft, wenn es gerade Unterstützung braucht.

Wer Ärger spürt, wünscht sich also eine bessere menschliche Kooperation – ein Einhalten dieser vier Merkmale.

Ärger ist eine Emotion, die auch im Berufsleben noch angebracht und hilfreich ist, und kommunikativ anders geklärt werden kann als die Emotionen Wut oder Trauer. Wut und Trauer finden ihre befriedigende Kommunikation der dahinter liegenden Bedürfnisse in der Regel im direkten mitmenschlichen – oft elterlichen Kontakt. Ärger hat weiter noch eine wichtige mitgestaltende Funktion in Bezug auf die Qualität der Kooperation auch in der kulturellen, sprachlich vermittelten Lebensdimension. Allerdings wird er oft nicht richtig verstanden. Deshalb ist es besonders wichtig, das Bedürfnis verbal zu kommunizieren und möglichst konkret auszu-

Bedürfnisausdruck und Verarbeitung der Antwort

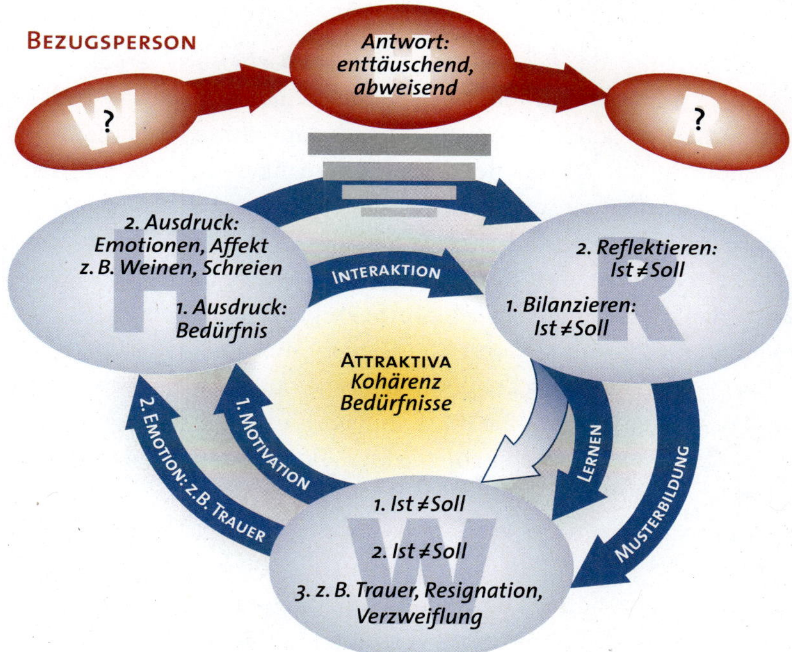

Abbildung 15: Bei einer enttäuschenden Antwort kann je nach Bedürfnis und der erwarteten Befriedigung Wut, Ärger oder Trauer entstehen. Diese Emotionen sind noch im Annäherungsmodus. Bei erfolgender Antwort bleibt die Beziehung noch kooperativ. Im Verlaufe dieser Bedürfniskommunikation entstehen emotionale Kommunikationsmuster. Wenn allerdings auch auf die Emotion hin wiederholt oder länger eine befriedigende Antwort ausbleibt, kann Resignation oder Verzweiflung resultieren.

drücken: »Ich wünsche mir, dass Sie auf meine Vorschläge eingehen«, bzw.: »Ich wünsche mir, dass du mir im Haushalt hilfst.«

Bei einer menschlichen Kooperation dürfen alle Beteiligten mitreden und ihre Wünsche in Bezug auf Ziel und Aufgabenverteilung mitteilen.

Förderliche Fragen zum Ärger

Wie wünschst du dir die Kooperation mit dem Partner? Wie wünscht er sie sich?

Wie kannst du dein Anliegen den Kooperationspartnerinnen mitteilen?

Kommunikationsmuster *Trauer*: Verbundenheit fühlen ► Trennendes erfahren

Eine Frustration des *Bedürfnisses nach einem Gefühl von Verbundenheit* erzeugt die Emotion Trauer. Diese kann sich durch Weinen äußern, wenn das Vertrauen in eine positive Kooperation vorhanden ist. Ggf. kommt zur Trauer noch Wut hinzu über das Gefühl, nicht beachtet worden zu sein. Wenn die Bezugsperson das Kind tröstet, indem sie die Verbindung wieder für das Kind spürbar herstellt, wird sein Vertrauen in die Kooperation bestätigt und sein Gefühl der Selbstwirksamkeit in Beziehungen gestärkt. Auch das Gefühl von Trauer ist primär im Annäherungsmodus (Grawe 2004).

Hier ist die instinktiv kooperative Antwort der Bezugsperson, das Kind zu trösten und wieder Nähe und Verbindung herzustellen, z. B. durch Streicheln, auf den Arm nehmen, Händchen halten und Ähnliches.

Frau Kochs Mutter bekam Angst, wenn sie ihre Tochter auf den Arm nahm, besonders Angst davor, etwas falsch zu machen. Eine solche Situation häufig wiederholt kann dazu führen, dass das Kind sich seiner Bezugsperson nicht vertrauensvoll verbunden fühlt und traurig wird. Dies wiederrum macht der Mutter weitere Versagens- und Schuldgefühle. Das kleine Kind, das wesentlich die Welt körperlich erlebt, kann die Angst der Mutter übernehmen, internalisieren und im Körper speichern, z. B. als erhöhten Muskeltonus oder Immunantwort.

Erst wenn das Alleingelassen-Sein ein bestimmtes Maß überschreitet, fühlt sich das Kind in seiner Sicherheit bedroht und das Abwendungssystem wird zusätzlich angeschaltet. Das Weinen kann lauter und aggressiver werden oder verstummen, wie auch die Emotion dazu. Das Maß für das Anschalten des Abwendungssystems ist wohl abhängig von mehreren Faktoren, wie einer genetischen Prädisposition, Vorerfahrungen und Alter. Bei häufiger Wiederholung und/oder Nicht-Verarbeitung der Trennungssituation kann es auch zu einer Bindungsstörung kommen, wahrscheinlich zum Bindungstyp A nach Bowlby (2018, 2020).

Sekundär gelernte und internalisierte Kommunikationsmuster entstehen daraus, dass das Kind lernt, dass das Verhalten der Bezugsperson durch Tränen zu beeinflussen ist – »Krokodilstränen«.

Trauerarbeit bedeutet Arbeit mit dem Bedürfnis nach einem *Gefühl von Verbundenheit:* sich verabschieden von einer gewohnten Art von Verbindung und womöglich das Erkennen oder Finden einer neuen Art und Weise von Verbundenheit in einer anderen Dimension. Das kann ein anderer Partner sein oder ein Gefühl von Verbundenheit mit der Natur oder spirituellen Dimension.

Förderliche Fragen im Trauerprozess:

Wovon verabschiedest du dich mit den Tränen?

Wo, mit wem oder was möchtest du dich verbunden fühlen? Und wie möchtest du dich verbunden fühlen?

Kommunikationsmuster *Angst:* Sicher und geborgen fühlen ▸ bedroht werden

Das Kommunikationsmuster Angst oder Furcht entsteht bei einer aggressiven Antwort auf eine Bedürfnisäußerung oder bei einer Aggression in einer Ruhephase im Kohärenzmodus. Das Kind reagiert mit seinem Abwendungssystem, mit Angst, Schrecken, Schreien und ggf. Aggression, mit Strampeln, Kneifen, Kratzen, Beißen oder Schock (vgl. a. Kap. 1.4). Wenn die Bezugsperson darauf nicht verständnisvoll, sondern ihrerseits mit verstärkter Aggression reagiert, beginnt diese Erfahrung am Urvertrauen des Kindes zu zehren. Aus einer akuten Angst kann bleibende Unsicherheit, Abwehr und Misstrauen gegenüber der mächtigeren Person entstehen. Die Kooperation mit der Bezugsperson wird schwieriger oder auch ernsthaft gestört. Je nach gefühlter Intensität, Bedrohlichkeit und Häufigkeit können die Bindungstypen A oder C nach Bowlby und Ainsworth (2018, 2020) oder auch D entstehen (Main, Solomon a. Brazelton, 1986).

Bedürfnisausdruck und Verarbeitung der Antwort

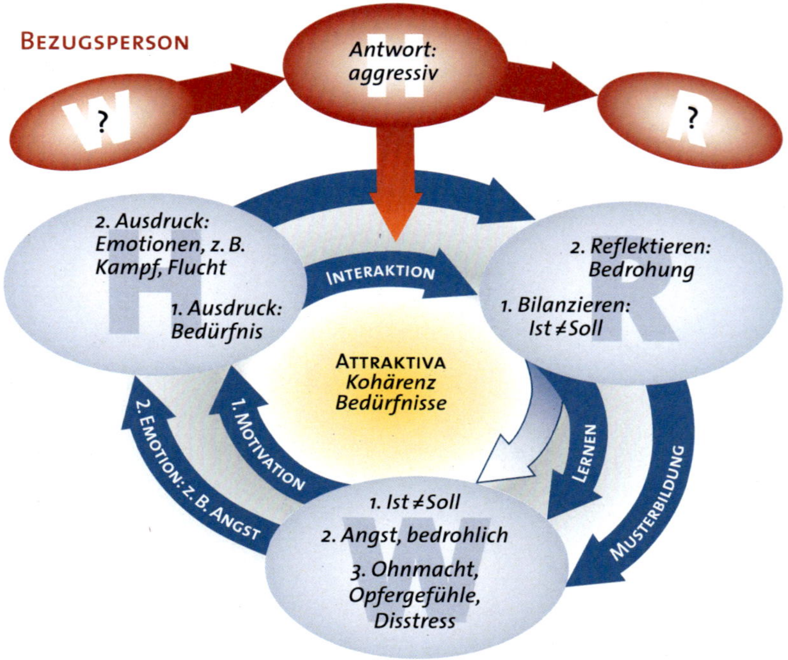

Abbildung 16: Eine aggressive, die Integrität des Organismus bedrohende, potenziell zerstörerische Aktion aktiviert das Abwendungssystem mit den dazugehörigen Emotionen und Körperreaktionen. Bei starker Bedrohung wie auch häufiger Wiederholung entstehen Opfer- und Ohnmachtsgefühle, Disstress. Dann kann es vorkommen, dass das Abwendungssystem anhaltend angeschaltet bleibt und der Mensch in ständiger Habachtstellung.

Die instinktiv kooperative Antwort der Bezugsperson ist schützende, vertrauensvolle, eingehende und verständnisvolle Zuwendung, wiederholte Angebote zu kooperieren – auch spielerisch, bei aggressivem Verhalten klar Einhalt gebietend, ohne aggressiv zu werden: »Stopp.« Dazu gehört insbesondere, dass die Bedürfnisse des Kindes beachtet werden, hier besonders das nach Geborgenheit und Vertrauen.

Wenn das Kind in seinem Bedürfnis nach Geborgenheit, Sicherheit und Vertrauen hinter seiner Angst, hinter seinem Schreien bzw. seinem aggressiven Verhalten nicht gesehen und verstanden wird, bleibt bei ihm ein Gefühl der Ohnmacht und der Hilflosigkeit des Opfers. Ein durchaus natürlicher Impuls des Kindes ist es, sich z. B. durch Kneifen und Beißen zu wehren. Dann kann ganz schnell die Bezugsperson zum Opfer werden. Wenn diese dann wieder zurückschlägt oder das Kind auch kneift oder beißt, »Damit du mal merkst, wie weh das tut!«, werden wieder die Rollen von Täter und Opfer gewechselt (s. Abschnitt 4). Normalerweise lernen Kinder aus Mitgefühl heraus, wenn ihr Opfer Schmerz zeigt.

Bei einer Bedrohung wird das motivationale System zum Abwenden eingeschaltet und damit verknüpft das Stresssystem. So haben wir hier ein Beziehungsmuster zwischen Gestresstem und Stressor oder von Opfer und Täter. Wenn dieses Beziehungsmuster zwischen Kind und Bezugsperson häufiger oder länger anhaltend auftritt (und keiner da ist, der hilft), kommt es im Kind zu einem angeschalteten und ggf. auch abgespaltenen Stressmodus, zu Angst, Rückzug, Schutzsuchen. Wieweit dieser pathogen wirkt, hängt stark davon ab, in welchem Alter, mit welcher Bedrohlichkeit, von wem und als wie anhaltend die Bedrohung erfahren wurde. War es ein Trauma, eine anhaltende Beziehung oder wurde es transgenerational vermittelt?

Aus diesem Beziehungsmuster können bei sehr frühem Erleben körperliche Erkrankungen oder Persönlichkeitsstörungen unterschiedlicher Formen entstehen. Viele Fallerfahrungen sprechen für die Annahme, dass solche Erfahrungen jenseits der Säuglingszeit nicht mehr so leicht zu ernsten körperlichen Erkrankungen unter psychischer Belastung führen, sondern eher zu Somatisierungs-, Angst- und Panikstörungen und leichten bis mittelschweren Depressionen.

Sekundär können weitere Muster gelernt werden: Wenn das Kind z. B. erfährt, dass sich die Bezugsperson nach einer verletzenden Aggression immer zu entschuldigen sucht und/oder ein schlechtes Gewissen hat und es wiedergutmachen will, kann es lernen, dies einzusetzen, auf eine solche Reaktion zu vertrauen und sich öfter verletzt zeigen, also sprichwörtlich aus »einer Mücke einen Elefanten machen« oder sogar Angst vortäuschen.

Die in der Tabelle genannten Emotionen Ohnmacht und Ekel gehören ebenfalls zu den Emotionen des Abwendungsmodus. Für sie gilt Ähnliches wie hier zum Thema Angst beschrieben.

Förderliche Fragen bei Angst (s. a. Kap. 1.4)

Gibt es eine akute Bedrohung?

Wo spürst du die Angst?

Welche Worte oder Bilder kommen dir dabei?

Gibt es einen Grund und/oder einen Auslöser?

Was brauchst du im stärksten Gefühl von Angst, um dich geborgen zu fühlen? Um Vertrauen zu bekommen?

Soziale Rollen in der 2b. Ich-Dimension

In der darauf folgenden sozialen Phase 2b. hat das Kind es normalerweise schon geschafft, seine existenziellen Bedürfnisse im sozialen System hinreichend zu befriedigen. Jetzt fokussiert es seine Wahrnehmung mehr auf die Beziehungskohärenz der Familie, auf die maßgeblichen Regeln, die Rollen der einzelnen Mitglieder und ihre Beziehungen untereinander. Im Streben nach Kohärenz in diesem seinem Übersystem probiert es verschiedene Rollen aus, wie z. B. Mama oder Papa spielen, Retter, Richter, Täter oder Opfer, oder Mamas oder Papas Liebstes zu sein u. a. m. Diese Rollen können durchaus in Resonanz zu verborgenen und/oder abgespaltenen Wünschen und Anteilen der Eltern oder Geschwister sein. Seine Rollenspiele können wir als Bemühen und Versuche verstehen, mehr Kohärenz in der Familie herzustellen, also Inkohärenzen sichtbar zu machen und an ihrer Lösung spielerisch mitzuhelfen (vgl. Juul 2014).

In dieser Phase spielt das Kind gerne mit Figuren, die jeweils aufeinander bezogene Rollen übernehmen.

Es kann jetzt schon langsam Emotionen mit Worten benennen, gewinnt also langsam eine innere Distanz zur Phase 2a. Diese Phase

2b der sozialen Entwicklung wird deutlich im vierten Lebensjahr und dauert bis zur Pubertät und darüber hinaus. In und nach der Pubertät beginnt der Mensch, die vorher internalisierten Rollen und Beziehungsmuster in eigenen auch sexuellen Beziehungen zu praktizieren und zu erweitern und zu verändern, um womöglich selbst das Leben weiterzugeben.

Mit dem dritten Lebensjahr beginnt das Lernen 2b. Das Kind lernt die sozialen Rollen zu unterscheiden, die den Kontext für das Verhalten und die Emotionen seiner Mitmenschen darstellen. Im Spiel kann es verschiedene Rollenbeziehungen wie Mutter, Vater und Kinder, Alpha-Rollen, Opfer, Täter oder Retter einnehmen. Dabei lernt es spielerisch, auch mächtigere Rollen zu erproben und durch die Wahl der Rollen Einfluss auf die Beziehungsgestaltung zu nehmen. Es lernt durch das Spiel, Verantwortung zu übernehmen und nicht mehr nur direkt auf einen Reiz zu antworten. Es beginnt sogar schon zu lernen, nach kulturellen Vorgaben, Normen und Werten zu urteilen.

Diese Phase ist immer mehr von sprachlicher Kommunikation und kulturellen Regeln, Normen und Werten geprägt, die von den Eltern an die Kinder vermittelt werden. Kinder beginnen schon mit drei Jahren für Tischsitten beim Essen zu sorgen (Tomasello 2020, S. 364 ff). Offenbar ist ihre Kohärenzwahrnehmung schon in diesem Alter für kulturelle Normen empfänglich. In dieser Phase lernen sie ein Leben in der Sprache, das möglichst übereinstimmend mit dem impliziten und vorsprachlichen Leben in der 1. und 2. Ich-Dimension (»unterhalb der Sprache«) sein soll. Sprache soll das eigene sinnliche und innere Erleben – Erfahrungen und Ziele – für andere verständlich ausdrücken. Das setzt gemeinsame oder zumindest ähnliche Erfahrungen voraus.

In Fortführung der körperlichen und emotionalen Bedürfniskommunikation kommt es mithilfe der kulturellen Errungenschaft der Sprache zu einer verbalen Bedürfniskommunikation. Mithilfe der Sprache können Bedürfnisse differenzierter kommuniziert und von Erwachsenen oft besser verstanden werden. Dadurch wächst die Chance auf Befriedigung.

In dieser Phase 2b der sozialen Entwicklung beginnt schon die schrittweise Erweiterung des sozialen Horizonts aus dem familiären Beziehungssystem heraus und in gemeinschaftliche und kulturelle Bezugssysteme hinein, wie die Kita und dann die Schule. Für das Kind sind dabei allerdings die persönlichen Beziehungen noch das Bedeutsamste. Dabei lernt es über seine persönlichen Beziehungen auch schon kulturelle Regeln kennen und einhalten. Verstehen können wir dies nur, wenn wir davon ausgehen, dass das Kind nach einer Kohärenz in diesem Übersystem strebt. Sonst würde es nicht motiviert sein, dessen Regeln zu lernen. Natürlich probiert es dabei immer wieder aus, ob seine eigenen Bedürfnisse in diesem Rahmen auch noch genug Raum haben und hinreichend befriedigt werden. So ist dieser Entwicklungs- und Lernprozess ein wichtiger wechselseitiger Integrationsprozess.

Das Gefühl der Scham wird heute zum Teil kontrovers verstanden. In therapeutischen Kreisen wird es eher im Kontext der Unterdrückung kindlicher Bedürfnisse gesehen; Bregman (2020) sieht Schamgefühl hingegen als besondere menschliche Qualität, das von der *schamlosen* Ausbeutung anderer abhalten kann. Aus Situationen, die die meisten Menschen mit Schamgefühl in Verbindung bringen – nämlich der Vorstellung, nackt in der Öffentlichkeit zu sein – können wir auf das dahinterliegende Bedürfnis schließen: Schon kleine Kinder, ab etwa dem vierten Lebensjahr, möchten zur Kultur dazugehören und deshalb deren Normen und Werte erfüllen. Wenn man irgendwann einmal merkt, dass man gerade von früh verinnerlichten Werten abweicht, kommt ein Schamgefühl auf. So zeigt ein Schamgefühl auf kulturelle Werte in der Familie hin.

Wenn Kinder in ihren Entwicklungsphasen gar keine gefühlt bedrohlichen Situationen erleben, kann ihre Fähigkeit sich zu wehren (Resilienz) schwach entwickelt bleiben (Mogel 2001). Auch kann es dazu führen, dass sie Gefahren erst spät wahrnehmen. Allerdings muss man dabei berücksichtigen, dass die basalen Einstellungen der Kinder, also auch die Aufmerksamkeit für Bedrohliches, zum Teil von den Eltern übernommen werden. Dies kann sowohl genetisch bedingt sein (Aron 2010) als auch möglicherweise transgenerational epigenetisch weitergegeben werden, wenn Eltern traumatische Erfahrungen gemacht haben.

Erwachsene Art, Bedürfnisse zu kommunizieren

In der Welt der Erwachsenen werden die Bedürfnisse hinter emotionalen Reaktionen oft nicht verstanden, häufig noch nicht einmal von den betroffenen Personen selbst. Da ist es sowohl für das gegenseitige Verstehen als auch für die Chance auf Befriedigung hilfreich, seine Anliegen verbal mitzuteilen. Für eine integrierte Persönlichkeit bedeutet das, dass sie ihre eigenen Bedürfnisse, Wünsche und Anliegen kennt und spürt und dann in einer konkreten Situation als Bitte oder Wunsch so kommunizieren kann, wie sie es für angemessen hält. Dabei verzichtet sie möglichst auf die, den Emotionen implizite, Kritik an der Kooperation des Partners. Eine solche Kritik ist nur in der Kindrolle gegenüber den Eltern angebracht, da die Eltern die verantwortliche Macht haben. Wenn ich also wütend bin, weil mein Ruhebedürfnis wiederholt nicht beachtet wird, sage ich: »Bitte lass mich jetzt eine halbe Stunde in Ruhe, damit ich mich erholen kann.« Dabei verzichte ich auf Beiworte wie »... endlich mal ...« oder auf Zusätze wie: »Du respektierst meinen Wunsch nach Ruhe nicht.«

Unter erwachsenen, gleichgestellten Partnerinnen kann eine solche Kritik, verbal formuliert, leicht als Vorwurf verstanden werden. Dann reagieren Menschen häufig bei einer Emotion nicht auf das dahinterliegende Bedürfnis, sondern auf die darin enthaltene implizite bzw. explizite Kritik. Hierauf kann es zu einem Gegenvorwurf und zur Eskalation eines Streites kommen, wo es eigentlich im Grunde primär um die Mitteilung von Bedürfnissen ging.

Alle aufgeführten Emotionen, bis auf die Freude, werden ausgelöst durch eine Frustration des dazugehörigen Bedürfnisses. Freude wird ausgelöst durch eine Befriedigung von Bedürfnissen, ein Erfüllen von Wünschen, ein Erreichen von Zielen oder, allgemeiner gesagt: durch ein Erleben von *etwas mehr Stimmigkeit*. Dies ist relativ. Auch ein schwerstkranker Mensch kann sich freuen, wenn er etwas erlebt, das für ihn stimmiger ist als der Moment zuvor.

Mit einem Verstehen von Emotionen im Zusammenhang der familiär-sozialen Bedürfniskommunikation können wir zu einem gänzlich anderen Umgang mit Emotionen finden, zu einer neuen emotionalen Kompetenz. Wir können lernen, die Emotionen wohlwollend anzunehmen, nach den Bedürfnissen dahinter zu fragen und diese verbal auszudrücken (s.a. Gewaltfreie Kommunikation, Rosenberg 2012).

Bedürfnisausdruck und Verarbeitung der Antwort

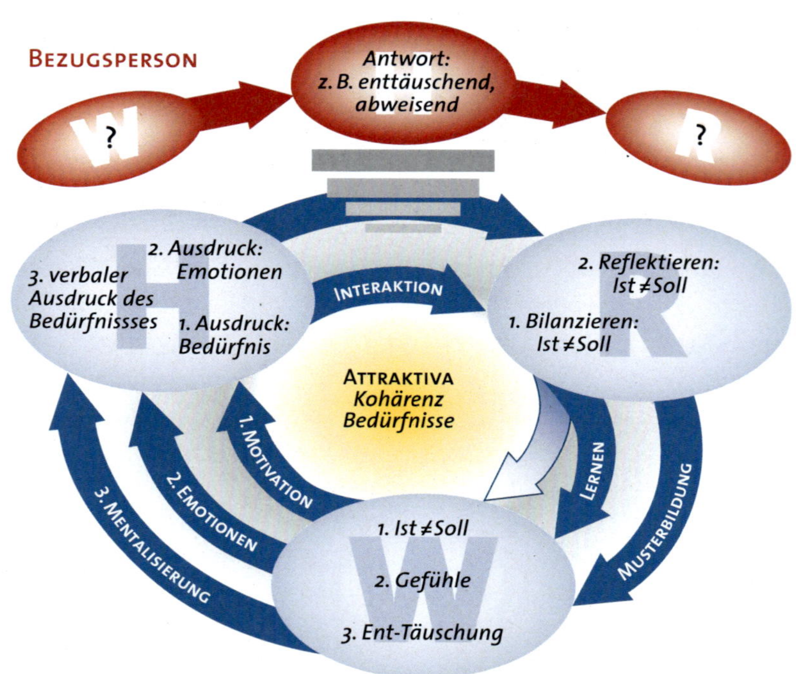

Abbildung 17: Verbale Bedürfniskommunikation ist charakteristisch für die 3. Ich-Dimension. Das Kind lernt in der Entwicklungsphase beginnend in 2b und gereift in 3. seine Bedürfnisse und die Interaktion zu mentalisieren und verbal zu kommunizieren. Je erfolgreicher es damit ist, desto seltener braucht es im Ausdruck emotional zu werden. Durch Mentalisieren und den verbalen Ausdruck von Bedürfnissen können früh internalisierte emotionale Kommunikationsmuster aufgelöst werden.

Allgemeine Fragen zu Bedürfnissen

Welche Bedürfnisse kannst du erfolgreich befriedigend kommunizieren?

Welches Bedürfnis fällt dir schwer zu kommunizieren?

Welche Emotion tritt manchmal überraschend auf?

Welches Bedürfnis steckt jeweils dahinter?

In welcher Lebens- und Ich-Dimension bist du zurzeit überwiegend aktiv beschäftigt?

In welcher Ich- und Lebensdimension möchtest du dich noch mehr entfalten? Welche Bedürfnisse und Anliegen sind dir dabei besonders wichtig?

Was brauchst du dazu, um diese zu integrieren?

+3.5 Leben und Lernen in der Kultur

Mit dem Erlangen der Zeugungsfähigkeit in der Pubertät findet eine Veränderung im Menschen statt, die gelegentlich als »zweite Geburt« bezeichnet wird (Machleidt 2007), als ein Übergang in eine neue Dimension des Lebens. Jugendliche erlangen ihre Reife, sie können jetzt eigenverantwortlich das Leben weitergeben. Jetzt erweitert sich der Fokus ihrer Wahrnehmung immer mehr über die Familie hinaus. Sie suchen Kohärenz und ihre Stellung und Rolle im weiteren Übersystem, in der Gesellschaft wie der Kultur. Sie suchen sexuelle Partnerbeziehungen außerhalb der Familie, in kulturell dafür vorgesehenen Rahmen (und vermeiden damit Inzucht). Das bedeutet, dass kulturelle Bezugssysteme und andere persönliche Beziehungen wichtiger werden können als die aus der Herkunftsfamilie. Dabei spielt die Kommunikation über Zeichensysteme wie Sprache und Geld eine große Rolle. Das kulturelle Leben findet weitgehend in der Sprache und Ökonomie statt.

Um diesen Schritt in die Kohärenzregulation in der Kultur zu machen, haben sie im guten Fall gelernt, ihre individuellen und sozialen Bedürfnisse verträglich mit den Normen und Werten der Kultur, möglichst verbal zu kommunizieren. Auch dies ist ein wichtiger Aspekt ihrer psychischen Gesundheit. Sie haben gelernt, ihre Emotionen und Affekte als Reaktionen in der sozialen Kommunikation zu sehen und jetzt unter der kulturellen Maßgabe der übergeordneten Gesellschaft zu bewerten und zu kontrollieren. Das ist Lernen 3. Sie erkennen die Gesellschaft mit ihren Regeln als übergeordneten Kontext der familiären Weitergabe des Lebens an und können diesen mitgestalten (s. Fallbeispiel Herr Kinzig, Kap. 4.1).

Der erste wirklich eigene Schritt in diese Dimension ist meist die Wahl der Berufsausbildung. Durch aktive Teilhabe an der Gesellschaft wie durch Arbeit sind Menschen in die hoch arbeitsteilige Kooperation des übergeordneten kulturellen Kontextes integriert. Früher war häufig klar, dass der älteste Sohn den Beruf des Vaters erlernt und – falls vorhanden – dessen Betrieb übernimmt. Heute spielt die Herkunftsfamilie eher implizit eine wichtige Rolle für die Berufswahl. Z. B. begann der Sohn einer verschuldeten Bauersfamilie eine Banklehre, weil ihm klar war, dass dort mehr Macht und Zukunft war als im bäuerlichen Kleinbetrieb. Es können aber auch ungelebte Wünsche von Mutter oder Vater sein oder Geschichten, die das Kind irgendwann hört, die für die Berufswahl entscheidend werden.

Mit unserer beruflichen Tätigkeit erbringen wir unseren kooperativen Beitrag zur Gesellschaft. Dafür sollen wir so viel Geld erhalten, dass wir und unsere Familie davon leben können. Das ist Gegenstand unserer Arbeitsverträge. Organisierte berufliche Tätigkeit ist die Grundlage entwickelter Kulturen. Deshalb spielen diese und das erste selbst verdiente Geld für die Entfaltung der *Identität* in der *3. Ich-Dimension* eine große Rolle. Für Frauen war diese Identität in der deutschen Kultur bis vor einigen Jahrzehnten durch Heirat zu erreichen. Sie sollten bzw. brauchten keinen Beruf erlernen, weil ihre von der Kultur zugedachte Aufgabe im Gebären und der Erziehung von Kindern lag. Erziehung ist als Vermittlung von kulturellen Normen und Werten sowie Kulturtechniken zu verstehen und damit auch als kulturelle Arbeit. Diese kulturelle Aufgabe der Frau hat sich zum Glück inzwischen ganz besonders durch die Emanzipationsbewegung geändert. Das erscheint sowohl wegen der Entwicklung unserer Kultur und der Gleichberechtigung als auch angesichts der starken Zunahme der Weltbevölkerung sehr sinnvoll.

Mit der beruflichen Tätigkeit beginnt das eigene Leben in der 3. Lebensdimension, in der Sprache und Ökonomie, Realität zu werden. Das eigene Leben soll möglichst kohärent sein mit den kommunizierten Informationen in der Sprache und dem Haushalten der Energien in der Ökonomie. Die möglichen Kooperationen und die Kommunikation werden jetzt dimensional komplexer.

Die Wahrnehmung des jungen Erwachsenen bekommt drei neue Fokusse: zum Einen Sexualpartnerinnen, zum Zweiten die gesellschaftlichen Werte und die Rollen in der Kultur und zum Dritten die Materie und Energie in der Ökonomie. Dabei soll sich auch die sexuelle Bedürfnisbefriedigung möglichst kulturellen Rahmenregeln anpassen. Andererseits liegt hier auch ein starkes Potenzial zur Veränderung und Dynamisierung von verhärteten Mustern in der Kultur, wie in der sog. sexuellen Revolution in 1960er Jahren.

Leben in der Sprache und im Film – Fakt oder Fake?

Die grundlegende Intentionalität zu Kooperationen ist nicht mehr nur, wie bei Kleinkindern, die eigene Bedürfnisbefriedigung beziehungsweise die Erfüllung einer sozialen Rolle wie bei Kindern, sondern dreht sich jetzt um etwas Drittes, womöglich Übergeordnetes. Dieses Dritte können Dinge sein wie Häuser bauen, Geld oder auch abstrakte Werte. Die Erweiterung der Intentionalität geht einher mit einer Orientierung des Denkens an etwas Drittem, an übergeordneten Regeln wie Naturgesetzen, an Objekten und auch an Realitätskonstruktionen. Realitätskonstruktionen nenne ich alle Versuche, Erfahrungen, auch größerer Zusammenhänge, mithilfe von Zeichensystemen zu beschreiben. Damit werden Bilder von der Realität konstruiert, wie Landkarten von einer Landschaft gezeichnet werden. Diese Art zu denken ist typisch für das Lernen 3 in der 3. Ich-Dimension. Sie versucht, den Kontext für das Leben in Familien und die individuellen Bedürfnisse zu erkennen und zu gestalten.

In der frühen Kulturentwicklung haben die Menschen mitmilfe der Sprache die Begebenheiten, die sie bei einem Streifzug erfahren haben, ihren Stammesangehörigen mitgeteilt. Später gehörten auch Naturgesetze und gesellschaftliche Regeln dazu.

Dabei war es für die Sprachentwicklung äußerst wichtig, dass die verwendete Sprache die Beobachtungen und Erfahrungen verlässlich so wiedergegeben hat, dass die Zuhörerinnen sie genauso verstanden haben, wie sie gemeint waren. Die Aussage sollte wahr sein. Von dieser Wahrheit hingen oftmals Leben ab, wenn z. B. Wegbeschreibungen in eine Gefahr oder in die Irre führten, anstatt zu einer versprochenen Nahrungsquelle. Wahrheit ist also das Verhältnis einer verbalen Mitteilung zu einem bezeichneten Phänomen.

Wahr in Bezug auf eine Mitteilung bedeutete weiter, dass das Wahrgenommene so kommuniziert wurde, dass es vom Empfänger so verstanden wurde, wie es gemeint war. Wenn nun ein Empfänger eine Nachricht anders verstand, war diese für ihn nicht wahr.

Dieses Wahrheitsproblem der sprachlichen Kommunikation kann nicht durch die Informatik gelöst werden, da diese nur die Quantität der Informationen berücksichtigt, nicht jedoch deren Qualität, deren Bedeutung. Dafür ist bislang die Semantik zuständig, die Lehre von der Bedeutungserteilung.

Das Alltagsbewusstsein vieler Menschen ist heute dermaßen durch ihr Leben in der Sprache geprägt, dass sie keine Vorstellung davon haben, was ihre Körper ständig leisten. Sie haben oft auch kein Vertrauen in ihren Organismus (s. Petzold 2012 a, e, 2020). *Leben in der Sprache* bedeutet für viele Menschen in den modernen Zivilisationen Leben im Film, Fernsehen, Smartphone und anderen Shows. Das nährt die Illusion technischer Perfektion gegenüber natürlicher Unvollkommenheit – dem perfekten Unperfekt-Sein. Wir brauchen heute eine Reflexion des Lebens in der Sprache und in der Show aus einer Metaperspektive der *Wahrheit hinter der Sprache* und hinter dem Film. Dadurch können wir lernen, die Realität von der Reality-Show zu unterscheiden. Mit einer solchen Reflexion können wir dann zukunftsweisende Antworten auf die heute überall auftretende Frage nach Fakt und Fake in allen Medien finden.

Je mehr unsere Kommunikation sich vom Erleben entfernt – wie in der digitalen Welt – desto schwieriger wird es mit der Wahrheit.

Fragen zur Entfaltung der 3. Ich-Dimension

Welche Werte sind stimmig für dich? Welche gesellschaftlichen Regeln?

Wie sollte die Ökonomie geregelt sein?

Was willst und kannst du dazu beitragen?

Welche Kooperation möchtest du eingehen?

Welche sozialen Rollen wie Mutter, Vater, Kind, Alpharolle oder Follower übernimmst du in verschiedenen Situationen und Zusammenhängen? Welche möchtest du übernehmen?

Welcher Information vertraust und glaubst du? Welcher Informationsquelle?

Was ist für dich wahr?

3.6 Reflexives Lernen und globale Verantwortung

Die heutige Entwicklung globalen Bewusstseins ist als Fortführung der kulturellen Evolution zu erkennen. Durch das Weitergeben von Erfahrungen und Werten in geschriebener Sprache und die Möglichkeiten, um die Welt zu reisen und zu berichten, konnte sich eine globale wissenschaftliche Kooperation über Generationen hinweg entfalten. Besonders seit Beginn der Neuzeit mit dem Buchdruck, der globalen Schifffahrt und der folgenden wissenschaftlich technischen Revolution begann ein neues Lernen. Immer mehr Menschen konnten aus einer vorher fremden Perspektive auf ihre gewohnten Lebensformen und Traditionen blicken. Ein Erlernen fremder Sprachen verlangt, dass man sein eigenes, gewohntes Leben in der Muttersprache – gewissermaßen einer Sprachblase – reflektiert und sich auf die Phänomene besinnt, die mittels der Sprache bezeichnet werden. Es impliziert ein Bemühen um gegenseitiges Verstehen dessen, was wirklich gemeint ist – ein Besinnen auf die Wahrheit hinter der Sprache. Durch diese Vorgänge entstand zunehmend eine transkulturelle Kommunikation jenseits der Muttersprache – ein Lernen in globaler Verbundenheit.

Wahrheit ist wie ein Diamant – man kann sie immer nur von einer Seite sehen. (Volksweisheit)

Im Zuge der internationalen wissenschaftlichen Kooperationen änderte sich auch die Perspektive des Blicks auf die Erde. Sie wurde als eine Kugel im Sonnensystem im Universum erkannt, wie wir sie seit der Raumfahrt sogar vermittelt durch Bilder sinnlich wahrnehmen können. Die Naturwissenschaft begann, unser Weltbild zu prägen und den Kontext unserer Gesellschaften zu erkennen – die globalen und kosmischen Bedingungen unseres menschlichen Lebens. Die Ergebnisse globaler Kooperationen in den Wissenschaften galten zunehmend mehr als unsere Sinneswahrnehmungen wie auch die Äußerungen der früher kulturprägenden Religionen. Erkenntnisse dieses globalen Metasubjekts Wissenschaft sind wahrscheinlich näher an der Wahrheit als Erkenntnisse eines individuellen Subjekts – allerdings nur wahrscheinlich, nicht unbedingt und sicher. Erkenntnisse eines *Meta*subjektes sind nicht objektiv, sondern *meta*subjektiv = *metativ*[21], die eines einzelnen individuellen Subjektes sind subjektiv. Diese Unterscheidung ist ein Teil des Lernen 4, das die Relativität von Erkenntnisvorgängen erkennt und die kulturelle Zweiteilung von richtig und falsch überwindet (s. a. Kohärenzmodus in Kap. 1.4). Sie kann das subjektive Verstehen des Senders einer Nachricht sowie das Verstehen des Empfängers aus einer Metaperspektive betrachten, aus der das Verstehen beider als subjektiv richtig und gleichwohl unterschiedlich verstanden werden kann.

Eine wichtige Erkenntnis in diesem kulturellen Vorgang war die Evolutionslehre Darwins. Sie stellt unser aktuelles Leben in einen historischen und globalen Kontext. Alle Mythen und Geschichten der Menschwerdung in den verschiedenen Kulturen wurden zu historischen Dokumenten und Bestandteilen menschlicher Evolution. Sie wurden durch die Evolutionslehre neu gerahmt.

21 *Eine Erkenntnis ist niemals objektiv im herkömmlichen Sinne, also vom Subjekt unabhängig und ungefärbt. Die Erkenntnis eines Metasubjekts wie einer Wissenschaft oder Kultur wird relativ wahrer in einem ähnlichen Sinne wie der Volksmund weiß: Viele Augen sehen mehr als zwei. Eine metative Wahrheit ist womöglich umfassender und wahrscheinlicher, aber nicht unbedingt wahrer als die eines einzelnen menschlichen Subjektes. Mit einer derartigen Reflexion kulturell-spezifischer sprachlicher Bewertungen starten wir das Lernen 4 in einer komplexeren Lerndimension.*

Die Neuzeit wird heute als Beginn oder Vorbereiter einer geologischen Epoche, dem Anthropozän, gesehen, in der der Mensch ganz wesentlich die Erde samt Atmosphäre und Biosphäre prägt. Die Menschheit scheint den biblischen Auftrag zu erfüllen: »Macht Euch die Erde untertan!« Das bedeutet, dass wir Verantwortung für sie übernehmen – nicht, dass wir sie ausbeuten (s. Kap. 4.2, Macht und Verantwortung).

So bedeutet das Lernen 4, die Entfaltung des globalen Bewusstseins, auch globales Verantwortungsbewusstsein zu bilden. Die nationalen Zivilisationen müssen sich globalen als auch ethischen Regeln unterordnen – um ihres Lebens willen. Angesichts der globalen Bedrohungen durch Atomwaffen, Umweltzerstörung und ökonomisch oder machtpolitisch motivierten technischen Kontrollwahn vielleicht sogar um ihres Überlebens willen.

Digitale Medien erscheinen als eine große Möglichkeit zu einer globalen Kommunikation und einem schnellen und verbreiteten Lernen globaler Zusammenhänge. Der virtuelle Informationsraum des Internet und der globalen elektronischen Kommunikation ist vielleicht zu sehen als eine technische Brücke zu einer wirklich virtuellen, einer metaphysischen Informationssphäre, wie ich sie für die Attraktiva im Kap. 2.2 postuliert habe.

Im Lernen 4 werden alle vorhergehenden Lernebenen integriert: Im Lernen 1 geht es um das autonome Herstellen einer organismischen Kohärenz in einer sowohl aufbauenden als auch potentiell zerstörerischen Umgebung.

Im Lernen 2a geht es um das Erkennen der Selbstwirksamkeit in Bezug auf die physische Umgebung und um deren Mitgestaltung durch soziale Interaktionen. Das Lernen 2b beinhaltet das Erkennen von sozialen Beziehungen und Kooperieren zum Mitgestalten der Umgebung.

Im Lernen 3 erkennen wir die sozialen Rollen im Kollektiv und die Gesetzmäßigkeiten der Natur hinter den sinnlich wahrnehmbaren Erscheinungen. Wir kommunizieren und gestalten diese bewusst mit. Damit kann die Umwelt noch organisierter mitgestaltet werden.

Im Lernen 4 erkennen wir nun, wie sich die Regeln der Kulturen und die Erkenntnisse im globalen Kontext der Evolution der Lebewesen in der Biosphäre entwickelt haben. So bildet die globale Evolution den Kontext für unsere heutige Entwicklung.

Dazu gehört heute auch ganz besonders die globale ökologische Frage. Das heutige globale Bewusstsein ist ein Entwicklungsschritt für die gesamte Menschheit und ist mit der Entfaltung einer geistigen Ich-Dimension verbunden, die die Erde als ein größeres Ganzes, ein Übersystem für unser aller Leben anerkennt. Es ist die Wahrnehmung der Kohärenz in einer globalen Dimension: das Mitgefühl und Mitwissen mit »Mutter Erde« und der Natur der Biosphäre. Diese Entwicklung fordert eine transkulturelle Kommunikation und Kooperation, die mit dem Erlernen einer Fremdsprache beginnen kann. Beim Lernen einer Fremdsprache müssen wir uns auf das jeweilige *Phänomen, die Wahrheit hinter den Worten* und Sätzen, besinnen, das wir verstehen oder mitteilen wollen. Das kann das gewohnte Leben in der Sprache wieder »erden« und in Bezug zu den Phänomenen bringen.

Die globale Kohärenz ist einerseits genetisch in der Verwandtschaft aller Menschen und Lebewesen, durch den Urvorfahr »LUCA Last Universal Common/Cellular Ancestor«, manifestiert und zum anderen von der Umwelt her in der einen gemeinsamen Biosphäre, einschließlich Atmosphäre, gegeben, in der wir alle leben – alle Lebewesen. In der 4. Ich-Dimension entfaltet sich die Resonanz auf diese Tatsache im Leben eines Individuums als globales Bewusstsein in Bezug zur Natur, zur Umwelt sowie zur Menschheit. Die Kohärenz dieser globalen Dimension, einschließlich unseres stimmigen Lebens in ihr, ist dann der maßgebliche Soll-Zustand, der uns zum Handeln und Kooperieren motiviert.

Dieses globale Bewusstsein ist vermutlich noch nicht das Ende der Fahnenstange geistiger Entwicklung, aber heute ein sehr wichtiger Schritt. Eine eigene geistige Haltung entfalten die meisten Menschen erst später als in der Pubertät – wenn überhaupt. Das Bewusstsein in der 4. Ich-Dimension integriert auch sprachlich bezeichnete Widersprüche, Paradoxien sowie unterschiedliche

Fragen zur globalen Mitgestaltung in der 4. Ich-Dimension

Was macht dir global Sinn?

Wie kannst du dir die Beziehung zwischen Menschen aller Kontinente und Kulturen vorstellen?

Was glaubst du, ist der Weg der Menschen in der globalen Entwicklung? Hast du eine Vision dafür?

Was willst und kannst du in deinem Wirkkreis zur gesunden Entwicklung global beitragen?

Völker und Kulturen. Humor ist womöglich ein Türöffner für diese Ich-Dimension.

3.7 Zusammenfassung

Die salutogene Psychodynamik wird vom organismischen Streben nach Ganzheit (zur Seele hin), nach Kohärenz in Verbundenheit gesteuert. Die gesunde Entwicklung des Menschen findet in Resonanz zu seinen mehrdimensionalen Weltbeziehungen statt, in mindestens vier Ich-Dimensionen, die jeweils neurologische Repräsentanzen haben. In der sozialen, der 2. Lebensdimension findet ein Übergang von der sinnlich direkten Kommunikation zur indirekten sprachlichen Kommunikation in der kulturellen 3. Lebensdimension statt. Hiermit ist ein Übergang von emotionaler, häufig unbewusster, hin zu rationaler und bewusster Bedürfniskommunikation verknüpft, bei der Emotionen eine große Rolle spielen.

Emotionen – die den Menschen bewegenden Gefühle – sind Antworten auf Antworten, die ein Mensch auf eine implizite Mitteilung eines Bedürfnisses erhalten hat. Die mit einer Emotion verknüpfte Mimik, Gestik und Haltung sowie der Tonfall drücken seine Reaktion aus. Diese hat zwei Aspekte: Eine implizite Bewertung der erhaltenen Antwort und ein verstärkter Ausdruck des ursprünglichen Bedürfnisses. So ist jede Emotion mit einem Muster von Interaktionen verknüpft.

Durch eine verbale Bedürfnismitteilung und den Verzicht auf Vorwürfe kann die Kommunikation in der 3. Ich-Dimension zu einer gelingenden Kooperation führen.

Die Entwicklung durch die Ich-Dimensionen ist auch mit charakteristischen Lernvorgängen verbunden, die im Laufe der Entwicklung, analog zu den Lernebenen von Bateson, immer komplexer werden.

Eine wichtige Voraussetzung für weitere gesunde Entwicklung und Handhabe, auch digitaler Kommunikation, ist aus meiner Sicht eine Integration der früheren und damit basalen Ich-Dimensionen und Lernformen in unsere Persönlichkeiten und unser Menschenbild und in unserer Kooperation: interindividuell, familiär – sozial, kulturell und geistig global.

Heute stehen wir am Übergang zur 4. Ich- und Lebensdimension im Anthropozän.

»Es gibt keine bösen Menschen, nur verletzte.«
Erkenntnis einer Trauma-Therapeutin
NADJA LEHMANN

WIE KÖNNEN VERLETZENDE BEZIEHUNGEN HEILEN?

ZUR LÖSUNG DER MACHT-OPFER-PROBLEMATIK

In unserem systemischen Verstehen suchen wir den Ursprung für Verletzungen primär in Beziehungen und erst sekundär im Individuum. Wir sehen das Individuum als Agenten oder Teilsystem in einem System von Interaktionen, von Kommunikation und Kooperation (vgl. a. Luhmann 1987, 1992; Bircher 2019; Kriz 1999, 2017). So blicken wir auf Beziehungsmuster, die zu bestimmten Verhaltensweisen führen und sich darin zeigen.

Mit verletzenden Interaktionen und Beziehungen ist das ganze Spektrum gemeint, das unsere vertrauensvollen, aufbauenden Kooperationen bedroht: von individuellen alltäglichen Kränkungen bis hin zu lebensbedrohlichen Traumata, von impliziten Gruppenzwängen und Familientabus bis hin zur Blutrache und Bandenkriminalität, von Infektionsschutzmaßnahmen bis zu Faschismus, von alltäglicher wirtschaftlicher Übervorteilung in Kooperationen bis hin zu ökonomischer Erpressung, Handels- und Finanzkriegen, von

Grenzstreitigkeiten und Fremdenfeindlichkeit bis hin zu Weltkriegen und Genoziden.

Gibt es ein Kommunikations- und Interaktionsmuster hinter all diesen sehr unterschiedlichen Arten von zwischenmenschlichen Verletzungen? Dabei geht es nicht um moralische oder andere Vergleiche der Verletzungen, sondern um das Finden von menschlichen Handlungs-, Fühl- und Denkmustern, die im Menschen und seinen Beziehungen angelegt sind. Es geht hier um ein Verstehen, wie Menschen trotz guter Absichten immer wieder andere verletzen. Dieses Verstehen unbeabsichtigter, aber eskalierender Verletzungen soll und kann uns ermöglichen, zukünftig weniger zu verletzen und mehr aufbauend zu kooperieren.

Um die Bedeutung und Tiefe dieses großen Menschheitsthemas für die aktuelle historische Übergangsperiode annähernd zu erfassen, werde ich in diesem Abschnitt kleine Exkurse in die Geschichte der Menschheit und in die Politik unternehmen. Weil es immer um die gleichen menschlichen Muster geht, finden wir diese ähnlich sowohl bei Individuen als auch in Nationen. Diese Reflexionen sollen der Integration und Heilung auch von kollektiven Verletzungen dienen. Dadurch soll und kann *mitmenschliches Zusammenleben aufbauend kooperativ werden.* Mit aufbauender Kooperation wollen wir ein gutes Leben möglichst aller Menschen mitgestalten.

Eine derartige Kooperation wird allerdings immer wieder durch Machtmissbrauch und verletzende Interaktionen gestört. Bedrohungen in zwischenmenschlichen Beziehungen sind wohl fast so weit verbreitet wie freundliche mitmenschliche Kooperation.

Bislang werden verletzende Menschen häufig moralisch als »böse« bezeichnet. Gerade erleben wir an vielen Stellen in der gesellschaftlichen Kommunikation gegenseitige moralische Verurteilungen. Um zu einer gelingenden Kooperation zu kommen, brauchen wir heute offensichtlich einen anderen Umgang mit verletzenden Beziehungen als ein Urteilen in Schubladen von gut und böse – es braucht einen integrativen Umgang.

Um hier Hinweise auf menschliche Verarbeitungs- und Beziehungsmuster zu finden, sei ein Beispiel aus einer Beratung an einem unserer Supervisionstage in Stichworten wiedergegeben, so wie ich sie mir als Supervisor notiert hatte. Ein Mann, der hier »Herr Kinzig« heißt, geschätzt Anfang vierzig, den ich nicht kannte, wollte die Beratungen mal ausprobieren, nachdem er von einer Bekannten Positives davon gehört hatte. Er schilderte eine lange, womöglich transgenerationale Kette von verletzenden Erfahrungen, seinen Gefühlen und Reaktionen und auch schon Lösungsansätze.

4.1 Fallbeispiel Herr Kinzig

B(eraterin) Was möchtest du bearbeiten?

K(inzig) *Fällt mir schwer, den Fokus auf etwas zu halten – verschiedene Highlights (...) Kinder in Rhüden, Freundin in Goslar, großer Sohn in Baden-Württemberg – Zeit für mich, Zeitmanagement? Mit Hund gehen, Übungen machen, mit Wasser in Dialog zu gehen. – Heizungsmonteur: einer von drei Kollegen, mit denen ich arbeite, ist sehr groß und gestört, mit dem kann ich nicht länger zusammenarbeiten (Militär), triggert mich mächtig, skorpionmäßig ... ggf. sich selbst in die Luft gesprengt – viele Bilder, auch Gewaltbilder entstehen. »Wenn das so weiter geht, haue ich dir eine Leiste von hinten auf den Kopf.«*

Als Kind – Judo-Länderkampf – ganz entspannt gewesen – mein Gegenüber hat mir unfair zwischen die Beine getreten – kurz danach war sein Rückgrat gebrochen ...

B Welches Gefühl hattest du in der Situation?

K *Ungerecht, hinterlistig, unnötig.*

B Ungerechtigkeit?

K *Schon bei meiner Mutter – Metzger/Bauernfamilie auf dem Land. Mutter nannte mich »Ferkelchen«. – »Wenn ich das Ferkelchen bin, bist du die Altsau.« Da hat sie mich vertrimmt.*

B Was hättest du dir gewünscht von deiner Mutter?

K *Dass sie meine gekonnten Widerworte honoriert.*

B Was bedeutet das, übertragen auf die Arbeitssituation?

K *Zwei Dinge? Überleitung: eher beim Vater: Wollte bei ihm lernen – Metzger – er ist allerdings früh gestorben. Dann habe ich eine Lehre in der Stadt gehabt: Wie etwa 1930: 60 Stunden die Woche. (...) In der Lehre stumm geblieben, nie von jemandem so viel geträumt, wie vom Lehrherren. Gekämpft – Hierarchiekämpfe. Es gab wohl nur einmal freundliche Worte von ihm – beim Fleischerball im 3. Lehrjahr: Er hat mich anderen stolz vorgestellt. – Sonst nur Prügel, täglich flog ein Knochen durch den Raum ...*

B Was hättest du dir gewünscht?

K *Ich hätte mir diesen Betrieb gar nicht gewünscht. Mit meinem Vater war es eine super Zusammenarbeit. Vater habe ich sehr fair erlebt.*
Meine beiden Geschwister sind 19 und 20 Jahre älter. Ich war der einzige, mit dem der Vater geredet hat. Mit dem war es grün. (Kommen Tränen) – Traurigkeit – Einsamkeit.
Er lieferte gute Qualität, war aber ein schlechter Geschäftsmann, ist 1000 km gefahren, um Wurst auszufahren. Vater war Pilot im Dritten Reich, aber nur zivil, ist nicht militärisch geflogen. Fliegen war sein geliebtes Hobby. Trotzdem hat man ihm nach dem Krieg die Lizenz weggenommen. Das hat ihn sehr getroffen – das war ungerecht.

B Was wünschst du dir?

K *In der Fantasie: die erste Bio-Metzgerei im Allgäu – wenn er nicht gestorben wäre. – Habe eine Freundin, die hat Hebamme gelernt – da bin ich aufgeblüht (...)*

B Hast du einen Wunsch in Bezug auf den großen Mitarbeiter?

K *Ich wünsche mir, Klaus, dass du sagst: »Ich bin manchmal ein Arsch.« Das würde viel Frieden in die Situation bringen.*

B Was bräuchtest du, um ganz bei dir zu bleiben, ganz in der Ruhe?

K *Nur vage: den Vater mehr im Rücken spüren. Resümee aus vielen angesprochenen Sachen. Zeitmanagement, nicht hinterherlaufen; Autonomie von den Gefühlen der anderen. Warum fühle ich mich angegriffen? Herzlich verbunden fühlen (...)*

B Wo bist du verletzt?

K *Letzte Woche in Berlin. Polizei hat mich angehalten wegen angeblichem Handygebrauch. Dabei war es über Bluetooth verbunden und ein zweites Handy lag auf dem Sitz.*

B Gefühl?

K *Willkür!*

B Ungerechtigkeit?

K *Ja und Ohnmacht ...*

B Viel Ungerechtigkeit?!

K *Wut, Resignation, Frustration. Fokus auf Kinder tut mir richtig gut; auf Freundin ist auch eine schöne Sache.*

B Was meinst du?

K *Kinder brauche ich nicht zu erklären. Geliebt zu werden ist sinnvoll. Mit Lori ähnlich – erwachsen, was sie will – aus zwei Tagen können zwei Wochen werden.*

B Was kannst du aus dem Gespräch mitnehmen? Was brauchst du, dich so wertvoll zu fühlen, den Raum zu nehmen, den du brauchst?

K *Manchmal hab ich den Verdacht: in dieser ausgebrannten Verfassung wäre Geld hilfreich. – Zwischen Vater und Großeltern war Kampf (...) Sie waren dann im Krieg gestorben. – Gelassenheit, dass ich zur richtigen Zeit am richtigen Ort sein werde.*

B Vertrauen?

K *Ja. War in einer Gemeinschaft mit vielen Leuten und Kindern; war im Vorstand der ganzen Leute (...) Wegen politischer, angeblich rechter, Äußerungen bin ich dann mit Rohren verprügelt worden: Zähne weg; Gesichtsknochen gebrochen. Seitdem bin ich misstrauisch.*

B Kooperation?!

K *Fokus auf Licht.*

Im Salutogenic Reflecting Team SRT (s. 5.3) kam unter anderem folgendes zur Sprache: Herr Kinzig ist sehr herzlich und loyal mit dem Vater verbunden. Will er ihn rächen? Dieser wurde geschäftlich ausgenutzt, hat seine Eltern im Krieg verloren und fühlte sich nach dem Krieg sehr ungerecht behandelt.

K *(In seinem Schlusswort): Lichtblitz!: starke Resonanz auf das Gefühl, den Vater rächen zu wollen ...*

Reflexion des Gesprächs

Herr Kinzig machte beim Erzählen schon einen sehr bewussten allerdings gleichzeitig noch stark emotional betroffenen Eindruck. Sein Vater hat im Krieg seine Eltern verloren, mit denen dieser im »Fight« war, und nach dem Krieg seine Pilotenlizenz, die ihm sehr viel bedeutet hatte. Der Vater fühlte sich wohl zutiefst als Opfer und ungerecht behandelt. Herr Kinzig war der einzige, dem er sich anvertraute. So ist es naheliegend, dass Herr Kinzig in eine mitfühlende und verständnisvolle Vaterrolle zum Vater geschlüpft ist, um mit diesem in emotionalen Kontakt zu kommen, was seine beiden älteren Brüder nicht waren. In dieser gefühlten Verbindung mit dem Vater wird er loyal mit ihm und übernimmt die Rache für seinen Vater als impliziten Lebensauftrag.

Zunächst in seiner Lehrzeit hat er aus Loyalität mit der Opferrolle des Vaters viel Peinigung durch den »Lehrherren« ertragen – bis er sich stark genug fühlte, Rächer bei Ungerechtigkeit zu werden. Dazu hat er selber darüber gerichtet, was gerecht und was ungerecht war. Wenn er etwas gerächt hatte, war es gerecht – so wie bei dem Judo-Kampf.

Er hat eine sehr feine Wahrnehmung für Unfairness und Ungerechtigkeit entwickelt. Sein Fühlen und Handeln scheint zwischen dem Suchen nach fairer Kooperation und dem Abwenden von Verletzungen zu pendeln. So hätte es ihn schon befriedet und eine bessere Kooperation ermöglicht, wenn sein Kollege Klaus sich selbst als »Arsch« reflektieren und bezeichnen würde und damit ein Signal der Selbstverantwortung für Unfairness senden würde.

Bei seinem Judo-Wettkampf hat ihn der Gegner »unfair zwischen die Beine getreten«. Auf der physischen Lernebene 1 löst dies eine Schmerzreaktion aus. Auf der Lernebene 2, wo er den zwischenmenschlichen Kontext realisiert, reagiert er mit einem spontanen Racheakt, der dem Gegner das Rückgrat bricht und ihn damit unschädlich macht (in seiner Stimme klang für mich Genugtuung, auch Stolz über die Selbstwirksamkeit mit). In der Wildnis wäre dieser wahrscheinlich trotz Rettungsversuchen gestorben. Dann hätten vielleicht dessen Vater oder andere Verwandte Rache geübt. Das Lernen 3, das von ihm in der menschlichen Kultur verlangt wird, erfordert, dass er sich nicht rächt (= Selbstjustiz), sondern den Kontext der Veranstaltung realisiert unΩd deren sprachlich kommunizierte Regeln akzeptiert. Das bedeutet, dass er dem Schiedsrichter das Urteil und die Strafmaßnahme überlässt und Ärztinnen retten das Opfer.

In unseren westlichen Kulturen reflektieren wir unser Verhalten meist unter moralischen, von der Kultur vorgegebenen Kriterien für die Beurteilung von Individuen wie gut und böse, fair und unfair usw. Mit diesen moralischen Kriterien finden wir keine Muster. Um Muster zu erkennen, ist es angebracht, die Interaktionen unter den *für Beziehungen maßgeblichen systemischen Kriterien sowie der motivationalen Modi* zu reflektieren (s. Kap. 1.4). Auf das Beispiel von Herrn Kinzig bezogen bedeutet das, zu verstehen, wie seine heftigen Reaktionen auf Verletzungen aus einem stark aktivierten Abwendungssystem heraus geschehen. Um aus derartigen affektiven Reaktionsketten auszusteigen, könnte es hilfreich für ihn sein, seine Reaktionen in ihrem Ursprung in seiner Familie zu reflektieren. Durch eine derartige Reflexion, eine Art Mentalisierung, würde er einen bewussten Schritt in Richtung innerem Beobachter im Kohärenzmodus machen. Von hier aus könnte er in Zukunft seinen Abwendungsmodus bewusster und autonomer regulieren.

Vertrauen hatte er in ein Gemeinschaftsleben. Da war er wohl implizit davon ausgegangen, dass die Menschen dort politisch auf der gleichen Seite stehen wie er. Als seine implizite Annahme sich als falsch herausstellte und er sogar für seine politischen Äußerungen, die als »rechts« bezeichnet wurden, stark verletzt wurde, ist er misstrauisch geworden. Im Abwendungsmodus einer gefühlten Opferrolle vertraut man nur seinen Parteigängern gegen vermeintliche Übeltäter.

4.2 Muster hinter dem Problem – individuell und gesellschaftlich

Ähnlich wie Herr Kinzig im Judo-Kampf reagieren im Ansatz viele Menschen aus einer Reaktion ihres Abwendungssystems auf plötzlichen Schmerz oder andere akute Bedrohungen heraus entweder mit Kampf, Flucht oder Totstellreflex. Im Laufe ihrer Erziehung lernen die meisten ihre reflexartigen Verhaltensweisen zu kontrollieren, um zur Gemeinschaft bzw. kulturellen Gesellschaft dazuzugehören. Allerdings können unterdrückte starke und häufige Reaktionen gelegentlich auch eine innere Eigendynamik entfalten. Bekannt ist das aus der Trauma-Forschung. Wenn Menschen starke Verletzungen erlitten haben und gegenüber dem Täter machtlos waren, kann der Stoffwechsel noch weiter im Stressmodus laufen, auch bei äußerer Ruhe. In diesem Regulationsphänomen wird ein Entstehungszusammenhang für chronische Erkrankungen gesehen (Tschuschke 2011; Schubert 2015, 2016; s. a. Stressregulation in Kap. 2.6, Abb. 8). Allerdings können wir noch nicht sagen, wann und unter welchen inneren und äußeren Bedingungen erlebte Verletzungen dazu führen, dass jemand einen tiefen Groll, Verzweiflung, Resignation oder Rachewünsche in einer Opferrolle entfaltet. Diese können unter Umständen erst viele Jahre oder Jahrzehnte später wieder im Bewusstsein erscheinen oder zu Erkrankungen führen.

Deshalb ist es für die Genesung von langwierigen Erkrankungen genauso wichtig wie für deren Vorbeugung, ggf. verinnerlichte

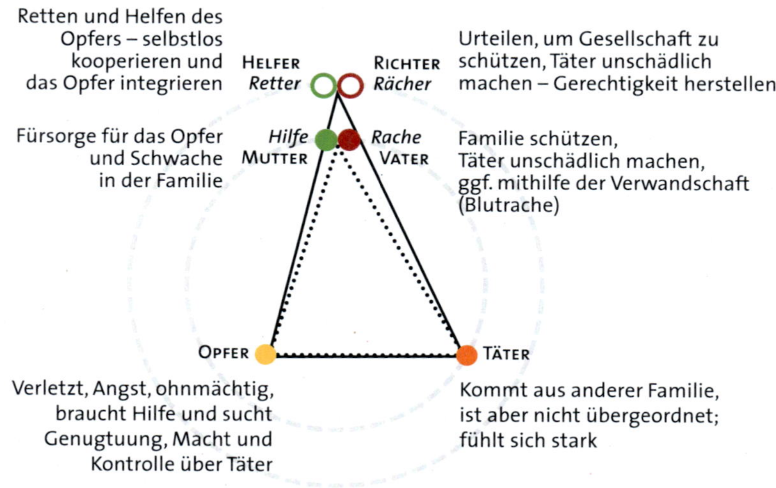

Abbildung 18: Die Rollen im kulturellen Macht-Opfer-Dreieck haben sich aus Funktionen entwickelt, die Eltern im Familiensystem ausüben, um Fürsorge und Schutz von Schwächeren und Kooperationen zu gewähren sowie Rache und Selbstjustiz des körperlich Stärkeren zu überwinden. Der innere Kreis steht für Familie, der äußere für Kultur.

Stressmuster zu lösen und in einen Kohärenz- und Annäherungsmodus zu gelangen.

Frau Vogt (s. Kap. 4.4) hatte als Jugendliche noch ein weiteres Verhalten auf eine Verletzung hin gezeigt, das vornehmlich bei Frauen vorkommt: »Kümmern und Anschließen« (s. Kap. 1.4. »Tend-and-befriend«; Stangl 2020). Als 10-Jährige war sie von ihrem Lehrer sexuell missbraucht worden, als 15-Jährige hat sie sich insofern um ihn gekümmert und sich seiner Familie in gewissem Rahmen angeschlossen, indem sie ein Haushaltspraktikum bei ihm absolviert hat. Da war das evolutionäre Bedürfnis nach Kooperation stärker als das nach Rache. Allerdings war damit der Stress im Abwendungsmodus gegen den Lehrer noch nicht gelöst, wie 30 Jahre später deutlich wurde, als sie ein Krebsgeschwulst an der Scheide bekam.

Immer wieder finden wir überall, wo es Opfer gibt, folgendes Beziehungsmuster: Ein Opfer sucht für sich einen Retter und einen Rächer zum Schutz vor dem »bösen« Täter. Der Retter kümmert sich um das Opfer. Der Rächer, bzw. in Kulturen der Richter mit Exekutive, versucht den Täter unschädlich zu machen. Retter und Richter müssen mächtiger sein als der Täter. So ergibt sich ein Macht-Opfer-Dreiecks-Beziehungsmuster aus Täter-Opfer-Retter/Richter.

Der zentrale Mechanismus besteht darin, dass Menschen, um sich und ihre Mitmenschen zu schützen, andere Menschen verletzen. Dieser Zweck steckt hinter Rachewünschen und Vergeltungs- wie Strafmaßnahmen, die allesamt dem motivationalen Abwendungsmodus entspringen. So lautet die Arbeitsthese, dass hinter den meisten Verletzungen das Bedürfnis nach Schutz und Sicherheit motiviert.

Macht und Ohnmachtsgefühl in systemischer Sicht

Damit ein Mensch einen anderen verletzen kann, muss er mächtiger sein als dieser – zumindest in einem Aspekt, der die Verletzung ermöglicht. *Macht über* ist, systemisch gesehen, eine Eigenschaft eines Übersystems in Beziehung zu seinen Teilsystemen. Wenn ein Teilsystem Macht über sein Übersystem erlangt, droht Chaos und Zerstörung.

Vermutlich ist es diese systemische Beziehungsordnung, die implizit dazu führt, dass ein Opfer den Täter häufig in einer systemisch übergeordneten Position erlebt und sich seiner eigenen Mächtigkeit nicht mehr bewusst ist. Und dann Menschen in übergeordneter Stellung schnell als Täter erlebt bzw. sich um diese gekümmert. Als Kind haben wir das alle so erlebt: Als Teil der Familie haben wir unsere Eltern als übermächtig erlebt (s. a. Abb. 8, Kap. 2.7). Diese Erfahrung ist nicht nur eine kindliche, auch als Erwachsene machen wir sie ähnlich in kulturellen Systemen, in der Biosphäre und im Sonnensystem und Kosmos. Die Erfahrung von Macht ist systemische Realität. Dabei kann jedes Teilsystem seinen Beitrag zur gesunden Entwicklung seines Übersystems erbringen.

Macht und Verantwortung

In menschlichen Organisationen, angefangen bei sozialen wie Familien und Gemeinschaften und aufgehört bei globalen Organisationen wie der UNO, gibt es jeweils persönliche Vertreterinnen des Übersystems. In der Familie sind es die Eltern, in Gruppen die Leitungen (»Alpha-Tiere«), in kulturellen Organisationen die Chefinnen, Präsidentinnen usw. Diesen Personen wird in der Regel von den Mitgliedern einer Familie, bzw. einer Gruppe, einer Organisation usw. die Macht gegeben, im Namen und Interesse des jeweiligen Übersystems zu agieren. Dazu gehört oft auch, dass diese Vertreterinnen Anweisungen geben dürfen, die die Mitglieder mehr oder weniger gerne befolgen.

Wenn diese Vertreterinnen ihre Macht ausüben, so ist das mit Verantwortung für das System verknüpft, von dem die Mitglieder Teilsysteme sind. So übernehmen die Vertreterinnen auch ein Teil der Verantwortung für die Teilsysteme.

Dieses allgemeine systemische Verständnis von Macht und Verantwortung ist hilfreich, um die Dynamiken um Verletzungen besser zu verstehen.

Unsere grundlegenden Muster zum Vertrauen und zur Kooperation in übergeordneten Strukturen und mit deren Vertreterinnen lernen wir schon in unserer Herkunftsfamilie.

Mit der Elternrolle ist eine machtvolle kooperative Beziehung gegenüber den Kindern verknüpft – selbst dann, wenn sie sich dabei ohnmächtig fühlen. Machtvoll sein in der Elternrolle fühlt sich in erster Linie als verantwortliche Rolle an und ist dies auch. Macht im guten Sinne ist untrennbar mit Verantwortung verknüpft. Wenn Eltern Macht über Kinder ausüben, ohne Verantwortung für diese zu übernehmen, ist es Machtmissbrauch.

Kinder geben ihren Eltern implizit ganz viel Macht. Sie machen ihnen fast alles nach, nehmen sie als Vorbilder und kooperieren mit ihnen sogar für Drittes, zu dem sie keine eigene Beziehung haben (s. Beispiel von Tomasello, Kap. 2.7). Eltern müssen ihre Macht manchmal auch ganz direkt gegen aktuelle Bedürfnisse eines Kindes ausüben, wenn es um die Sicherheit und Unversehrtheit des Kindes geht, wie z. B. im Straßenverkehr oder auch beim Essen von Süßigkeiten oder bei einer Wundversorgung.

Aus der weitgehend unbewussten Erfahrung des Geworden-seins im Mutterleib und in der Familie, in systemischer Kooperation und Verbundenheit ist verständlich, dass Menschen grundlegend ein Vertrauen in ihr Übersystem haben und/oder suchen. Alle lebenden Menschen haben diese Erfahrung des Geworden-seins im Übersystem gemacht. Deshalb vertrauen wohl auch so viele ziemlich blind allem, was »von oben kommt«. Im Kontext evolutionärer Integrations- und Adapationsprozesse ergeben diese systemischen Top-down- und Bottom-up-Prozesse auch einen Sinn.

4.3 Schattenmuster des Macht-Opfer-Dreiecks

Schattenmuster des Macht-Opfer-Dreiecks nenne ich das Phänomen, dass Menschen im Glauben daran, Opfer zu schützen oder zu retten und/oder Übeltäterinnen unschädlich zu machen, mehr verletzen als schützen. Es soll auch Menschen geben, die den Schutz von Opfern nur als Vorwand nehmen, um ihre persönlichen Interessen mit Gewalt durchzusetzen. Das ist dadurch möglich, dass wir das Macht-Opfer-Beziehungsmuster erstens schon als Kinder verinnerlicht haben und zweitens sich dieses im Leben in der Sprache verselbstständigen kann. Dann genügt oftmals ein kleiner Trigger und es aktiviert eine der Rollen in diesem Dreieck. Die Rollen suchen Mitspieler in den anderen Rollen. Zum Beispiel erzählt eine Teilnehmerin an einem Gemeinschaftsprojekt, dass sie heftige Bauchschmerzen habe und ganz schlecht schlafe und ihr Mann viel arbeite. Da ergreift eine andere Teilnehmerin das Wort und empfiehlt ihr eine Bauch- und Fußmassage und einen schlaffördernden Tee abends. Eine weitere fragt nach Stress in der Familie und meint, dass der Partner mehr Verantwortung übernehmen müsse. Dabei hatte die Betroffene nicht explizit um Hilfe gefragt.

In einer Gruppe finden sich oft schnell freiwillige Mitspieler in einer der Rollen – meist nicht bewusst, dass sie gerade eine Rolle in einem Rollenspiel mit Eigendynamik spielen. Der Transaktionsanalytiker Stephen Karpman hat 1964 dieses Muster für helfende Berufe als erster beschrieben und Drama-Dreieck genannt. Die Mitspielerinnen können auch zu zweit in einer Zweier-Beziehung alle vier Rollen in fliegendem Wechsel übernehmen – meist, weil keiner gerne in der Rolle des Opfers verweilen möchte.

Wie schon oben erwähnt, neigen wohl besonders Menschen mit ausgeprägter Opfererfahrung zum Streben nach mehr Macht, weil

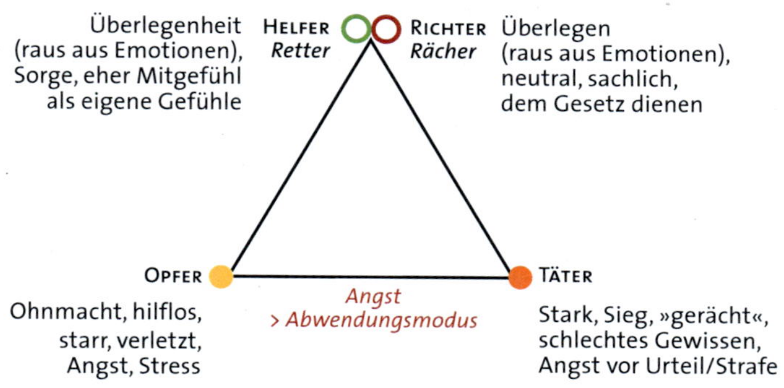

Abbildung 19 : In den Rollen des Beziehungsmusters des Macht-Opfer-Dreiecks treten jeweils charakteristische Gefühle auf.

in ihnen noch das Gefühl arbeitet, dass irgendwo in der Welt ein mächtiger Übeltäter am Werke ist. Es geht für sie also möglicherweise gefühlt lebenslang darum, diesen unschädlich zu machen. Dazu sind sie innerlich im Abwendungsmodus oder zumindest in Alarmbereitschaft. Das muss keineswegs alle Lebensbereiche betreffen, es reicht einer. Beispielsweise können Männer bei Frauen ein Gefühl tiefer Bedrohlichkeit auslösen – wie natürlich auch andersherum. Bei anderen triggern Militärs oder Polizisten das Abwendungssystem, oder Ärztinnen im weißen Kittel ... oder Hunde, oder Gewitter ... Dann erfolgt eine Verurteilung des Mannes bzw. der Frau. Diese erleben dies wiederum jeweils als verletzend usw. In einer Partnerschaft kann das zur Verbitterung und zum (Rosen-) Krieg mit Rechtsanwalt bei der Scheidung kommen. Eigentlich wollte man Liebe ... aber – das Schattenmuster hat zugeschlagen, weil Partnerinnen aus ihrer Opferrolle bzw. einer anderen Rolle im Macht-Opfer-Dreieck in Beziehung gegangen sind und nicht gemeinsam den Weg zu ihrem eigentlichen Bedürfnis nach Liebe und aufbauender Kooperation gefunden haben.

Medizin im Macht-Opfer-Dreieck

In der pathogenetisch orientierten Medizin, die zum Kampf gegen Krankheiten und deren Ursachen angetreten ist, ist die Gefahr der Schädigung besonders groß. Deshalb hat wohl auch Hippokrates in seinem immer noch aktuellen ärztlichen Hippokrates-Eid betont: »Nihil nocere!« – »Nicht schädigen!« Der Weltärztebund differenziert diesen Punkt in seinem ärztlichen Gelöbnis aus (Deklaration von Genf 2017). Um zu verstehen, um was es dabei geht, sei ein Blick in die Onkologie gestattet, die zum Kampf gegen sogenannte bösartige Geschwulste, gegen den »König aller Krankheiten« (vgl. Mukherjee 2012) angetreten ist. Im Verlauf dieses Kampfes vieler Operateure wurden tausenden Frauen bei Brustkrebs (in einer Brust) beide Brüste abgeschnitten, weil ein Gynäkologe, der sich vermutlich als großer Retter gefühlt haben mag, die These vertreten hatte, dass bei einer derartigen Radikalbehandlung die Heilungserfolge größer seien. Die Krankheit müsse radikal – an der Wurzel –

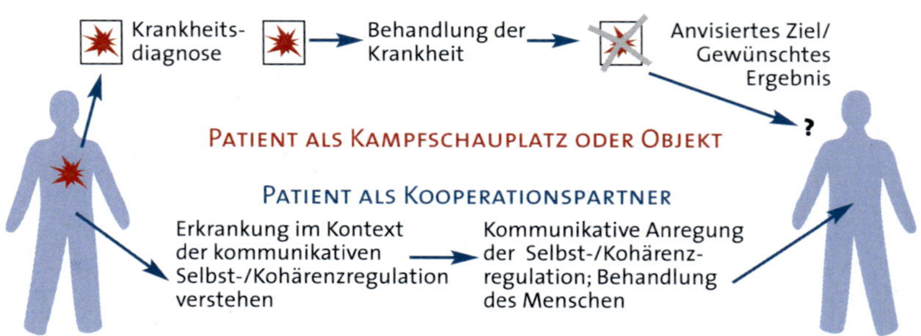

Abbildung 20: Gegenüberstellung von pathogenetischem und salutogenetischem Vorgehen beim Vorliegen einer Erkrankung wie Verletzung. Das Sternchen im Patienten links steht für das Krankheitssymptom. Dieses wird vom Erkrankten losgelöst und abstrahiert mit einer Krankheitsdiagnose versehen. Diese Krankheit oder ihre vermeintliche Ursache soll dann bekämpft werden, damit sie verschwindet (analog zu einem Übeltäter). Der Patient spielt dabei die Rolle des Kampfschauplatzes, auf dem der Arzt gegen die Krankheit kämpft. Wenn die Krankheit bekämpft ist, schaut man nach, wie es dem erkrankten Menschen geht: Ist er gesund geworden? Oder ist die Operation gelungen – und der Patient tot?

an der *Ursache* bekämpft werden, was ja offensichtlich bei Brustkrebs die Brüste seien.

Die Logik der pathogenetisch orientierten Medizin ist die Logik des Macht-Opfer-Dreiecks[22] (s. a. LeShan in Kap. 1.1). Bislang ist diese erfolgreich insbesondere bei Infektionskrankheiten, in der Notfallmedizin und der Prothetik. In Bezug auf langwierige Erkrankungen NCD ist sie unbefriedigend oder sogar eher schädigend.[23]

In der salutogenetischen Orientierung wird nach dem Entstehungszusammenhang der Erkrankung gefragt: In welchem Kontext

22 *Der Kampf gegen vermeintliche Ursachen ist charakteristisch für diese Logik. Ursache bedeutet ursprünglich »erster Anlass zu einem Rechtsstreit«. So ist die ursprüngliche Bedeutung dieses Wortes direkt mit einem juristischen Denken im Macht-Opfer-Dreieck verknüpft. In modernen Naturwissenschaften wie Quantenphysik und Chaos- und Komplexitätsforschung gelten schon andere Logiken wie z. B. statistische oder heuristische. In der Systemtheorie fragt man nach Zusammenhängen, weil man weiß, dass es im Grunde keine eindeutigen und schon gar keine linearen Ursache-Wirkungszusammenhänge gibt, dass eine konsequente Ursachenforschung infinit ist und immer – je nach Glaubensrichtung – beim Urknall oder lieben Gott endet – bei der Ursachensuche einer Krankheit dann bei einem Denkfehler Gottes (s. a. Petzold 2021). Ursachen, die grundsätzlich in der Vergangenheit liegen, lassen sich nicht mehr verändern, es sei denn, es handelt sich um einen anhaltend aktuellen Zusammenhang einer Erkrankung wie einen Tumor, viele Bakterien oder/und eine Abwehrschwäche o. Ä.*

23 *In den USA sind die Nebenwirkungen von medizinischen Eingriffen die dritthäufigste Todesursache (Ärzteblatt 2016).*

hat die Selbstregulation des Patienten die Krankheitssymptome entwickelt? Und: Was braucht der Mensch, um sich in Richtung Gesundheit weiter zu entwickeln? Dabei wird ihm dann geholfen. Seine Selbstregulation wird nach Möglichkeit angeregt und unterstützt, falls erforderlich auch mit invasiven Maßnahmen wie Antibiotika, Operationen oder anderen, also ggf. wie in der pathogenetischen Vorgehensweise. Allerdings werden die gleichen Maßnahmen mit einem anderen Ziel vorgenommen: Das Ziel ist nicht das Verschwinden der Krankheit, sondern dass der Patient gesundet, dass es ihm gut geht. Selbst, wenn wir also bei oberflächlicher Betrachtung ggf. das Gleiche tun wie unter der pathogenetischen Orientierung, so ist die Intentionalität eine andere, und wir brauchen diese invasiven und potenziell schädigenden Behandlungen erfahrungsgemäß seltener vorzunehmen.

Als ich auf dem Kongress der DEGAM[24] 2019 diese Logik in einem Vortrag dargelegt hatte, war das Verständnis vieler Kolleginnen dafür zunächst gering: Patientinnen als »Kampfschauplatz«? Erst als die Referentin nach mir von einer Studie der Abteilung für Allgemeinmedizin der Uni Marburg zur Anwendung von Opiaten in deutschen Allgemeinpraxen berichtete, entstand eine Ahnung von meiner Botschaft. Die Forscherin äußerte sich in ihrem Vortrag verwundert über die häufige Verwendung militärischer wie kriegerischer Begriffe der interviewten Ärztinnen, wenn diese über die Schmerzmittel erzählten: Sie haben mit den Opiaten einen »scharfen Speer« oder eine »wirksame Waffe« »im Kampf« gegen den Schmerz.

So erfolgreich die pathogenetische Vorgehensweise in vielen Einzelfällen sein mag, so schädlich mag sie sein, wenn die Behandlungen im Kurzschluss von der Diagnose zur Therapie gegeben werden – ohne Berücksichtigung des individuellen Menschen. Derartige Kurzschlusshandlungen werden umso mehr, je mehr die Therapien von digitalen Programmen bestimmt werden. Diese können nur einer derartigen Kurzschlusslogik folgen – sie haben keine vertrauensvolle und kokreative Beziehung zu dem Patienten. Zu einer

24 *Deutsche Gesellschaft für Allgemein- und Familienmedizin.*

weiteren häufigen Schädigung, die den Nutzen übersteigt, kommt es bei massenhafter Anwendung von medizinischen Maßnahmen gänzlich ohne individuelle Indikation, wie es unter anderen bei Screening-Untersuchungen wie Mammografie und PSA-Wert festgestellt wurde. Offen ist die Frage nach langfristigen unerwünschten Wirkungen durch massenhafte Impfungen. Je schwächer die Indikation ist, desto bedeutsamer werden relativ die Nebenwirkungen, wie möglicherweise seltene Veränderungen der Immunabwehr.

Nicht nur bei Ärzten, sondern auch in anderen Gesundheitsberufen gab es extrem verletzende Beispiele von Ausagieren des Macht-Opfer-Dreiecks. So tötete der Pfleger Niels viele Patientinnen, indem er ihnen zunächst eine Überdosis eines Medikaments gab, um dann zu versuchen, dieselben zu reanimieren, also zu retten. Das klappte allerdings nur selten (s. Högel 2018).

Retter-Beziehungen im Macht-Opfer-Dreieck

In den helfenden Berufen haben wir es viel mit Opfern zu tun, Opfer von Stress, Mobbing und anderen Übeltaten, Opfern von Bakterien, Viren und sogenannten bösartigen Geschwülsten. Dabei haben die meisten Helferinnen vergessen, dass sie selbst tiefe Gefühle von Opfer-Sein haben, meist in einer frühen Ich-Dimension, die sich weitgehend dem Alltagsbewusstsein entzieht. Für diese erscheint es ganz normal, ständig Not abzuwenden, wie auch für Herrn Klempe in der Schule oder Frau Vogt (s. Kap. 4.4) in der Krankenpflege der Stress normal war. Das bedeutet auch, irgendwo in einem früh geprägten Ich-Zustand im Stress zu sein (s. a. Kap. 2.5 f) wie auch nach einem Trauma. Dann ist die Gefahr eines Burn-outs oder einer chronischen Erkrankung erhöht. Schmidtbauer hat dies das »Helfersyndrom des hilflosen Helfers« genannt (2007).

Wenn Menschen eine Bedrohung für Leib und Leben, Freiheit, Position oder Eigentum sehen oder fühlen, kann ein frühkindliches Gefühl von Ohnmacht und Opfererleben getriggert werden. Je früher und bedrohlicher dieses Gefühl erlebt wurde, desto pauschaler und globaler wird als Erwachsener die aktuelle Bedrohung erlebt und eine Ursache dafür gesucht – in der vagen Hoffnung, jetzt etwas zu finden, das man unschädlich machen könnte – was in der Kindheit nicht gelang. So entsteht womöglich eine Neigung zu dämonisierenden Theorien und Mythen.

Um nicht in dieser Falle des Retters in der Dynamik des Macht-Opfer-Dreiecks hängen zu bleiben, ist es hilfreich, sich seiner eigenen Opferthematik bewusst zu werden und diese zu integrieren, wie Frau Lüders (s. u.) es schnell gelingt. Jeder Mensch hat als Kind Opfererfahrungen gemacht, wie auch Erfahrungen in der Täter-, Retter- und Richterrolle, allerdings unterschiedlich existenziell und prägend. Alle Rollen in diesem Beziehungsmuster sind ursprünglich im Abwendungsmodus und damit im Stressmodus: Die Not des Opfers und potenzieller Opfer soll abgewendet werden. In diesem Modus neigt man zur *Angina mentalis,* in der man aus lauter Notabwehr neuen Schaden anrichtet – »es ist ja für einen guten Zweck«.

Das *Böse* – Verletzendes wie auch stressbedingte Krankheiten – entsteht demnach dann, wenn man in zwischenmenschlichen und institutionellen Beziehungen im Abwendungsmodus in einer Angina mentalis verbleibt und das *Böse im* Menschen verortet und in der Konsequenz seinen Kampf gegen Mitmenschen richtet. Nicht die Absicht dahinter – das Überleben-wollen – ist böse und auch nicht der Wunsch nach Sicherheit. Das *Böse* (= neue Opfer produzierende) eskaliert durch Rächen und Vergelten (Richten und Bestrafen) sowie auch durch solche Rettungsversuche, die die Autonomie und Integrität von Menschen missachten. Dieses sogenannte Böse ist eine Warnlampe für uns, die uns sagt: *Sei achtsam mit dir und deinen Mitmenschen und suche Gelassenheit in Verbundenheit!*

Auch wenn man sich mit der Retterrolle identifiziert und deshalb zu rettende Opfer braucht, wird das Interaktionsmuster weitergegeben. So werden dann von Medizinerinnen gelegentlich Krankheiten erfunden und Menschen pathologisiert, denn Möchte-gern-Retter brauchen Opfer – wie im extremen Fall der Pfleger Niels.

In der Literatur war dies häufig Thema, so auch in dem berühmten Roman *Don Quijote* von Cervantes. Don Quijote führte den Kampf gegen das Böse, das er unter anderem in den Windmühlenflügeln sah – den inzwischen sprichwörtlichen Kampf gegen die Windmühlenflügel.

Auch Don Quijote, der Ritter von der traurigen Gestalt, war angetreten zum Kampf gegen das Böse und Unrecht und gegen große Gefahren für die Menschheit. Don Quijote zeigt, wie Menschen selbst zu Schaden kommen, wenn sie sich ihre visionäre Welt als im Wesentlichen bedrohlich vorstellen und nur sich selbst als ruhmreiche Ausnahme des Guten sehen, als Ritter, der gleichzeitig Retter, Richter und Rächer ist (die sprachliche Ähnlichkeit der Begriffe dürfte kein Zufall sein, ebenso wie die von gerecht und gerächt). Allerdings schadet Don Quijote dabei hauptsächlich sich selbst. Seine Geschichte hat also mehr Analogien zum Helfersyndrom wie Burn-out bei helfenden Berufen als mit den verletzenden bis mörderischen Aktivitäten von Niels und einigen Politikern, die auch Feindbilder als Ausgeburt des Bösen ausmalen, um Bürgerinnen zum Kampf dagegen zu motivieren – subjektiv vermeintlich zu einem guten Zweck. Auch angesichts vieler Reden und Medienbe-

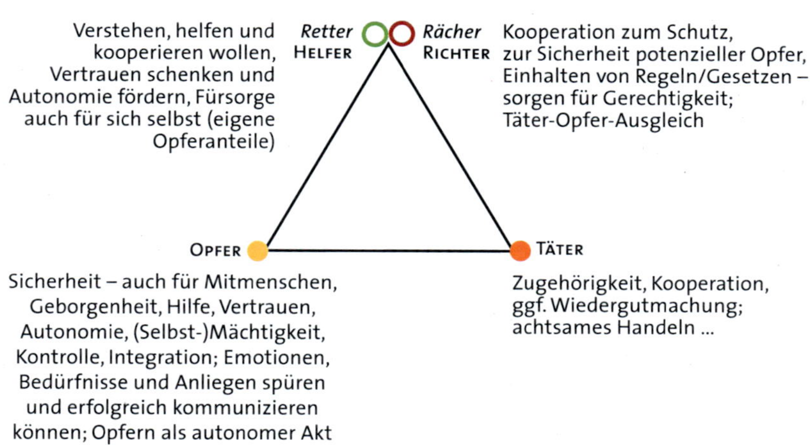

Abbildung 21: In den jeweiligen Rollen haben die Menschen nicht nur charakteristische Gefühle (s. Abb. 22), sondern auch Bedürfnisse. Diese Bedürfnisse sind oft nicht bewusst gegenwärtig, aber dennoch im Unbewussten motivierend aktiv. Wenn sie die erforderliche Zeit und den Raum bekommen, können sie zum Austreten aus dem Muster bewegen.

richte im Verlauf der Corona-Krise musste ich öfter an Don Quijote denken. So war häufig die Rede davon, dass das »Virus die Städte bzw. die Wirtschaft lahmlegt« und »das Leben einschränkt«. Damit wurde dem Virus eine dämonische Macht gegeben, die es sicher nicht hat. In Wirklichkeit waren es immer Menschen, die angstvolle oder ausgewogene Entscheidungen zum Lockdown bzw. Abstandhalten und Maske-tragen getroffen haben – nicht das Virus.

4.4 Fallbeispiel Frau Vogt

Frau Vogt ist mit 44 Jahren an einem seltenen Scheidenkrebs erkrankt. Als Zehnjährige war sie von ihrem damaligen Lehrer sexuell missbraucht worden. In den vier Jahren nach Diagnosestellung wurde sie siebenmal wegen Rezidiven bzw. unvollständiger Entfernung des Krebses operiert. Nach der siebten Operation suchte sie nach weiteren Möglichkeiten, um den Genesungsverlauf positiv zu beeinflussen – regelmäßiger Sport und Entspannung gehörten schon seit Langem zu ihrem Tagesablauf. Jetzt kam sie als Klientin zu einem supervidierten Gespräch an einem Supervisionswochenende vor einer Gruppe im Rahmen der Ausbildung in Salutogener Kommunikation. Sie berichtete von ihrem – für die ganze Gruppe schockierenden – Missbrauchstrauma, in dem sie ein wehrloses Opfer ohne Ausweg war. Die aktuelle Krebserkrankung an dem Organ, an dem die Verletzung stattgefunden hat, erschien uns als Auswirkung des damaligen Missbrauchs, als ob der Körper 30 Jahre nach dem Übergriff nun zeigte, dass er sich bisher nicht erfolgreich gegen den Lehrer wehren konnte.

In der Folge dieses vertrauensvoll öffnenden Gesprächs verarbeitete sie ihre traumatische Erfahrung auf verschiedene Weisen. Das Wichtigste für sie war zunächst das Brechen des Schweigens um den Missbrauch. Sie begann, alles von damals aufzuschreiben – auch mit der Absicht, dieses zu veröffentlichen.[25] Dabei hatte ihre Motivation drei Richtungen: 1. potenzielle Opfer (weitere Kinder und

25 *Das Buch ist in Arbeit.*

deren Eltern) zu warnen und zu schützen, 2. anderen Frauen Mut zu machen, ihr Schweigen zu brechen (das war noch vor der »MeToo«-Kampagne) und 3. dem Täter zu zeigen, dass seine Taten nicht folgenlos geblieben sind, dass er nicht noch mehr Kinder verletzt.

Wenn sie an den Missbrauch dachte, fühlte sie sich häufig auch schuldig, weil sie nicht eher und intensiver versucht hat, den Lehrer mithilfe von Gerichten unschädlich zu machen.

Wir haben den Lehrer schriftlich zu einem Gespräch eingeladen, wo er die Möglichkeit gehabt hätte, die Täter-Opfer-Beziehung im Sinne eines Täter-Opfer-Ausgleichs kommunikativ zu lösen. Er hatte daraufhin jede Schuld weit von sich gewiesen. Sie suchte dann eine Rechtsanwältin auf, die herausfand, dass das Vergehen zwar strafrechtlich verjährt sei, aber disziplinarisch in der Schulbehörde nicht. So konnte dort ein Verfahren eingeleitet werden, das inzwischen zu einer Verurteilung des Lehrers und damit ein Stück Ger*ä*chtigkeit geführt hat.

Frau Vogt begann in der Zeit der Verarbeitung auch zu malen und ihre Gefühle gestalterisch auf die Leinwand zu bringen.

In unseren Gesprächen, auch zur Vorbereitung des Disziplinarverfahrens, war immer wieder Thema, ob und wie sie sich sicher fühlen kann – auch bei dem Gedanken an den Lehrer und einer eventuellen Begegnung. Es hat einige Zeit gedauert, bis sie sich das vorstellen konnte.

In den letzten fünf Jahren gab es kein Rezidiv mehr, Frau Vogt geht es nach ihrer eigenen Aussage heute recht gut und sie genießt das Leben mit ihrem Mann und ihren erwachsenen Kindern.

Sie hat gelernt, ihre Emotionen und andere Gefühle sowie die dahinterliegenden Bedürfnisse angemessen wichtig zu nehmen und hinreichend befriedigend zu kommunizieren und sich am tiefsten Punkt ihres Leides geborgen und sicher zu fühlen.

Reflexion

Frau Vogt erschien immer als starke Frau, die weiß, was sie will und dies auch klar sagen kann. Beruflich als Krankenschwester und dann Pflegedienstleitung und Gastdozentin an der Fachhochschule, war sie bis zu ihrer Erkrankung recht erfolgreich. Auch im Umgang mit ihrer Verletzung und Erkrankung zeigte sie immer wieder viel Willensstärke und Ausrichtung. Für den Ausstieg aus dem Macht-Opfer-Dreieck war besonders wichtig, dass sie ihre Kreativität im Malen entfaltet hat. Hierbei konnte sie eine innere Identität unabhängig vom Abwendungsmodus aufbauen, die integrativ war jenseits von der Sprache, die leicht das Macht-Opfer-Dreieck triggert.

Der Lehrer mit seinem Image »freundlicher Lehrer« hatte seine persönlichen Neigungen über die seiner Schutzbefohlenen gestellt. Er hatte den systemischen Machtunterschied von Erwachsenem und Kind, von Lehrer und Schüler missachtet und missbraucht sowie auch den Unterschied zwischen erwachsener und kindlicher Sexualität. Er hatte Schutzbefohlene zum Opfer gemacht und damit auch ihr Vertrauen tief missbraucht. Als Kind war er nach Aussagen von Angehörigen selbst Opfer von sexuellem Missbrauch seines Stiefvaters. Vielleicht hat er aus einer unreflektierten Beziehungsdynamik als kindliches Missbrauchsopfer die Unterschiede zu erwachsenem Umgang mit Sexualität nicht realisiert und somit kein hemmendes Schuldgefühl gehabt.

Womöglich war für Frau Vogt außer ihren oben geschilderten Lern- und Heilungsprozessen auch noch wichtig, dass sie mit ehemaligen auch ebenso betroffenen Mitschülerinnen einen guten Austausch hatte und ihre Verletzung Anerkennung und Verständnis gefunden hat. Das war als Zehnjährige bei ihren Eltern nicht möglich gewesen. Ihre Mutter war in Hinsicht auf Mädchen-Jungs-Kontakte in der Pubertät extrem ängstlich abwehrend und machte ihrer Tochter als Jugendliche angstgetriebene heftige Vorwürfe, so dass diese vermutet, dass ihre Mutter als Kind selbst missbraucht wurde.

Als Jugendliche hatte sie bei dem Lehrer ein Haushaltspraktikum absolviert, was durch die *kümmern-und-anschließen Reaktion* (s. Kap. 1.4) verstehbar wird. In dieser Zeit hat sie sich allerdings erfolgreich gegen Übergriffe des Lehrers gewehrt. Aber innerlich schien sie im Stressmodus geblieben zu sein. Sie wurde Krankenschwester und hat viel und gut im Notdienst gearbeitet, mit einer besonderen Sensitivität für Menschen, die dringend Hilfe brauchten.

Außer vielem Nicht-ernst-genommen-werden bei Polizei und Ärztinnen hat sie auch eine ausgesprochen positive Erfahrung bei ihrem operierenden Gynäkologen gemacht. Ihr Operateur hat ihr gegenüber nach einer Operation reflektiert, dass er sie in seiner Rolle als Operateur an einem intimen Organ verletzt hat, und ihr dies bedauernd mitgeteilt. Das hat ihr sehr gut getan und die Kooperation verbessert.

Der erste Schritt ist ein Sich-sicher-Fühlen. Dazu kann das Sehen, Verstehen und Anerkennen der Verletzung, des tiefsten Punktes des Leidens gehören. Von missbrauchten Frauen ist nicht selten zu hören, dass das erlittene Leid noch potenziert wurde, als ihnen ihre Verletzung nicht geglaubt wurde. Entsprechend konnte ihr Heilungsprozess erst beginnen, als ihre Verletzung anerkannt wurde. Das wird aus einem systemischen Verständnis nachvollziehbar, denn es ist der verletzten Frau als soziokulturelles Wesen wichtig, dass gesehen wird, dass die Verletzung durch einen anderen Menschen geschah. Erst wenn diese Fremdeinwirkung gesehen wird, können Täter unschädlich gemacht und sie und andere Frauen bzw. Kinder in der Zukunft vor Missbrauch geschutzt werden.

Fragen zur Integration von Opfererfahrungen: Von der Todesangst zur Lebenslust …

Kannst du dich sicher und geborgen fühlen und Vertrauen ins Leben haben?

Kennst du die Erfahrung, Opfer zu sein, dich machtlos und hilflos zu fühlen, in einer Sackgasse ausweglos? Erinnere dich einmal genau daran.

In der Situation der Opfererfahrung: Wie fühlst du dich da? Gab bzw. gibt es da Emotionen? Irgendwelche Bedürfnisse – auch körperliche? Was tut dir da gut? Was tut dir nicht gut?

»Worst Case«: Was ist deine schlimmste Angst?

Gab es eine ähnliche Angst, Ohnmacht und Verletztheit schon früher in deinem Leben? In deiner Familie?

Was brauchst du angesichts dieser Angst oder Ohnmacht? Um ein Gefühl von Sicherheit und Vertrauen zu finden? Und ein Gefühl von Sinnhaftigkeit?

Wer oder was kann dir helfen? Wem kannst du vertrauen?

Wer oder was kann dir helfen? Wem kannst du vertrauen?

Welche anregenden oder/und lustvollen Erfahrungen und Ziele hast du?

Was kannst und willst du für dein nachhaltiges Wohlbefinden tun?

Wer unterstützt dich? Mit wem hast du Freude?

Fragen für Retter, Richter und Täter

Wann und wo hast du mal Erfahrungen in einer Retter-, Richter-, Rächer- oder Täterrolle gemacht oder dich so gefühlt? Erinnere dich bitte einmal an eine der Rollen und das dazugehörige Gefühl und die Situation.

Wie fühlst du dich in Beziehung zu dem Opfer bzw. Täter? Was denkst du über diese?

Ändern sich deine diesbezüglichen Gefühle und/oder Gedanken, wenn du diese Personen bewusst als gleichberechtigte und fühlende Menschen siehst?

Kannst du dich an eigene Opfererfahrungen und -gefühle erinnern? In der Kindheit? (s. a. Fragen oben).

4.5 Fallbeispiel Frau Lüders

Das Gespräch fand im Rahmen einer Ausbildungsgruppe statt.

L(üders) *»Ich weiß gar nicht, ob ich das Thema aufmachen soll. – Dickeres Thema. Mir wird schon ganz anders, aufgeregt (zeigt auf ihr Brustbein – etwas Aufsteigendes). Wenn ich Seminare für Gruppen gebe, kommt es öfter mal vor, dass dort jemand teilnimmt – so'n ›Opfer‹, das dann alles schlecht macht, was ich gemacht habe. Es genügt, wenn da zwei oder drei oder sogar nur einer dabei ist. Ich fühl mich dann ganz schlecht.«*

T(herapeut) Was war das für ein Gefühl, das du gerade hattest, hinter deinem Brustbein, die Aufregung? Kennst du das irgendwoher?

L *Ja im Seminar fühle ich mich dann ähnlich ... Ich habe schon viel an dem Thema gearbeitet und am Seminarkonzept usw., aber das Gefühl ist immer wieder da.*

T Kennst du das Gefühl, Opfer zu sein von früher, aus der Kindheit?

L *Als Kind bin ich oft ausgelacht worden und immer kritisiert worden, »das kannst du nicht« (...) – (Tränen fließen).*

T Das hat dich sehr verletzt.

L *Ja. (...)*

T Du bist ja sehr mit dem Thema Drama-Dreieck vertraut und hast schon viel daran gearbeitet, deshalb kann ich dir meine Hypothese ja verbal erklären. Irgendetwas von dir als Seminarleiterin triggert bei manch einem Teilnehmer sein Opfergefühl. Als Leiterin bist du schon potenzielle Täterin. Er möchte aus diesem Gefühl rauskommen und macht dich dann »fertig« – kritisiert dich.

L *Jetzt fällt mir ein, dass es immer dann passiert ist, wenn ich ziemlich schroff geredet habe – nicht wohlwollend. Bei den letzten Seminaren war ich wohlwollender, und da ist es nicht mehr vorgekommen. Stimmt – das ist ja prima, jetzt sehe ich die Zusammenhänge und weiß, was ich tun muss, damit es nicht wieder so vorkommt. Das Problem ist gelöst.*

Reflexion des Gesprächs

Mit dem erlebten Verständnis für ihre eigene Verletztheit konnte sie schnell aus der Identifizierung mit der Opferrolle aussteigen und eine innere Beobachterposition einnehmen. Von dieser aus konnte sie sich und die Zusammenhänge reflektieren und verstehen.

4.6 Autonomie entfalten

Zunächst möchte ich nochmal betonen, dass die einzelnen Rollen im Macht-Opfer-Dreieck wichtige Rollen im mitmenschlichen und besonders im gesellschaftlichen Leben sind. Jede Rolle ist wichtig für unser Zusammenleben. Jeder Mensch opfert in seinem Leben etwas und wird mal Opfer von Übergriffen; er tut auch etwas, was andere verletzen kann; er hilft anderen in der Not und er beurteilt Handlungen von anderen und Situationen. Aktivitäten, die eine Not betreffen, sind

Wenn wir beim Lösen des Schattenmusters das langfristige Ziel eines guten Lebens für alle Menschen vor Augen haben, ist unser Bemühen evolutiv.

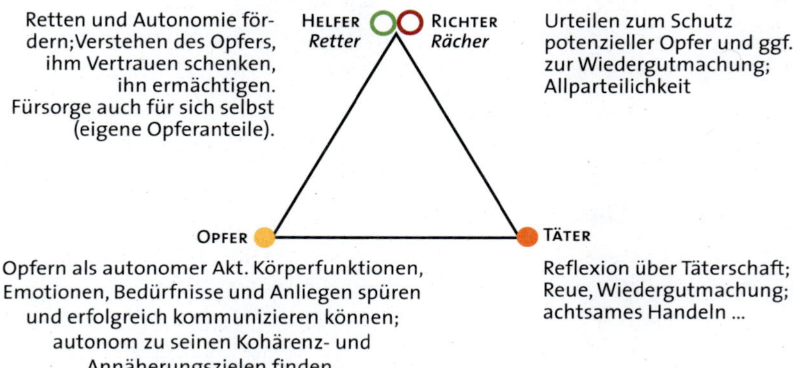

Abbildung 22: Die Entfaltung von Autonomie ist ein evolutives Streben, das aus dem Schattenmuster herausführt. Es führt dazu, dass man freier entscheiden kann, ob man opfert, hilft oder richtet – in jedem Fall tut man etwas freiwillig und identifiziert sich nicht mehr mit einer der Rollen.

meist im Abwendungs-, also im Stressmodus. Not wie auch Verletzungen können wir als Herausforderungen nehmen – zum Lernen für mehr sehendes Vertrauen, für Sicherheit und Wohlergehen. Wenn wir sie gemeistert haben, können wir uns freuen, dankbar sein und wieder entspannen und in den vertrauensvollen Kohärenz- oder Annäherungsmodus kommen und mit unseren Mitmenschen zur Freude aller kooperieren.

Problematisch werden die Rollen erst, wenn Menschen sich mit einer Rolle identifizieren und nicht mehr ihre eigenen positiven Bedürfnisse und Anliegen spüren und mitteilen. Sie sind dann in Gedanken gänzlich mit der Bedrohung und deren Abwendung beschäftigt, hängen innerlich an ihrem Feindbild, und kommunizieren aus der Enge und Blase ihres Abwendungsmodus. Dann besteht die Gefahr, dass ihre Rolle Bestätigung sucht und findet, indem Mitmenschen andere Rollen in diesem Beziehungsmuster übernehmen. Jede Rolle im Muster kann Täter provozieren, Retter und Richter herausfordern und neue Verletzungen und/oder Opfer produzieren. Deshalb ist wichtig für alle Menschen: opfern ohne Opfer zu *sein;* retten ohne Retter zu *sein;* bewerten ohne zu urteilen, also ohne Richter zu *sein;* tun ohne Täter zu *sein.* Das Gefühl *zu sein* bedeutet, sich mit der Rolle zu identifizieren.

Um aus dem Produzieren von sogenanntem Bösen auszusteigen, brauchen wir nur unsere Kommunikation und Kooperation zu ändern. Das bedeutet, dass wir immer weniger verletzen, urteilen, richten und bestrafen und *immer mehr wirklich attraktive bedeutsame Ziele* sowie Vertrauen und Kooperation zum Wohle aller kultivieren. Mit einer bewussten Veränderung unserer *basalen Einstellung* (s. Kap. 1.4) und Kommunikation können wir aus dem Schattenmuster austreten und aufbauende Kooperation herstellen.

Das ist leichter, als sich als Person ändern zu müssen. Die Änderung unserer persönlichen Struktur geschieht womöglich bei Veränderung der Kommunikation und Kooperation ganz nebenbei – als erwünschte Nebenwirkung erweiterter Beziehungen. Wenn wir Beziehungen im Kohärenzmodus eingehen und in diesem kommunizieren und kooperieren, wird dieser in den Beteiligten angeregt. Dann können diese sich im Kohärenzmodus von dem Abwendungsmodus distanzieren und ins Vertrauen kommen.

Um als professioneller Helfer aus einer Identifikation mit einer Rolle herauszukommen, ist eine Reflexion eigener Opfererfahrungen angebracht. Dazu können die oben genannten Fragen helfen[26] (s. a. S. 158f).

Um einen eigenen Standpunkt außerhalb des Macht-Opfer-Dreiecks einzunehmen, kann weiter Folgendes hilfreich sein.

26 *Die Entwicklung der Gewaltfreien Kommunikation GfK von Marshall Rosenberg war aus dem Erleben von Gewalteskalation im sozialen Miteinander motiviert und hat einen wesentlichen Beitrag zur kommunikativen Lösung von Konflikten geleistet. Der wesentliche Aspekt seiner Arbeit, nach dem Gefühl und den dahinter stehenden Bedürfnissen zu fragen, ist auch in der Salutogenen Kommunikation zur Lösung des Macht-Opfer-Beziehungsmusters zentral. Hier kommt sie allerdings im Rahmen einer Psychodynamik gesunder Entwicklung im Zusammenhang der Bedürfniskommunikation zur Anwendung und ist theoretisch begründet und eingebettet.*

Weitere Fragen zur Reflexion

Wie kannst du die Sachlage aus den Perspektiven aller Beteiligten betrachten (Allparteilichkeit)? (Achtung bei dem Impuls, urteilen oder retten zu wollen!)

Immer wieder bewussten Kontakt zu eigenen Gefühlen und Bedürfnissen herstellen:
- *Wie fühlst du dich?*
- *Körperempfindungen?*
- *Emotionen?*
- *Gedanken – Bilder?*
- *Glaubenssätze?*

Was braucht der Klient wirklich?

Was brauchst du zum guten Leben?

Eine Meta-Identität in Gelassenheit

Beziehungen im Kohärenzmodus in Gelassenheit einzugehen, bedeutet für manche, eine neue *Meta-Identität hinter der Identifizierung* mit Rollen in diesem Muster aufzubauen, also seltener als Retter, Richter, Opfer oder Täter in Beziehung zu treten. Unsere Persönlichkeit (s. Abschnitt 3) wird von vielen Identifizierungen gebildet (s. a. Petzold 2018 a). Um eine Identität hinter diesen Identifizierungen zu finden, können wir einen inneren Beobachterstandpunkt einnehmen, von dem aus wir unsere Beziehungen reflektieren können. Das erweitert die eigene Autonomie. Von diesem inneren Beobachterstandpunkt aus im Kohärenzmodus in der 4. Ich-Dimension können wir eine Meta-Kommunikation auch über Täter-Opfer Erfahrungen wie die Retter- und Richterrolle praktizieren.

Eine alte Identifizierung in einer dieser Rollen kann für Notfälle oder den Beruf weiterhin gebraucht werden – am besten dann ganz bewusst gewählt als die Fähigkeit, Gefahren direkt abzuwehren und für Sicherheit zu sorgen. Dabei weiß man allerdings dann auch, dass es nur vorübergehend ein guter Job ist, dass man spätestens zum Feierabend aussteigt. Anhaltend ist er sehr stressig für einen selbst und für seine Mitmenschen.

Eine solche *Meta-Identität des inneren Beobachters* ist wohl im Kohärenzsystem in jedem Menschen angelegt. Sie kann entfaltet werden durch entsprechende Kommunikation wie Fragen nach den eigenen Attraktiva, die auch die maßgeblichen Kriterien für die Reflexion und das Lernen bilden.

Der innere Beobachterstandpunkt hinter der Identifizierung ist ein Ort des reflexiven und integrativen Lernen 4. Beim Lernen 4 werden auch die *inneren* Zusammenhänge des eigenen Fühlens, Handelns und Lernens im evolutionären Kontext erkannt. Den evolutionären Kontext gestalten wir heute selbst mit – mit dem (Etappen-)Ziel eines guten Lebens möglichst aller Menschen in Wechselbeziehung in und mit der Biosphäre.

Durch Kooperation mit Mitmenschen und der Natur unter dieser ethischen Maßgabe kann das kohärente Bewusstsein des Lernen 4 entfaltet werden. Es kann durch Meditationen gefördert werden, die als Dienst am globalen Wohlbefinden und der Entwicklung der Menschen orientiert sind.

Förderlich kann in allen Rollen des Macht-Opfer-Dreiecks die Beantwortung der drei entscheidenden Fragen sein.

Fragen zur Reflexion im Umgang mit Verletzungen

Was ist mir im Gefühl der Verletztheit am tiefsten Punkt meines Leides wirklich bedeutsam? Was brauche ich an diesem Punkt, in diesem Gefühl zur Heilung?
Gilt Ähnliches auch für andere Menschen in anderen Ländern?
Welche Verletztheiten sind unter den Menschen verbreitet und suchen Heilung?
Was brauchen die Menschen zum guten Leben in der Biosphäre?

Was will und kann ich tun, um mich meinem positiven Ziel anzunähern – ohne anderen zu schaden?
Ist das womöglich auch gut für andere Menschen?
Will und kann ich etwas für das gute Leben aller Menschen opfern?

Was will ich aus den Aktionen und Reaktionen in meiner Umgebung lernen?
Was will ich aus den inneren, gefühlten Dynamiken in der Vergangenheit lernen?
Wie können diese einem größeren Sinn dienen?

4.7 Lösungen auf dem Weg zu mehr aufbauender Kooperation

Zu Beginn dieses Abschnitts habe ich geschrieben, dass unser übergeordnetes Ziel sei, mit unseren Mitmenschen aufbauend zu kooperieren. Eine derartige Kooperation wird gestört oder gar verhindert, wenn wir im Miteinander verletzt werden. In den einzelnen Kapiteln haben wir uns mit verschiedenen Aspekten derartiger Verletzungen befasst, insbesondere mit einem Interaktions- und Beziehungsmuster, dem Macht-Opfer-Dreieck, das in menschlichen Gesellschaften häufig aus Verletzungen folgt. In einer Verselbstständigung dieses Beziehungsmusters im Abwendungsmodus als *Schattenmuster* kann es in seiner Eigendynamik großen Schaden anrichten.

Kulturen waren über Jahrtausende damit beschäftigt, Kooperation und Lernen durch Macht und Gesetze zu fordern, durch Urteilen, was gut und böse, richtig und falsch ist und Gehorsam zu verlangen (s. Altes Testament, Zehn Gebote, Koran; Nachmachen von Führern, Befehle ausführen; s. a. Herr Kinzigs Lehre; Lehrer, Compliance bei Ärztinnen u. a. m.). Auch die biologistische Theorie der einseitigen Anpassung der Individuen an ihre Umgebung dient in sozio-kulturellen Interpretationen dem Gehorsam der Kinder und Bürgerinnen. Zum institutionalisierten Macht-Opfer-Dreieck-Schattenmuster gehören nicht nur Kriege und andere organisierte oder institutionalisierte Gewaltanwendungen, wie auch Ausbeutung und Umweltzerstörung, sondern ebenso dazu passende Normen, Regeln und Werte sowie Theorien, Ideologien und Glaubenssätze, wie z. B. der (Wirtschafts- und Sozial-)Darwinismus oder das »egoistische Gen« (Dawkins 1996).

Deshalb gilt es, dieses Schattenmuster auch hinter den Theorien, Normen und Werten (s. Petzold 2021) sowie zerstörerischen Aktivitäten rechtzeitig zu erkennen, zu reflektieren und auszusteigen. Wenn wir uns immer wieder auf gemeinsame Attraktiva besinnen, wie auf ein gutes Leben möglichst aller Menschen, können wir zu einer nachhaltiger aufbauenden Kooperation finden.

Wenn ich einem Mitmenschen die Macht gegeben habe, mich tief in meinem Inneren zu verletzen, habe ich ihn sehr nahe an mich herankommen lassen. So wird in der systemischen Therapie davon gesprochen, dass die Täter-Opfer-Beziehung die stärkste Bindung nach der Blutsverwandtschaft sei. Dann habe ich womöglich vor der Verletzung hohe Erwartungen, Bedürfnisse oder Hoffnungen an und tiefes Vertrauen in den Täter gehabt, welche mich so verletzbar gemacht haben. Die Tiefe des Verletzungsgefühls ist oft entsprechend der Stärke der Erwartungen an den Mitmenschen. Am häufigsten rühren diese Bedürfnisse aus der Kindheit und die erlebten späteren Verletzungen triggern unbewusste Kindheitsgefühle oder sogar Opfergefühle der Eltern oder Großeltern. So beginnt die individuelle Dynamik dieses Macht-Opfer-Beziehungsmusters in seiner Tiefe meist in der Kindheit – nicht selten schon in einem Macht-Opfer-Verhältnis von Mann und Frau in der elterlichen Beziehung und weiter in der evolutionären Geschichte der Menschheit. So kann unsere Arbeit an der Lösung aus dieser Dynamik ein Leben lang andauern und sich über Generationen hinziehen. Diese Arbeit ist somit evolutiv und lohnt sich, wenn wir unser Ziel einer partnerschaftlich aufbauenden Kooperation zum guten Leben möglichst aller Menschen in der Biosphäre vor Augen haben.

Was wollen und können wir dafür lernen und wie zu einer solchen Kooperation kommunikativ beitragen?

Was lernen wir aus dem heutigen Leid vieler Menschen?

Ich gehe davon aus, dass unser Lernziel ist, in allen Lebensdimensionen verantwortungsbewusst handeln zu können – im persönlichen Umgang in Familie und mit Partnern und Freunden, in unseren vielfältigen kulturellen Beziehungen, bis hin zum globalen Kontext.

Das Lernen 3 zur Lösung des Leides durch Selbstjustiz und Rache war das Schaffen von Regeln für Kooperationen in der Gesellschaft. Um diese Regeln gegen Täter durchzusetzen, bedurfte es Macht. Die richtenden Institutionen wurden also mit Macht ausgestattet, um Gerechtigkeit herzustellen. Weiter wurden das Retten und die Hilfen für die Opfer organisiert und zunehmend professionalisiert.

Durch die psychotherapeutische Arbeit mit traumatisierten Menschen können wir heute verletzende Affekthandlungen viel tiefer verstehen und somit auch dort helfen und verinnerlichte Konflikte lösen, die beim bisherigen kulturellen Urteilen von gut und böse, richtig und falsch, ungelöst geblieben sind. Mehr noch, ein tieferes Verstehen kann helfen, aus diesen eskalierenden Täter-Opfer-Richter-Dynamiken auszusteigen und ein kooperatives Miteinander herzustellen. Dazu gehört ein Reflektieren der bisherigen kulturellen Handhabe des Macht-Opfer-Dreiecks.

Wenn Opfer im Stadium der Ohnmacht Kooperation erleben, können sie wieder Vertrauen in das Miteinander gewinnen.

In der globalen Gesellschaft brauchen wir heute mehr reflexiv einsichtige Kooperation und Kokreativität zum Mitgestalten eines guten Lebens im Anthropozän.

An diesem Punkt scheinen wir heute in unseren Kulturen angekommen zu sein. Es ist dringend erforderlich, den jeweiligen kulturellen und globalen Kontext der Verletzungen und Schädigungen zu erkennen und diese zum gemeinsamen Guten mitzugestalten. Wenn wir heute davon ausgehen, dass Menschen es sind, die die Ökonomie und die Umwelt weitgehend gestalten und dass Informationen wie Gedanken Energie in Formen bringen, dann sollten wir beginnen, neu zu denken. Durch Kommunikation informieren wir uns gegenseitig und gemeinsam und gestalten in einem kokreativen Prozess unser Denken und damit unser gutes Leben in der Biosphäre.

Wir können beginnen, so zu denken, dass es dem guten Leben dient. Wir sollten immer mehr von diesem attraktiven Ziel des guten Lebens her denken, anstatt von Ursachen in der Vergangenheit. Mit einer Ursachensuche sind wir häufig schon mittendrin im kulturellen Schattenmuster des Macht-Opfer-Dreiecks. Stattdessen fragen wir zum einen nach dem Entstehungs*zusammenhang*, beispielsweise von Erkrankungen und Verletzungen, und zum anderen nach attraktiven Gesundheits*zielen* und

»... drückt Macht die Hoffnung aus, daß die Begriffe Ursache und Wirkung aus den Naturwissenschaften in der Zukunft verbannt würden, da sie noch mit Zügen des Fetischismus behaftet seien; außerdem brächten sie uns dem Verständnis der Phänomene nicht näher, als die Angabe von Funktionalzusammenhängen.« Simonyi (1995) S. 461

Kooperationen, denen sich der Betroffene annähern will. Wenn wir ein derartiges Denken kultivieren – auch in den Wissenschaften – dann hat das Denkmuster im Macht-Opfer-Dreieck wenig Entfaltungsmöglichkeit. Dann kann sich mehr aufbauende Kooperation und Kokreatiivtät entfalten.

Dabei müssen die Opfer von Gewalt, Diskriminierung und Ideologien gehört und ihre Gefühle und Bedürfnisse ernst genommen werden. Diese dürfen nicht ausschließlich als individuelle Symptome pathologisiert und folglich medikamentös bekämpft werden. Ein solcher Umgang mit den Symptomen kann in der Tiefe der impliziten Selbstregulation einer Retraumatisierung gleichkommen. Der Grund dafür liegt oft darin, dass der Therapeut und andere Mitmenschen das Leid in seiner Tiefe nicht sehen wollen und damit nicht verständnisvoll mitfühlen können.

4.8 Zusammenfassung

Früher ging die Hauptgefahr für den Menschen lange Zeit von Naturereignissen aus. Seit der Neuzeit scheint sie zunehmend und heute ganz überwiegend vom Menschen selbst auszugehen. Deshalb ist es so wichtig, die Zusammenhänge zu verstehen, in denen Menschen anderen Menschen zur Gefahr werden, um dies in Zukunft zu minimieren und eine aufbauende Kooperation zu kultivieren. Verletzungen von Menschen durch Menschen schaffen eine Opfer-Täter-Beziehung, die eine Auflösung sucht, wenn sie nicht zu Rache und weiteren Verletzungen führen soll. Dazu haben Menschen individuell, sozial, kulturell und geistig verschiedene Fähigkeiten, Rituale, Regeln und Ideen entwickelt. In Kulturen finden wir das *Macht-Opfer-Dreieck* von Opfer-Täter-Richter/Retter-Beziehungsmuster. Es hat dort zwei positive Funktionen: a) Schutz von Opfern und Schwachen und b) Anpassung und Integration in die Kultur. In seinem kulturellen Ursprung soll es für Sicherheit sorgen, Verletzungen vorbeugen, indem es zu Respekt und Selbstreflexion auffordert und so vertrauensvolle Kooperation fördert. Es funktioniert weitgehend im Sicherheits- und Überlebensmodus des motivationalen Abwendungssystems.

Schon als Kleinkinder erleben wir diese Beziehungen in unseren Familien und internalisieren die Rollenmuster. Im Leben in der Sprache verselbstständigt sich dieses Interaktionsmuster leicht und entfaltet eine Eigendynamik mit Rollenbeziehungen, die sämtlich im Abwendungsmodus agieren und somit Stress machen. Dieses kann als *Schattenmuster* des ursprünglich sinnvollen Macht-Opfer-Dreiecks erheblichen Schaden anrichten. Es ist ein verletzendes Muster im Abwendungsmodus, das in vielen Lebensbereichen sein Unwesen treibt, wie im Gesundheitswesen, der Politik, dem Rechtswesen, der Ökonomie und Pädagogik. Diese Verletzungen können vermieden werden, wenn wir uns von vornherein auf eine aufbauende Kooperation zum guten Leben ausrichten und die kommunikativen Wege dorthin kultivieren. Das sind insbesondere Vertrauen, mehr Kommunikation über Bedürfnisse und Anliegen sowie Kooperation und Verantwortungsbewusstsein für ein gutes Leben möglichst aller Menschen in der Biosphäre.

Durch Reflexion der Rollen in diesem Muster und Fragen nach Bedürfnissen, Anliegen, Vertrauen und Sinn können wir unsere Autonomie entfalten sowie in den Annäherungs- und Kohärenzmodus und zu einer aufbauenden Kooperation finden.

Die Fragen nach dem aktuellen Gefühl und dem Bedürfnis oder Anliegen hinter der Emotion geben eine einfache und häufig erfolgreiche Intervention, wenn Menschen im Schattenmuster des Macht-Opfer-Dreiecks agieren.

Damit wir als professionelle Helferinnen immer wieder aus einer Identifikation mit einer Rolle herausfinden, ist eine Reflexion unserer eigenen Opfererfahrungen, Fühl- und Denkmuster angebracht. Die Haltung des Beraters ist wohlwollend annehmend, humorvoll reflektiert und auf Stimmigkeit ausgerichtet. Er schenkt dem Klienten Vertrauen und ist offen für einen kokreativen Prozess.

Sowohl individuell als auch sozial, kulturell und geistig global können wir für ein gutes Leben förderliche Voraussetzungen schaffen sowie kommunizieren und kooperieren.

Leben heißt kommunizieren.
Ich kommuniziere, also lebe ich.
Ich kommuniziere also gestalte ich mit.

Wie kann man mit salutogener Kommunikation SalKom® aufbauend kooperieren?

Kommunikation bedeutet die Übertragung von Informationen, die etwas bedeuten und formen. Information ist eine informierende, gestaltende abstrakte Entität, die wir in ihrer Wirkung z.B. auf unser Gehirn und Denken beobachten können. In der Introspektion nennen wir Information Geist. Damit hat menschliche Kommunikation auch etwas mit Übertragung von gestaltendem Geist zu tun. Bewusste Kommunikation war für mich lange eine therapeutische und somit professionelle Angelegenheit. In der zweiten Hälfte der 1990er Jahre betonte meine damalige Frau Elisabeth Möller die allgemeine Bedeutung von Kommunikation im zwischenmenschlichen und gemeinschaftlichen Leben. Sie war von Beruf Kabarettistin (Kommunikationstrainerin und Dichterin, Malerin ..., ursprünglich mal Lehrerin) und engagiert in der Forumsarbeit in Gemeinschaften. Sie war 2004 auch Mitglied unserer Arbeitsgruppe zur Salutogenen Kommunikation. Mit ihrem Fokus auf Kommunikation im Alltagsleben begann auch ich, die Kommunikation in den Gruppen der Heckenbecker Gemeinschaft anders zu reflektieren und bewusster anzugehen.

Kooperative und kokreative Kommunikation ist die noch größte schlafende Ressource für gesunde Entwicklung.

Kommunikation wurde außer einem wichtigen therapeutischen Mittel auch ein Feld gemeinschaftlicher Kreativität. Aus den sehr guten Erfahrungen in diesen kreativen Gruppen (einige Ergebnisse in Heckenbeck sind im NDR-Film »Lust auf Dorf« zu sehen)[27] habe ich dann 1999 ein erstes Konzept für eine »nichtlinear hierarchisch organisierte Gruppe« entworfen und auf dem Gesundheitstag 2000 in Berlin vorgestellt. Die Grundzüge dieses Konzepts sind die Basis für kokreative Gruppen (s. Kap. 5.3).

Im Weiteren begann ich, auch Arzt-Patient-Beratungen sowie Psychotherapie als kokreative Dialoge zu verstehen und zu praktizieren. Kooperative oder noch spezifischer: kokreative Kommunikation ist eine *große, noch weitgehend schlafende Ressource in der Medizin*. Im materiellen Bereich haben wir schon extrem gute und differenzierte Medikamente und Behandlungsmethoden. Dort gibt es m. E. keine großen Entwicklungsmöglichkeiten mehr, die die gesunde Entwicklung der Menschen verbessern.

Im Unterschied dazu bietet der kommunikative Bereich, der bewusste Austausch von Informationen als geistiger und kreativer Prozess noch viel heilsames Entwicklungspotenzial sowohl in der ärztlichen Beratung und Psychotherapie als auch in allen zwischenmenschlichen Beziehungen und den gesellschaftlichen Bereichen wie Bildungswesen, Politik, Ökonomie und Organisationen.

Dazu habe ich, nachdem ich in Kooperation mit Ronald Grossarth-Maticek (2000) die Ausbildung im Autonomietraining aufgebaut hatte, diese weiterentwickelt zur Ausbildung in Salutogener Kommunikation. Diese wird in einer Basisausbildung zur Theorie und Anwendung der drei entscheidenden Fragen und einer Aufbauausbildung zur Psychodynamik gesunder Entwicklung ausgeführt. Zusätzlich gibt es noch eine Kursleiterausbildung zum zertifizierten Kursleiter für das multimodale Stressmanagementtraining TSF-Training der Stressregulationsfähigkeit und eine Weiterbildung in SalKom®-Goalsetting.

27 *Dieser Film wurde 2016 von Christian Pietscher gedreht und öfter im Fernsehen gezeigt, auch in einer längeren Version: »Dorf macht glücklich.«*

5.1 Wie können wir in Beratung und Therapie kreativ kooperieren?

In der Therapeut-Klient-Kooperation begegnen sich die Kooperationspartnerinnen als Menschen auf Augenhöhe mit zwei unterschiedlichen aber prinzipiell gleich*wertigen* Kompetenzen: der Fach- und der Eigenkompetenz. In ihren kulturellen Rollen befinden sie sich aber in einer Asymmetrie, da der Therapeut durch seine Ausbildung und Lizensierung als Vertreter der Kultur agiert, während der Klient als menschliches Individuum mit all seinen Bedürfnissen gesehen werden möchte. Diese systemische Asymmetrie ist der Grund dafür, dass Klientinnen die Aussagen des Therapeuten häufig wichtiger nehmen als z. B. die von Angehörigen oder Freundinnen oder als die eigene Meinung. Für die Kooperation in der Therapeutenrolle ist wichtig, dass dieser sich darüber bewusst ist, welches Gewicht seine Worte und sein Verhalten für den Klienten haben können, er sich deswegen aber als Mitmensch nicht wertvoller oder besser fühlt als der Klient, sondern dessen Entfaltung dient. Dazu gehört auch, dass er so gut es geht, dessen Selbstmächtigkeit anregt.

In der therapeutischen Beratung dient der Berater explizit der gesunden Entwicklung des Patienten. Bei diesem *gemeinsamen* Ziel *gesunde Entwicklung des Individuums* wird deutlich, dass dieses Ziel nicht nur für Individuen attraktiv ist, sondern auch für seine Übersysteme, wie Familie bis zum Staat. Es wird eine systemische Verbundenheit deutlich, die uns vor Augen führt, dass es im Grunde kein entweder-oder von Individuum oder Gruppe bzw. Kultur, von top-down oder bottom-up gibt (vgl. Abb. 9). Ganz ähnlich wie in der Familie gilt vielmehr: »Einer für alle – alle für einen« oder treffender: »Jeder für das größere Ganze – das Ganze für jeden.« Dabei kann es mal mehr in die eine und ein anderes Mal mehr in die andere Richtung gehen. Dies ist immer wieder Gegenstand von Aushandlungsprozessen. So war es für Katja (Kap. 1.2) wichtig, dass sie mit ihrer Mutter darüber spricht, und Herrn Klempe (Kap. 2.5), dass er als guter Lehrer der Bildung der Schüler dient.

In der Arzt-Patient-Konsultation ist die gemeinsame Intentionalität vom professionellen Setting her gegeben – so sollte man annehmen können. Der Patient sucht persönliche Genesung. Die Rolle und der professionelle Auftrag des Arztes ist, ihm dabei zu helfen – seiner gesunden Entwicklung zu dienen. Ihr gemeinsames Ziel ist die Gesundheit des Patienten. So scheint die Voraussetzung für eine kreative Kooperation gegeben: die gemeinsame Intentionalität.

Probleme in der Kooperation entstehen, wenn die beiden Kooperationspartnerinnen unter Gesundheit etwas Unterschiedliches verstehen oder gerade ein persönlich wichtigeres Ziel haben. Wenn z.B. ein Patient eine Droge verschrieben haben möchte, die er suchtmäßig nimmt, oder wenn er vor allem ein Rentenbegehren hat – dann hat der Arzt Schwierigkeiten in der Zusammenarbeit zur Genesung, so wie er sie versteht. Dann kann beim Arzt Ärger aufkommen oder sogar tiefergehend ein Gefühl von ausgenutzt werden, was eine Tendenz zum Opfergefühl hat.

Kreativ kooperativer Dialog bei gemeinsamer Intentionalität

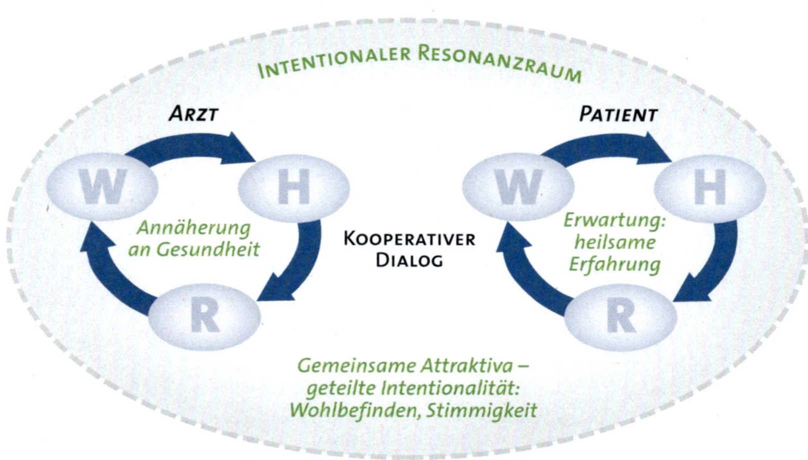

Abbildung 23: Intentionaler Resonanzraum. Durch eine gemeinsame Intentionalität wird so etwas wie ein gemeinsamer Resonanzraum gebildet, in dem Kokreativität stattfinden kann. Die Attraktiva der beiden Kooperationspartnerinnen sind nicht identisch, passen aber zusammen. Abkürzungen: W: Wahrnehmen, H: Handeln, R: Reflektieren; in der Mitte stehen die Attraktiva.

Oder andersherum: Wenn der Arzt primär an wirtschaftliche Umstände denkt, daran, wie viele Patientinnen er pro Tag durchschleusen muss, um so und so viel Geld zu bekommen … dann bekommt der Patient Schwierigkeiten, mit seinem Arzt zum Ziele seiner gesunden Entwicklung zu kooperieren. Oder wenn der Arzt unter Gesundheit primär die Abwesenheit von Krankheit, Symptomen oder Risikofaktoren versteht und folglich möglichst alle davon diagnostizieren und bekämpfen will – auch dann kann der Patient sich in seinem Wunsch nach gesunder Entwicklung eventuell missverstanden und nicht gesehen fühlen. Dann kommt es häufig zu schlechter Kooperation, zu Non-Compliance und Non-Adherence oder einfach zu Frustration oder Ärger – oder auch ein Gefühl, Opfer von Geldgier oder Retter-Wahn zu werden.

Wie können dann die Bedingungen für eine gelingende Kooperation wiederhergestellt werden?
Ein salutogenetisch orientierter Arzt bzw. Berater reflektiert seine primäre Motivation und ordnet diese: An oberster Stelle hat die Gesundheit, das Wohlergehen des Patienten zu stehen (vgl. Weltärztebund 2017: Deklaration von Genf). Dann kann er mit Offenheit auf den Patienten eingehen und diesen nach seinen wichtigsten konkreten Zielen fragen. Er wird die Ziele des Klienten wichtig nehmen, wie es der Respekt vor der Autonomie erfordert. Im Gespräch können dann die Gemeinsamkeiten in der Zielsetzung gefunden werden und die nächsten attraktiven Gesundheitsziele vereinbart werden (s. a. Goal-setting in Kap. 5.2).

Der Patient sollte ebenfalls seine wichtigste Motivation für den Arztbesuch reflektieren und sich fragen, was er selbst bereit ist, für sein Gesundheitsziel zu tun. Darüber sollte er ehrlich mit seinem Arzt sprechen. Wenn er das Gefühl von Unstimmigkeit im Gespräch hat, sollte er dies ansprechen und den Arzt darum bitten, auf seine Wünsche und Gedanken einzugehen, um dann zu überlegen, was er selbst zu seiner gesunden Entwicklung beitragen kann.

Eine gelingende kokreative Kooperation braucht außer einer gemeinsamen Intentionalität gegenseitiges Vertrauen. Vertrauen in eine gesunde Entwicklung schafft eine gute Basis dafür, dass wir uns auf ein gemeinsames Finden stimmiger, oft nur begrenzt planbarer und vorhersehbarer Lösungen einlassen können. Vertrauen ermöglicht die erforderliche Offenheit für gutes Neues zur Annäherung an die Attraktiva.

Vertrauen gründet auf der impliziten Annahme, dass eine gemeinsame Intentionalität vorhanden ist. So sind Vertrauen und gemeinsame Intentionalität zwei Seiten von gelingender Kooperation.

Beratung und Therapie im Einzelsetting

Für salutogene Gespräche mit Klientinnen ist eine ebenso wohlwollend annehmende wie reflektierte, auf Stimmigkeit ausgerichtete Haltung angebracht. Wir schenken dem Klienten Vertrauen in seine autonome Kohärenzregulation und sind offen für eine kreative Kooperation zur stimmigen Entwicklung des Klienten.

Wenn uns eine derartige Einstellung im motivationalen Kohärenzmodus gelingt, sind wir außerhalb des Schattenmusters des Macht-Opfer-Dreiecks und können die Autonomie von Klientinnen fördern.

In der professionellen Praxis der Salutogenen Kommunikation verstehen wir unsere Aktivitäten als kommunikative und kooperative Anregung der Selbstregulation des Klienten. Da die Selbstregulation wie eingehend beschrieben eine Stimmigkeitsregulation ist, beginnen wir mit einer inneren Zentrierung in Gelassenheit auf Stimmigkeit. Diese innere Ausrichtung ist im Kohärenzmodus zu finden. Dadurch bleiben wir trotz Zentrierung offen für alles, was vom Klienten bzw. Patienten[28] kommt und was sich im Gespräch zeigt und ergibt. So ist unsere Haltung eine zentriert gelassene, wohlwollend annehmende.

In diesem Kohärenzmodus können wir uns selbst, unsere Mitgefühle, auch körperlichen Reaktionen und Übertragungen und andere Resonanzen mit dem Klienten und seinen Bezugssystemen

28 *Im Weiteren schreibe ich nur Klient und will damit Patientinnen einschließen, wobei jeder sich das für ihn zutreffende denken möge. Häufig schreibe ich auch nur Berater, wobei Therapeutinnen aller Art und Pädagoginnen mit eingeschlossen sind.*

aus der Position des inneren Beobachters reflektieren. In dieser reflexiven Metaposition des Bewusstseins können wir immer wieder Lösungen in Richtung Stimmigkeit suchen.

In dieser inneren Ausrichtung auf Annäherung an Stimmigkeit gehen wir in unsere nonverbale und verbale Kommunikation und Kooperation mit dem Klienten.

Vier Phasen des Gesprächs

In der *ersten Phase* des Gesprächs hören wir den Erzählungen des Klienten aufmerksam zu, seiner Reflexion, warum er Hilfe sucht. In der Regel berichtet er, wie es dazu gekommen ist, dass er das Gespräch mit uns und Hilfe gesucht hat. Mit unserer beginnenden offenen Fragestellung können wir ihm eine Orientierung für sein Erzählen geben. Dabei sollte unsere Fragestellung allerdings nicht einengend sein, sondern ihm Raum für seine Art der Darstellung geben. Sogenannte geschlossene Fragen, auf die man nur mit »Ja« oder »Nein« antworten kann, sind nur sehr selten angebracht. Wir sollten weitestgehend auf sie verzichten. Sie haben sehr schnell Verhörcharakter. Auf offene Fragen gibt es viele individuelle Antworten.

Wir können also fragen: Was möchten Sie mit mir klären? Oder: bearbeiten und lösen? Oder: Was führt Sie zu mir? Was wünschen Sie sich von unserem Gespräch? Mit diesen oder ähnlichen Fragen können die Gedanken des Klienten auf seine attraktiven Ziele hin angeregt werden. Natürlich ist es dazu oft angebracht, dass er seine Geschichte der Entstehung des Problems schildert.

Beim Zuhören seiner Geschichte, im medizinischen Setting wird von Anamnese gesprochen, gilt unser Interesse allerdings vornehmlich den attraktiven Zielen und den Ressourcen des Klienten und weniger möglicherweise pathogenen Problemfaktoren. Attraktiva und Ressourcen hören wir oft auch zwischen den Worten, im implizit Gesagten, wie z. B. bei dem Fallbeispiel Katja, dass für sie wichtige attraktive Ziele waren, der Mutter zu helfen und den Präp-Kurs zu absolvieren und ihre Ressourcen u. a. in ihrer klaren Sicht der Dinge, der Ruhe sowie in der fürsorglichen Mutter liegen. Bei

Bedarf fragen wir den Klienten auch noch explizit nach seinen bei der Problementstehung beteiligten Zielen wie Bedürfnissen und Ressourcen. Die Anamnese kann so weg von einer Krankheitsanamnese hin zu einer ganzheitlichen Anamnese führen.

In der *zweiten Phase* des Gesprächs richtet sich die Aufmerksamkeit in die Gegenwart: Was ist jetzt die Attraktiva für den Klienten? Was ist bedeutsam für ihn? Was erlebt er jetzt als inkohärent mit seinen Idealen? Was sagt sein Körper? Was sagt sein Gefühl und was denkt er darüber? Was ist seine Wunschlösung?

Wenn ein Mensch sich seine Körperempfindungen, sein Gefühl und seine Gedanken (Worte, Bilder) zu einem Thema bewusst macht, geht er in eine innere Beobachterposition, aus der heraus er diese dimensionalen drei Ich-Zustände beobachtet. Diese ist somit eine Metaposition im Kohärenzmodus. Schon dieser Bewusstseinsschritt hat häufig einen integrierenden, heilsamen Effekt. Mit diesem Schritt wird eine innere Verbindung zwischen den Ich-Dimensionen hergestellt. Dieser innere Beobachter im Kohärenzmodus kann dadurch zum *inneren Arzt* werden.[29]

In dieser Phase bildet der Berater *Hypothesen zur gesunden Entwicklung* des Klienten, zur Lösung seines Problems und fragt aktiver in Richtung Lösungswünschen und -möglichkeiten. Dazu gehören allerdings auch offene Fragen zur Vertiefung des Bewusstseins über die Inkohärenzen, um dann am tiefsten Punkt des Leids nach einer Lösung fragen zu können. Wenn der Klient (ggf. mit Unterstützung des Beraters) seine aktuelle Wunschlösung für sein Problem wie Thema gefunden hat, können wir zur dritten Phase des Gesprächs kommen. Dabei muss gesagt werden, dass man die Gespräche nicht schematisch nach diesen Phasen strukturieren soll – in der Regel ergeben diese sich *im kooperativ selbstregulatorischen Flow* (s. u.).

In der *dritten Phase* des Gesprächs geht es ums Handeln. Was will und kann der Klient tun, um sich seiner Wunschlösung anzunä-

29 *Dieses Fragen nach dem Körperempfinden, der Emotion und den Gedanken, die zu einem Symptom gehören, ist eine Technik, die auch als PEM(S)-Brücke bezeichnet wird: eine physisch-emotional-mentale Brücke, die bei Bedarf, wie z. B. in existenziellen Krisen noch durch Fragen nach höherem Sinn oder einer anderen Glaubensinhalt ergänzt wird.*

hern? Was hat er für Fähigkeiten und andere Ressourcen dazu? Was sollen und können andere ihm dabei helfen?

In dieser Phase werden konkrete Schritte zur Annäherung an die Ziele des Klienten besprochen. Was möchte und kann er selbst tun? Was sollen, können und wollen andere dazu beitragen?

In dieser Phase darf der Berater *bei Bedarf* auch mal Vorschläge oder sogar Ratschläge geben. Hier kann er sein Fachwissen in Bezug auf Verhaltens*möglichkeiten* einbringen. Er weiß nicht, was für den Klienten das Beste ist, kennt aber wohl mehr Möglichkeiten als der Klient, die er zur Entscheidung dem Klienten mitteilen kann. In den ersten beiden Phasen war mehr die prozessuale Fachkompetenz des Beraters gefragt, die im Zuhören, Kondensieren und Hypothesen bilden sowie in seinen anregenden Fragen zur Anwendung kamen. In dieser dritten Phase ist auch sein konkretes Fachwissen gefragt.

In der *vierten Phase* kann das Ergebnis des geplanten Handelns imaginiert bzw. der durchgeführten Behandlung reflektiert werden.

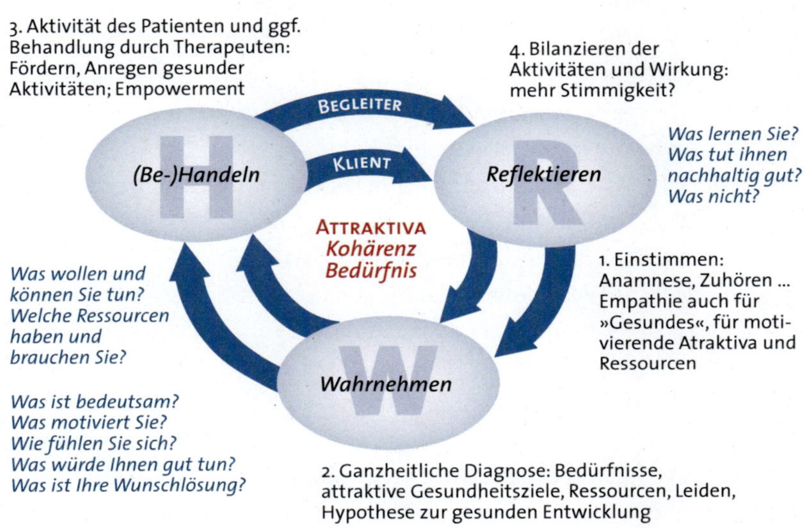

Abbildung 24: Berater zur Anregung der Kohärenzregulation des Klienten.

Angenommen, jemand möchte täglich morgens joggen, wird er gebeten, sich das konkret vorzustellen, wann er aufsteht usw. In der Imagination kann er eventuell auf Hindernisse stoßen, wie z. B., dass seine Frau öfter morgens gerne noch mit ihm kuscheln möchte ... Dann wird er ggf. noch einmal in die 3. Phase zurückgehen und eine andere Aktion planen. In der expliziten Imagination können auf diese Weise schon viele Hindernisse aus dem Weg geräumt werden, bevor sie möglicherweise den Klienten an der Durchführung seiner Pläne hindern. Auch kann er durch die Imagination in seiner Planung und Umsetzung bestärkt werden.

Wenn eine Behandlung stattgefunden hat oder zum Schluss eines Gesprächs können wir fragen, wie der Klient sich gerade als Ergebnis der gemeinsamen Arbeit fühlt und was er lernt. Das führt zur Reflexion und fördert ein bewusstes Lernen.

Diese vier aufeinander folgenden Phasen eines gelungenen Beratungsgesprächs haben sich aus der Beobachtung sowie Mitwirkung von derartigen Gesprächen herauskristallisiert und stimmen mit den Phasen der Selbstregulation überein. Dabei kommt es allerdings in realen Gesprächen häufiger zu Wechseln, Hin- und Hergehen und Wiederholungen von einzelnen Phasen. Deshalb soll man diese Phasen nicht als Schema auf jedes Gespräch pressen, sondern als Hilfe zur Hand nehmen, wenn man das Gefühl hat, dass man im Gespräch irgendwo hängengeblieben ist oder das Gespräch sich im Kreis dreht. Spätestens dann ist es angebracht zu reflektieren: In welcher Phase des Gesprächs bin ich gerade und welche folgt als nächste? Wenn man zum Beispiel in einer Reflexion und Analyse hängen bleibt, ist oft die Frage hilfreich: *Was fühlst du gerade jetzt beim Drandenken? Was wünschst du dir in dieser Situation?* – Oder wenn ein Klient ganz stark in seiner sensiblen Wahrnehmung, im Leid oder in der Sehnsucht vom Glück ist, dann braucht es oft die Frage nach dem Handeln: *Was willst und kannst du tun?*

Oder wenn man bei praktischen Lösungen ist und der Klient schon alles Mögliche ohne Erfolg ausprobiert hat, ist es hilfreich zu fragen: *Was willst und kannst du aus dem Scheitern lernen?* Oft kommt es dann dazu, dass eine neue Ebene in Betracht gezogen wird.

Salutogene Kommunikation in der Sterbebegleitung

Mit der salutogenetischen Orientierung haben wir den Gesundheitsbegriff in Richtung Kohärenz, stimmige Verbundenheit erweitert. Mit diesem Verständnis kann auch das Sterben gesund sein, wenn es für die Beteiligten stimmig ist. Wenn Menschen derart in Frieden sterben, kann es für alle ein heilsames Erleben sein (Petzold 2010a, S. 36–39).

Mit dieser Perspektive kann die Begleitung von Sterbenden eine zutiefst sinnhafte und erfüllende Tätigkeit sein. Es geht um die Qualität des Sterbens. Die drei entscheidenden Fragen der salutogenen Kommunikation werden auf die Betroffenen bezogen passend formuliert.

Was ist dir jetzt im Moment und für deinen Abschied aus diesem Leben bedeutsam?
Gibt es etwas, was du vorher oder dazu noch tun möchtest? Hast du noch Wünsche an jemanden?
Gibt es ein Resümee aus deinem Leben, was dir besonders wichtig ist?

Psychodynamisch orientierte Gespräche

Im Grunde ist jedes Gespräch, das die Inhalte der vorhergehenden Kapitel berücksichtigt, psychodynamisch auf gesunde Entwicklung orientiert. Allerdings noch recht allgemein. Erst in der Aufbauausbildung der Salutogenen Kommunikation wird ein detaillierteres Eingehen auf die individuellen, systemisch psychischen Zusammenhänge im Gespräch geübt. Dabei kommen auch viele tiefenpsychologische Erkenntnisse, allerdings in einem systemischen Verständnis, zur Anwendung, wie sie im Abschnitt 3 ausgeführt wurden.

Im Gespräch werden psychodynamisch wirksame Beziehungsmuster, die der Klient in seiner Kindheit erfahren und internalisiert hat und die jetzt zu problematischen Verhaltens- und Kommunikationsweisen führen, bewusst gemacht. Wir arbeiten damit an der Struktur der Persönlichkeit (s. a. Rudolf 2006). In der therapeutischen Kooperation kann der Klient neue Beziehungserfahrungen machen und lernen. Damit erweitert er seine Kommunikations- und Kooperationsmöglichkeiten (s. Fallbeispiele Katja, Herr Klempe, Frau Koch, Frau Vogt).

Mit »psychodynamisch wirksame Muster« sind persönliche Muster gemeint, die unsere emotionalen und mentalen Verarbeitungsvorgänge prägend regeln. Diese Muster bestimmen im Abgleich mit unserem Sinn für Stimmigkeit weitgehend, wie wir Situationen wahrnehmen und wie wir emotional reagieren. Daraus resultiert unser Verhalten: wie wir versuchen, Probleme zu lösen, unsere Bedürfnisse und Anliegen zu kommunizieren und zu befriedigen usw.

Zum Beispiel: Ein Säugling in den ersten Monaten hat ein inneres Bild von aufbauender Kohärenz in äußerer stimmiger Verbundenheit. Wenn das Erleben der Umgebung nicht mit diesem inneren Bild (= Attraktiva für seine Ganzheit, Seele) übereinstimmt, schreit er oder/und reagiert mit dem Körper, bekommt körperliche Probleme.

Sein Streben gilt seiner Kohärenz in seiner direkten Umgebung, insbesondere der Beziehung zur Mutter und in der Familie. Wenn z. B. die Mutter seinem Bild von Stimmigkeit nicht entspricht und nicht entsprechen kann, wird er bald aufhören zu schreien und sich bemühen, auf andere Weise dem inneren Bild der Kohärenz näher zu kommen. Z. B. indem er es der Mutter recht macht, sie anlächelt, damit sie das Gefühl hat, dass sie alles richtig macht (wenn sie z. B. unsicher war), damit sie sich geliebt fühlt o. Ä. Oder wenn die Mutter krank ist, fordert er aus Rücksicht wenig von ihr. Der Säugling stellt also relativ schnell Teile seiner psychischen Bedürfnisse zurück und geht in aktive Kooperation mit seinen Eltern. In gewissem Sinne opfert er Bedürfnisse, Teile seines Stimmigkeitserlebens, dem Funktionieren in der Kohärenz des Familiensystems – offenbar einem teilweise übergeordneten Bedürfnis. Dann entsteht so das Beziehungsmuster der *Parentifizierung*. Das bedeutet, dass ein Kind in die Elternrolle geht und möglicherweise seine Eltern bemuttert oder Ähnliches. Wenn sich Parentifizierung als Beziehungsmuster etabliert, führt dies leicht zu chronischen Stressproblemen.

Das Bedürfnis nach systemischer Kooperation auf dieser tiefen existenziellen Ebene scheint grundlegend zu sein. Auf dieser systemischen Grundlage wird die Beziehung mit den Eltern praktisch und nonverbal ausgehandelt (vgl. Jesper Juul 2014, S. 48 ff). Dabei werden z. B. Bauchschmerzen und andere Körpersymptome in Kauf genommen und somit der Kooperation im Familiensystem geopfert.

Psychodynamisch wirksame Muster entstehen aus der Kommunikation von Bedürfnissen und den erhaltenen Antworten – also in Resonanz zur Umwelt entsprechend den Entwicklungsstadien des Individuums (s. Abschnitt 3). Für alle Grundbedürfnisse scheint es ein übergeordnetes zu geben, das sich intentional in allen Einzelnen zeigt: das Bedürfnis nach stimmiger Integration (Zugehörigkeit, Kohärenz) in die unterschiedlichen Lebensdimensionen. Die Unterschiedlichkeit der Grundbedürfnisse ist eine Folge der Unterschiede der Lebensdimensionen, auf die sich das jeweils aktuelle Bedürfnis oder Anliegen bezieht.

Die Technik des imaginierten Dialogs

Der imaginierte Dialog ist eine Methode, um internalisierte Kommunikationsmuster zu externalisieren und sie somit handhabbar und veränderbar zu machen. Imaginierte Dialoge sind deshalb besonders da angebracht, wo Menschen Kommunikationsmuster zu wichtigen Bezugspersonen (s. a. Kap. 3.4) derart internalisiert haben, dass diese in aktuellen Beziehungen stören. Das betrifft auch das Fühlen und Denken gegenüber sich selbst, wie z. B. Selbstvorwürfe, Abwertungen, Minderwertigkeitsgefühle, Schuldgefühle, Versagensängste, Leistungsblockaden u. a. m. sowie alle systemisch übernommen Probleme und Einstellungen.

In meinen gut 40 Jahren Berufserfahrung und Kenntnissen in mehreren Therapiemethoden hat sich die Technik des Imaginierten Dialogs als wirksamste zur Auflösung alter Muster erwiesen. Sie ist eine Weiterentwicklung von Rollenspielen und der Stuhlarbeit aus der Gestalttherapie und nutzt die Kraft der Imagination verbunden mit Streben nach Stimmigkeit im Klienten.

Menschen haben meist ein fantastisches Vorstellungsvermögen – ganz besonders wenn es zur Verarbeitung von Erfahrungen dienen kann. Da wir in der Beratung hauptsächlich die Probleme kommunikativ bearbeiten können, die kommunikativ entstanden sind, arbeiten wir vornehmlich mit und an der Kommunikation unseres Klienten mit seiner Umgebung, meist mit Menschen, zu denen er eine auch emotional bedeutsame Beziehung hat oder hatte (meist in der 1. oder 2. Ich-Dimension). Dazu hat sich die Technik des imaginierten Dialogs als sehr wirksam erwiesen.

Wie in der Stuhlarbeit in der Gestalttherapie kann sich der Klient die für ihn in der aktuellen Erinnerungssituation emotional bedeutsame Person auf einem freien Platz vorstellen und sich ihr zuwenden – außerhalb der Bezugslinie zum Berater. Diese Person ist in der Regel eine Bezugsperson aus der Kindheit. In Ausnahmefällen können auch Dialoge zu problematisch emotional besetzten Menschen aus der Gegenwart, mit denen der Klient etwas klären möchte, imaginiert werden.

Das Ziel des imaginierten Dialogs ist es, in der Vorstellung eine neue emotional integrierte Kommunikation zu dem persönlich wichtigen Menschen zu finden. Der Klient lernt zum Beispiel, auf der einen Seite den tiefen guten Willen seiner Mutter zu fühlen und gleichzeitig ihre persönlichen Unzulänglichkeiten zu sehen und zu akzeptieren. Auf der anderen Seite kann er seine eigenen Bedürfnisse so artikulieren, dass sie beim Gegenüber Beachtung und eine emotionale Reaktion finden. In diesem Dialog werden neue – meist besonders emotional berührende und lösende – Kommunikationsmöglichkeiten erfahren.

Wir schlagen einen solchen Dialog vor, z. B. wenn ein Klient gerade in einem tiefen inneren Dialog mit einer frühkindlichen Bezugsperson ist (1. oder 2. Ich-Dimension), wenn er von einer problematischen Beziehung zur Mutter oder zum Vater berichtet, entweder in einem tiefen Gefühl oder Konflikt stecken geblieben ist, einen Groll oder Vorwurf hat oder in einen Rollentausch gegangen ist (Parentifizierung). Wenn die Bezugsperson die Bedürfnisse nicht befriedigen kann, ist Trauer eine passende Reaktion.

Aus dem Gespräch ergibt sich meist der Beginn für den imaginierten Dialog, z. B. dass der Klient der imaginierten Person noch einmal das direkt sagen soll, was er uns von ihr erzählt hat, oder sein Bedürfnis in einer bestimmten Situation mitteilen soll.

Der Therapeut/Coach übernimmt nun die Rolle eines Moderators oder Supervisors des imaginierten Dialogs. Zunächst achtet er darauf, dass sein Klient möglichst *frei von der Leber oder dem Herzen* spricht unter Beteiligung seiner Emotionen im Kontakt zu seinen Bedürfnissen. Wenn dieser seine wichtige Botschaft artikuliert hat, fragt er, wie die imaginierte Person reagiert. Er versucht durch seine Fragen zu erreichen, dass sich der imaginierte Dialog wirklich dialogisch entfaltet. Dadurch werden sowohl wichtige Bedürfnisse, Gefühle und Erwartungen und Antworten sowie auch das emotionale Kommunikationsmuster bewusst.

Dann hilft er dem Klienten dabei, sein Anliegen so zu artikulieren, dass sein persönliches Bedürfnis oder Anliegen deutlich wird (von sich, seinen Bedürfnissen, Wünschen und Gefühlen sprechen, möglichst wenig »Du-Botschaften« und vorauseilenden Gehorsam und nur *bewusste* Rücksichtnahme). Die Artikulierung des Anliegens wird solange moderiert, bis die Reaktion der imaginierten Person eine *positiv erlebte emotionale Veränderung* im Klienten möglich macht. In manchen Fällen ist es hilfreich (wenn alle Versuche in der imaginierten *Realität* scheitern), von der imaginierten Person zu abstrahieren auf ihre Seele: wie die Person reagiert hätte, wenn sie so hätte sein können, wie sie in ihrem Herzen gerne hätte sein wollen. Diese Frage ist auch bei Verstorbenen Angehörigen gut möglich. Sie sollte aber nur bei Eltern und eventuell deren direkten Vorfahren angewendet werden – von anderen Personen ist es meist besser sich zu trennen, was aufgrund der systemischen Verbundenheit mit Angehörigen nur begrenzt möglich ist.

5.2 SalKom®-Goalsetting

Eine ganz frisch strukturierte Anwendung, die paradoxerweise gleichzeitig eine validierte ist, ist das Ziel-Finden und Vereinbaren mit Patientinnen und Klientinnen. Kolleginnen im Ärzte-Netz Gesundes Kinzigtal, das nach Aussage der AOK ein Leuchtturmprojekt der integrierten Versorgung ist, hatten 2009 eine Fortbildung in Salutogener Kommunikation zum Thema Zielvereinbarung. Daraufhin haben sie in ihren Aufnahmefragebogen eine Zielvereinbarung integriert. Das Projekt Gesundes Kinzigtal wurde von der Uni Freiburg wissenschaftlich begleitet und evaluiert. 2014 stellten dann Wissenschaftlerinnen auf einem Kongress der DEGAM erste Ergebnisse vor. Dabei zeigte die Korrelation von positiven Veränderungen im Gesundheitsverhalten mit der Durchführung einer Zielvereinbarung mit dem Arzt das einzige hoch signifikante Ergebnis. Daraufhin erschien in der Ärzte Zeitung vom 26. 09. 2014 ein Bericht von Rebekka Höhl zum »Gesunden Kinzigtal« mit dem Titel:
»Therapiebooster Zielvereinbarung – Bei Chronikern ist ein wichtiger Bestandteil der Therapie oft die Lebensstilveränderung. Doch genau hierbei tun sich viele Patienten extrem schwer. Im ›Gesunden Kinzigtal‹ setzt man daher auf schriftliche, individuelle Zielvereinbarungen – mit nachweisbarem Erfolg.«

Im inzwischen weiterentwickelten SalKom®-Goalsetting liegt der Fokus zunächst beim Ziel-Finden, bevor es um die Umsetzung und schriftliche Vereinbarung geht. Klientinnen werden in ihrem inneren Such- und Findungsprozess vom Arzt, Coach oder einem weitergebildeten Assistenten mit Fragen angeleitet und achtsam begleitet. In diesem Vorgang nehmen sie innerlich Kontakt auf mit ihren attraktiven Gesundheitszielen, die ihren Genesungsprozess, zu dem auch ihr Verhalten gehört, leiten und steuern. Schon Latham und Locke haben (1991, 2002) die Bedeutung motivationaler Ziele für die Selbstregulation hervorgehoben.

Dann folgen die Planung geeigneter Maßnahmen und die schriftliche Vereinbarung. Dies zusammen aktiviert das motivationale Annäherungs- und Kohärenzsystem. Nach einer angemessenen

Zeit wird ein Fortschrittsgespräch zur Bilanzierung und weiteren Zielannäherung geführt.

Das Goalsetting fördert auch die Kooperation von Patient und Arzt, weil eine gemeinsame Intentionalität explizit gemacht wird. Das erleichtert dem Arzt, seine Behandlungsvorschläge und das Gespräch auf den Patienten konstruktiv einzustellen.

5.3 Salutogene Kommunikation im Gruppensetting

Wie einleitend beschrieben, waren meine Erfahrungen in kreativen Gruppen eine wichtige Quelle für meine Motivation zu meiner weiteren Arbeit. Immer wieder hat sich die Aussage bestätigt: Das Wissen, die Kompetenz und die Kreativität und damit auch Heilkraft einer Gruppe kann größer sein als die eines Einzelnen. Es gilt allgemein: Kommunikation kann heilsam und kreativ sein.

Die psychologische Selbsthilfebewegung in den USA hat das Co-Counceln kultiviert. Zusammen mit Redestabkreisen hat dies viel Anwendung im Heckenbecker Gemeinschaftsleben gefunden. Inzwischen haben auch umfangreiche Untersuchungen kontemplativer Dyaden von Tanja Singer im ReSource-Project (2017, 2020) am Max-Planck-Institut für Kognitions- und Neurowissenschaften in Berlin gezeigt, dass die größte Stressreduktion erreicht wurde, wenn die Partnerinnen sich regelmäßig ausgetauscht haben. Derartige Partnerübungen sind von Beginn an wichtiger Baustein der salutogenen Gruppenkonzepte. Im Unterschied zu den Dyaden von Tanja Singer werden in der Salutogenen Kommunikation noch die Selbstregulation anregende Fragen gestellt.

Training der Stressregulationsfähigkeit – multimodales Stressmanagementtraining

Ursprünglich war das TSF als Training der Selbstheilungs- und Selbstregulationsfähigkeit konzipiert. Da Disstress als der wichtigste veränderliche Krankheitsfaktor gesehen werden kann, ist eine Anregung der gesunden Selbstregulation auch das entscheidende Mittel, um mit Stress gut umzugehen. Das Training wurde 2015 von der *Zentralen Prüfstelle Prävention* als multimodales Stressmanagement zertifiziert. Die TSF-Kursleiterinnen werden entsprechend einem standardisierten Kursleitermanual ausgebildet. Das TSF wird in ganz unterschiedlichen Bezügen und Formaten wie in Betrieben, als Bildungsurlaub, in eigener Praxis, VHS u. a. m. angeboten.

Das TSF besteht aus acht aufeinander aufbauenden Modulen. Im Zentrum jeden Moduls steht die Anregung der gesunden Selbstregulation in partnerschaftlicher (dyadischer) Kommunikation. Die jeweils in mitmenschlicher Aufmerksamkeit erfolgende Vertiefung und Entdeckung von je eigenen, möglicherweise überraschend neuartigen Denk-, Gefühls- und/oder Handlungsweisen in Bezug auf Ziele, Bedürfnisse und Ressourcen ist das Wesensmerkmal dieser Art der Kommunikation (s. Singer 2020).

In jedem der acht Schritte werden auch Erkenntnisse zur gesunden Stressregulation vermittelt, sowie Achtsamkeits-, Entspannungs- und Körperübungen praktiziert. Alle Übungen können von den Teilnehmenden auch zu Hause weitergeführt werden; zur Unterstützung gibt es ein Handout mit schriftlichen Anleitungen. Mittels der intern evaluierten Fragebögen zeigt sich, dass die Teilnehmerinnen von dem Training sehr profitieren, unter anderem mit einer deutlichen Verbesserung von Symptomatiken bei langwierigen Erkrankungen. Sie haben die für sich attraktiven Ziele vergegenwärtigen können und fühlen sich motiviert und befähigt der »Melodie des eigenen Lebens« (LeShan 2010) zu folgen und dafür konkrete Handlungsschritte in ihrem Alltag umzusetzen (vgl. hierzu auch Goal-setting bei G. Oettingen 2017; Rollnick & Miller 2004; Theorie U bei O. Scharmer 2019). Für die Primärprävention sind wir mit dem Erfolg sehr zufrieden.

Das TSF-Jahresprogramm zur Sekundär- und Tertiärprävention

Die guten Erfahrungen mit dem TSF sowie der große Bedarf in der Sekundär- und Tertiärprävention haben Mona Siegel und mich veranlasst, ein Jahresprogramm zu konzipieren. Nach unserer Kenntnis gibt es bislang kein derartiges Angebot, um Chronifizierungen von Erkrankungen vorzubeugen bzw. entgegenzuwirken. Wenn schon in einigen Fällen ein 5-Tageskurs anhaltend positiven Einfluss auf den Verlauf einer chronischen Erkrankung zeigte, gibt es gute Gründe anzunehmen, dass die Wirkung deutlich stärker wird, wenn die Teilnehmenden die Salutogene Kommunikation länger einüben können. Die dazu hilfreichen wie notwendigen Veränderungen in der Selbstregulation erfordern, insbesondere bei länger anhaltenden Symptombildungen, eine meist längere und intensivere Anregung und Begleitung.

Dementsprechend haben wir ein Jahresprogramm entwickelt, in dem die wichtigsten Schritte der Kohärenzregulation wiederholt angeregt und übend gefestigt werden. Dabei werden vorher dysfunktionale Muster überwunden und außer Wirksamkeit gesetzt.

1. Vertrauen (wieder-)finden: in sich selbst, in die eigene gesunde Selbstregulation sowie in die Kommunikation und Kooperation
2. alte Stressreaktionsmuster reflektieren und loslassen
3. neue Kommunikations-, Kooperations- und Verhaltensmöglichkeiten finden, erkunden und ausprobieren
4. die neuen Möglichkeiten einüben

Phasen und Methodik kokreativer Gruppenprozesse – Kokreativer Raum KoRa

In Gruppen kann ein rekursiv kokreativer Prozess stattfinden, wenn die meisten Teilnehmenden ihr Fühlen und Denken für ein gemeinsames Anliegen (Intentionalität) in der Gruppe einsetzen wollen und können. Jeder neue Beitrag zu einem Gruppenprozess knüpft an dem vorhergehenden an und führt diesen weiter auf dem Weg der Annäherung an befriedigende Ergebnisse. Diese Beiträge der Gruppenmitglieder werden erfahrungsgemäß immer kreativer und konstruktiver, je konzentrierter die Gruppenenergie sowohl bei dem Thema als auch bei den jeweiligen Rednerinnen ist.

Die Kreativität einer Gruppe entsteht oft geradezu in den Zwischenräumen von Gesprächen, wenn man der Intuition, wie dem Unbestimmten, Zeit gibt, die Antennen in uns zu stimulieren.

Die *nichtlineare Gruppenleitung, der »Flow-Meister«*, geht davon aus, dass die Kreativität sich in einer Gruppe selbst organisiert, wobei jedes Mitglied dann einen Beitrag bringt, wenn es auf eine hilfreiche Information des Lösungsprozesses eine Resonanz zeigt. Dazu soll die Aufmerksamkeit auf einem hohen Niveau und möglichst für Intuition offen sein.

In der *Dynamik der kokreativen Selbstorganisation* lassen sich folgende *Phasen* unterscheiden, (die sich evtl. während einer Sitzung/Tagung wiederholen können). Die Aufgaben des Flow-Meisters FM sind in Klammern skizziert.

1. *Themen-/Fragen-/Zielbestimmung* – Aktivierung einer *gemeinsamen Attraktiva* (FM: Wahrnehmung, Intentionalität und Formulierung klären)
2. unstrukturierte, *scheinbar chaotische Phase:* rekursiver *Kommunikationsprozess zur Annäherung an die Attraktiva* (FM: Behinderungen des Flusses [meist Angst / Rechthabereien … s. o. Macht-Opfer-Dreieck], integrieren und ggf. einen Energieabfall erkennen)
   Ggf. Konkretisierung von Kooperationen, Planung und Umsetzung sowie Ressourcenaktivierung
3. *Ergebnisformulierung und Bilanzierung* (FM: einleiten und zusammenfassen) (Petzold 2000b: S. 304ff, 2010: S. 121ff, 2019: S. 59)

Salutogenic Reflecting Team (SRT) – Eine therapeutisch wirksame Gruppensupervision

In den 1990er-Jahren habe ich bei einem Familienrekonstruktionsseminar des Familientherapeutischen Instituts Weinheim das Reflecting Team kennengelernt, was mich in seiner Offenlegung des Gruppenwissens begeistert hat. Allerdings hatte es noch einen Haken: Es war stark auf ursächliche und pathogene Zusammenhänge fokussiert. In der Salutogenen Kommunikation haben wir es in der Supervision von Sitzungen vor der Gruppe dann mit einer konsequent salutogenetisch orientierten Frage sowie kleinen Veränderungen im Setting zu einem kokreativ heilsamen Gruppenevent weiterentwickelt. Dies kann in allen Fallsupervisionen in

Gruppen angewendet werden. Da es relativ einfach ist und nicht unbedingt einer kompletten Ausbildung bedarf, sei es hier eingehender beschrieben.

»Was hat dem Klienten gut getan und was könnte ihm noch helfen?«

Dies ist die leitende Fragestellung für das SRT. Teilnehmende des SRT sind der Therapeut bzw. Berater und die anwesenden Kolleginnen. Der Klient kann, wenn er möchte, von außerhalb des Kreises der Reflexion zuhören und wird weder angesprochen noch angeschaut. Wenn ein Berater in der Gruppe über einen Fall berichtet, wird dieser wie ein Klient gesehen und sitzt außerhalb des Teams.

Im SRT erörtern wir alle Resonanzen, d. h. Beobachtungen, Assoziationen und Interpretationen zum beraterischen bzw. therapeutischen Dialog. Ausgehend von dem beobachteten Gespräch werden die Mitteilungen des Klienten, seine Motivation, Ziele, Ressourcen sowie die Interaktionen mit dem Therapeuten bzw. Berater unter der genannten Fragestellung reflektiert, auch frei assoziierend und hypothetisch. In der Regel sind die geäußerten Beiträge aus einer mitfühlenden Resonanz heraus verstehbar und plausibel, gelegentlich ist eine Begründung hilfreich.

Zur Begründung dessen, was dem Patienten guttun könnte, können auch psychodynamische, systemische (auch pathogenetische) Konzepte der Entstehung der Erkrankung ausgeführt werden. Auch pathogenetische Überlegungen sollen Platz haben, allerdings unter der konsequent salutogenetisch orientierten Fragestellung nach dem, was hilft. Das bedeutet, dass alle SRT-Mitglieder ihre pathogenetischen Hypothesen weiterdenken müssen in Bezug auf salutogene Konsequenzen daraus.

Moderation und Ablauf des SRT mit Anwesenheit des Klienten

Spätestens ab einer Gruppengröße von sechs Personen soll das SRT von einem Therapeuten, Berater oder Supervisor moderiert werden. Dieser hat die Aufgaben, für das Setting zu sorgen, die Gruppenarbeit zu eröffnen und auf das Befolgen der salutogenetischen Fragestellung zu achten sowie die Gruppenarbeit abzuschließen. Er darf auch eigene Beiträge einbringen und soll zum Abschluss dem Klienten den Raum für sein Schlussstatement geben.

Positive Wirkungen des SRT:

- Alle Teilnehmenden sind in ihrer Kompetenz gefragt.
- Die Teilnehmenden lernen an praktischen Beispielen in der Gruppe salutogenetisch orientiert (auf Lösungen und Ressourcen hin) zu denken: Diese Art zu denken und kommunizieren geht leicht, macht Freude und Berührung und fördert Lösungen. Sie ist ansteckend.
- Die Teilnehmenden erweitern ihre Perspektive durch Hören von anderen.
- Die Beiträge aus der genialen Gruppe, der Weisheit der Gruppe bringen zusätzliche Aspekte, klären, erweitern und fokussieren gleichzeitig die Aufmerksamkeit für die gesunde Entwicklung.

Beim Klienten erhöht die intensive Aufmerksamkeit, das Mitfühlen und Mitdenken des ganzen Teams für sein Wohlergehen das Selbstwertgefühl und gibt der gesunden Selbstregulation zusätzlich Bedeutsamkeit und Anregung.

SRT: Weitere Anwendungsfelder

1) Supervision von Einzeltherapie/-beratungen in Gruppen
   a) aus gemeinsamer Kenntnis einer Sitzung aufgrund von Video oder Audioaufzeichnung
   b) aus einem Bericht des Beraters oder Klienten
2) Supervision von Pflege- und anderen Teams im Gesundheitswesen, Moderatorinnen, Betreuerinnen u. Ä. in einer kollegialen Gruppe

Rück- und Ausblick

Die Anwesenheit des Klienten beim SRT nach seiner Beratung hat sich therapeutisch als eine sehr wirkungsvolle Methode erwiesen, die wo möglich noch weiter kultiviert und stärker auch in der Therapie Anwendung finden sollte. Vorläufer der Methode zur therapeutischen Anwendung hatten wir in einem interdisziplinären

Qualitätszirkel entwickelt, in dem die Teilnehmenden jeweils ihre Perspektive auf Heilungsmöglichkeiten eines Patienten in Anwesenheit des Patienten geteilt haben. Dies hatte bei manchem erstaunliche Heilwirkungen. Wir haben das damals nicht weiterverfolgt, weil uns der Aufwand sehr hoch erschien.

Mit dem SRT haben wir auch eine Antwort auf die wiederkehrende Frage von professionellen Teams als auch in Therapien, Beratungen und Ausbildungen gefunden, wie man die schon vorhandenen Kompetenzen aller Beteiligten möglichst gut integrieren, nutzen und dann weiterentwickeln kann.

5.4 Qualitätsentwicklung und eine neue Fehlerkultur

Die anfänglich in den 90er-Jahren entstandenen Qualitätszirkel sollten der kollegialen Qualitätsentwicklung in ärztlichen Praxen dienen. Sehr bald wurde, dann besonders im klinischen Bereich, aus der Qualitätsentwicklung eine Qualitätssicherung und ein verordnetes Qualitätsmanagement – so als gäbe es eine fixe und gesicherte Qualität, die nur noch gesichert und gemanagt werden muss. So werden die aktuellen Maßnahmen zum Qualitätsmanagement in Kliniken und Heimen häufig mehr als zusätzlich zu erfüllende bürokratische Kontrolle verstanden, denn als Möglichkeit zur Weiterentwicklung. Viele sehen diese Kontrollmaßnahmen inzwischen sogar als Hemmnis für Weiterentwicklungen, weil die einmal aufgestellten Qualitätsmaßstäbe eben nicht mehr den anstehenden Herausforderungen entsprechen. Diese scheinen heute in unseren hochzivilisierten Ländern vielmehr im kommunikativen Zwischenmenschlichen und Potenzial an Pflegekräften zu liegen als an der Erfüllung von medizinischen, hygienischen und technischen Normen.

Wie finden wir entwicklungsorientierte Kriterien für Lernen aus Fehlern und für Qualitätsarbeit allgemein?

Um aus Fehlern das Wesentliche zu lernen, brauchen wir explizite Kriterien für Fehler. 2013 habe ich auf der ersten internationalen Konferenz zur Kommunikation von Fehlern im medizinischen Bereich (COME in Monte Verità in Ascona) drei Kategorien vorgeschlagen: Werden Fehler in der Medizin daran gemessen,

1. ob ein Diagnose- bzw. Behandlungsstandard erfüllt oder nicht erfüllt wird?
2. Oder daran, dass ein Symptom, eine Krankheit auftritt oder nicht?
3. Oder daran, ob es Patienten besser oder schlechter geht?

Je nachdem, welches Kriterium wir für Fehler anwenden, können sehr unterschiedliche Fehleranzeigen entstehen. Wenn wir nur nach Fehlern aus der ersten Kategorie in Bezug zu Behandlungsstandards suchen, können wir aus den entdeckten Fehlern wohl lernen, die Standards in Zukunft besser zu erfüllen (das wäre Qualitäts*sicherung*), aber wir können daraus nichts lernen, um diese Standards weiterzuentwickeln. Wenn es Patientinnen unter der Standardbehandlung schlechter geht als unter anderen Behandlungsmöglichkeiten, wird das in der entsprechenden Qualitätssicherung nicht als Fehler erkannt und entzieht sich somit dem Lernen.

Wenn wir nur nach dem Auftreten bestimmter Symptome als Kriterien für Fehler in der Versorgung schauen, kann es sein, dass es dem Menschen trotz Fehlen der Symptome schlecht geht und wir das nicht erfassen. Wenn wir z. B. nur körperliche Krankheiten oder das Sterben als Kriterien für das Auftreten von Fehlern sehen, dann bleiben all die psychischen Leiden außen vor.

Wenn wir allein ein eingeschränktes subjektives Wohlergehen des Patienten als Kriterium für das Auftreten von Behandlungsfehlern nehmen, kann es sein, dass von ihm nicht wahrgenommene Veränderungen übersehen werden, oder er dem Untersucher zu Gefallen geschönte Angaben macht. So hat jede Kategorie ihren Mangel und ihr Lernpotenzial. Alle sollten Berücksichtigung finden.

Grundsätzlich ist wichtig, dass wir *Fehler als Möglichkeit zum Lernen* annehmen, anstatt Schuldzuschreibungen vorzunehmen. Fehler werden erst dann schlimm, wenn man nicht aus ihnen was Gutes lernt und sie sich damit noch häufiger zum Schaden von

Menschen wiederholen können. Deshalb begrüßen wir jede Kommunikation über entdeckte Fehler. So können Fehler sowohl zur persönlichen als auch zur kollektiven Entwicklung dienen.

Qualitätskriterien für gesunde Entwicklung allgemein

Was in einer Gesellschaft als Fehler gesehen wird, hängt stark von ihren Werten und Normen ab, in denen sich kulturelle Ziele widerspiegeln. Wenn es um eine Bewahrung und Verbreitung erreichter Ziele geht, ist Qualitätssicherung angebracht. Wenn es um Qualitätsentwicklung geht, brauchen wir eine andere Vorgehensweise. So kann es um Qualitätssicherung oder -entwicklung gehen.

Wenn wir Qualitätskriterien für Entwicklung suchen, brauchen wir Antworten auf die Fragen: *Wohin soll die Entwicklung gehen? Wohin wollen wir Menschen uns und unsere Gesellschaft und Kultur entwickeln?* Nur vom Ziel her können wir Kriterien für die Entwicklung benennen.

Wenn wir z. B. glauben, dass unsere gesunde Entwicklung und unser gutes Leben wesentlich von genauesten Differenzialdiagnosen und perfekten Organtransplantationen abhängen, wird der Ausbau sogenannter Künstlicher Intelligenz KI im Medizinbereich eine Priorität erhalten. Ebenso, wenn wir glauben, dass unser Leben vor allem durch Gesundheits-Apps und Wearables verbessert werden kann.

Wenn wir glauben, dass die Evolution durch den Sieg der körperlich oder intellektuell Fittesten entschieden wird, werden wir für den Wettkampf in allen überlebenswichtigen Gebieten rüsten und Qualitätskriterien für individuelle Leistungen aufstellen.

Wenn wir glauben, dass die Entwicklung durch stimmige Kooperation mit der Natur vorankommt, werden wir Umweltkriterien priorisieren.

Wenn wir glauben, dass Kokreativität die Entwicklung der Menschheit zum guten Leben voranbringt, stellen wir Qualitätskriterien für kreative Kooperation obenan.

Natürlich gibt es noch mehr Möglichkeiten und nicht nur ein mögliches Ziel. So können wir abwägen und kombinieren und priorisieren. Dabei müssen wir aber immer wieder – auch neu – zu Entscheidungen kommen, wenn wir Qualitätskriterien für Entwicklung erstellen wollen.

Da es sich hierbei um Entwicklungen in die Zukunft handelt, können uns die vergangenheitsorientierten empirischen Wissenschaften nur sehr begrenzt helfen, Lösungen zu finden. Sie können uns wohl Auskunft über bestehende Entwicklungen und über Ressourcen geben, die hilfreich sind. *Die Entwicklungsziele können nur wir, die mitgestaltenden Subjekte, selbst bestimmen.* Dazu dient besonders die erste der drei entscheidenden Fragen, wie sie unterschiedlich konkretisiert werden. Ausgehend von diesen Zielen kann dann ein heuristisches Vorgehen, ein von der Lösung her denken, angebracht sein.

Allgemeine Prozesskriterien der Entwicklung ergeben sich aus der Reflexion des Entwicklungsprozesses. Diese können die professionelle Organisation und Durchführung der kulturellen Evolution gestalten und reflektieren helfen.

Zusammengefasst ergeben sich aus den ausgeführten Überlegungen fünf allgemeine Kriterien für gesunde Entwicklung, wie sie ähnlich auch schon in der Zeitschrift *Der Mensch* genannt wurden (Petzold 2013c, S. 28–30).

1. Braucht es ein nachhaltiges, übergeordnetes, attraktives Ziel, eine Attraktiva wie stimmige Verbundenheit. Diese kann weiter in attraktiven Gesundheitszielen konkretisiert werden.
2. Es braucht aktive, kooperierende Subjekte, die die Entwicklung praktisch realisieren, sich den Zielen annähern. Dazu dient die Kohärenzregulation lebender, offen begrenzter Systeme in ihren Kontexten.
3. Entwicklung ist ein informationsverarbeitender Vorgang. Deshalb ist Lernen ein zentrales Element jeder Entwicklung.
4. Die Subjekte brauchen Fähigkeiten und andere Ressourcen für ihre Aktivitäten.
5. Es braucht Offenheit für viele Möglichkeiten: *sowohl-als-auch*, bei gleichzeitiger Entscheidungsfähigkeit für eine Handlung an einem Ort: *entweder-oder*.

	Salutogenetischer Fokus	Pathogenetische Ergänzung
1.	Stimmigkeit – Kohärenz Attraktive Gesundheitsziele	Probleme – Unstimmigkeit Vermeidungsziele
2.	Subjekt und Subjektives Systemische Selbstregulation – Kontextbezug	Norm Isolierende Analyse – Ursache im Kleinen
3.	Entwicklung und Evolution – Lernen	Zustand wiederherstellen bzw. Entropie
4.	Ressourcen	Defizite
5.	Mehrere Möglichkeiten: sowohl-als-auch und Entscheidungsfähigkeit	Eine Möglichkeit: entweder – oder

Tabelle 7: Qualitätskriterien für salutogenetisch und entwicklungsorientierte Gesundheitsarbeit.

5.5 Zusammenfassung und Ausblick

Die Salutogene Kommunikation ist eine integrierende Weiterentwicklung verschiedener therapeutischer und anderer Gesprächsführungs- wie Kommunikationsmethoden mit dem Ziel gesunder Entwicklung und aufbauender Kooperation. Sie ist als lernende Methode in ständiger Entwicklung.

Bisher hat sie methodische Anwendungen entwickelt für Therapie und Beratung, für *Goal-setting* in Arztpraxen und anderen Feldern der Gesundheitsarbeit sowie ein *Stressmanagementtraining* wie *Training der Selbstregulationsfähigkeit* in Gruppen zur Primär-, Sekundär- und Tertiärprävention von chronischen Erkrankungen. Weiter findet *SalKom®* Anwendung in der Inter- und Supervision auch und besonders in Gruppen als *Salutogenic Reflecting Team SRT*. In einem *Kokreativen Raum KoRa* dient sie der Entfaltung von Kokreativität von Gruppen auch auf Veranstaltungen und zur Qualitätsentwicklung. Die Prinzipien der Salutogenen Kommunikation sind darüber hinaus in allen Lebensbereichen anwendbar. Sie erleichtern – so die Rückmeldung vieler Teilnehmenden – das menschliche Miteinander in Familie und Beruf und gestalten dieses stimmiger und freudvoller.

Salutogene Kommunikation verändert das Zwischenmenschliche und damit auch unser Denken, Fühlen und Handeln – also auch unser Mitgestalten..

Schließlich ist es der Mensch, der die Ökonomie, Wissenschaft, Technik, Kunst, Politik usw. macht. Menschen sind schöpferische und informationsverarbeitende Subjekte, die all die Umwelten bis hin zur Biosphäre wesentlich mitgestalten. Mit reflektierter Kommunikation und Kooperation gestalten wir also die Beziehungen der Mitgestalterinnen mit – sind wir in gewisser Weise *Meta-Mitgestalterinnen*.

So ist das Selbst-Bewusstsein als *verantwortungsbewusster Mitgestalter* des guten Lebens im Anthropozäns ein attraktives angestrebtes Selbstverständnis für die Salutogene Kommunikation. Diese Kommunikation soll helfen, zum guten Leben möglichst aller Menschen zu kooperieren. Die Salutogene Kommunikation ist eine integrierende Methode. Wir sind um Integration unterschiedlicher Menschen und all ihrer Erfahrungen und Ich-Zustände bemüht. Techniken aus anderen therapeutischen und beraterischen Methoden können in die Salutogene Kommunikation integriert werden, wenn sie den gleichen Zielen dienen.

Geist wie Information hat etwas mit Qualität zu tun. Wenn in der Informatik Informationen auf ihre Quantität reduziert werden, wird ihr Wesensmerkmal ignoriert: Informationen wie auch geistige Aussagen bezeichnen Qualitäten wie Muster, die sich nicht vollständig quantifizieren lassen. Damit entziehen sie sich auch einer vollständigen Digitalisierung. Energie wie Masse lässt sich quantifizieren. In Materie ist Energie schon geformt, hat sie schon Information und Qualität. Menschen sind extrem komplex dynamisch informierte Energie also Materie. Sie zeigen nicht nur Geist, sondern können auch neue Informationen komplex verarbeiten.

Die Evolution der Kulturen findet kommunikativ in der menschlichen Informationsverarbeitung statt, im lernend integrierenden Geist. Das Maßgebliche sind komplexe Informationen – möglicherweise mit einem Ursprung in der Kohärenz der Biosphäre, des Sonnensystems oder noch größerer Systeme?

In Resonanz zu diesen unseren Übersystemen und diese Informationen verarbeitend können wir miteinander kommunizieren und kooperieren und unser Leben im Anthropozän gut mitgestalten. Kommunizieren bedeutet gemeinsam Informationen auszutauschen, also auch zu lernen – miteinander und voneinander. Kommunizieren kann Freude machen.

Bewusstsein über das zwischenmenschliche Kommunizieren zu erlangen, über das implizite und explizite, das nonverbale und das sprachliche und womöglich metasprachliche, ist ein Schritt in eine neue Bewusstseinsdimension. Diese Reflexion ist Teil des Lernen4 hin zu einem verantwortungsbewussten globalen Mitgestalten.

Anhang

Glossar

Abwendungs- oder Vermeidungssystem (engl. *Avoiding-system)* ist eins von drei motivationalen Systemen, das eine neurophysiologische Zuordnung im Angstzentrum in der Amygdala, dem Mandelkern, hat. Es springt an, wenn ein Mensch eine Situation als bedrohlich bewertet. Dann sorgt es besonders über die hormonelle Stressachse und den Sympathikus für einen Spannungszustand und Stoffwechsel, die ein schnelles Abwenden der Gefahr, ein Kämpfen, Fliehen oder Totstellen oder auch Kümmern und Anschließen ermöglichen. Diese innere Einstellung wird als Abwendungsmodus bezeichnet. Im Abwendungsmodus ist der Organismus gänzlich auf das Abwenden der Bedrohung oder ein sich Abwenden von dieser eingestellt. Das schließt sein Fühlen und Denken ein.

Allparteilichkeit ist eine Haltung, aus der heraus man für jede Konfliktpartei um Verstehen bemüht ist. Verstehen bezieht sich besonders auf das Empfinden und Denken jeder der Parteien. Es bedeutet keine Zustimmung über Urteile über den anderen. Die Forderung nach und Haltung von Allparteilichkeit ist zum einen aus der Erkenntnis entstanden, dass es Unparteilichkeit wie Neutralität nicht wirklich gibt und zum anderen aus der Praxis der Mediation, wo beide Seiten verstanden werden wollen und müssen, wenn es zu einer Lösung kommen soll.

Angina mentalis ist eine neue Bezeichnung für einen Denkzustand in einer Angstblase, für ein eingeengtes Denken, das von Angst im Abwendungsmodus geleitet ist. In der Corona-Krise konnten wir eine Angina mentalis sowohl bei Wissenschaftlerinnen und Politikerinnen beobachten, die ihr Denken gänzlich dem Abwenden der Virus-Gefahr gewidmet hatten, als auch bei Querdenkerinnen, die in allen Maßnahmen der Regierung und Virologinnen eine Bedrohung für Freiheit und Gesundheit gesehen haben.

Annäherungssystem (engl. *Approach-system)* ist das motivationale System, das die meisten Menschen als positiv erleben. Es springt an, wenn wir ein lustvolles Bedürfnis haben und/oder ein entsprechend attraktives Objekt wahrnehmen. Es ist mit dem sogenannten inneren Belohnungssystem, dem dopaminergen System verknüpft, mit einem Zentrum im Nucleus accumbens, dem Lustzentrum. Es wird häufig als Gegenspieler vom Abwendungssystem gesehen. Beide Systeme können sich auch gegenseitig verstärken. Ein Beispiel ist die Angstlust beim Schauen von Krimis. Die basale Einstellung des Organismus, die mit einem motivierenden Gefühl von Lust eine Annäherung an attraktive Ziele wie Nahrung, sinnliche wie auch sexuelle Nähe bewirkt oder ermöglicht, heißt **Annäherungsmodus**.

Anthropozän wird von einer internationalen Arbeitsgruppe von Geologinnen eine neue geochronologische Epoche genannt, in der der Mensch zu einem der wichtigsten Einflussfaktoren auf die biologischen, geologischen und atmosphärischen Prozesse auf der Erde geworden ist: ein neues Erdzeitalter, eine »Geologie der Menschheit«.

Antonovsky, Aaron (1923–1994) war ein israelisch-amerikanischer Medizinsoziologe und prägte in den 1970er-Jahren den Begriff der Salutogenese. Seit den 60er-Jahren war er in Jerusalem neben der Lehre vor allem in der Stressforschung und der Erforschung von Funktionen der Institutionen des Gesundheitswesens tätig. Innerhalb dieser Arbeit stieß er auf die von ihm als »Wunder« empfundene Tatsache, dass einige jüdische Frauen, die nationalsozialistische Konzentrationslager überlebt hatten, sich gesund ein neues Leben hatten aufbauen können. Diesem Wunder des Gesundbleibens widmete er von da an sein Engagement.

Attraktor ist ein Begriff aus der Chaosforschung und bezeichnet in einem sich dynamisch verändernden System einen attraktiven Zielzustand, dem sich das System annähert. Ein einfaches Beispiel ist der Punkt, in dem ein schwingendes Pendel zur Ruhe kommt. Wenn ein Pendel zwischen mehreren Magneten pendelt, kann es schon zu chaotischen Bewegungen kommen, die aber letztendlich in einem berechenbaren Zielgebiet zur Ruhe kommen *(deterministisches Chaos)*. Bei komplexen Zielen spricht die Chaosforschung von *seltsamen Attraktoren*.

Bei Lebewesen und insbesondere bei den Entwicklungsprozessen von Menschen spreche ich von **Attraktiva**, um die komplexen Ziel-Informationen, die sie motivieren (bewusst und unbewusst), zu benennen. Attraktiva haben eine anziehende Wirkung, aus einer ruhenden Qualität heraus (wie der »unbewegte Beweger« bei Aristoteles) und entziehen sich in ihrer Komplexität exakter mathematischer Berechnung. Da die Endung »-tor«

wie in Attraktor aber eine aktive und männliche Qualität bezeichnet, passt dieser Begriff nicht für das beschriebene Phänomen im menschlichen Leben, obwohl er dasselbe Prinzip beschreiben will.

Attraktionsprinzip ist das Prinzip der Emergenz oder der Schöpfung, das besagt, dass sich Energie wie Masse in Richtung von Attraktoren/ Attraktiva bewegt. Das geschieht durchaus auf chaotischen, nicht exakt berechenbaren Wegen – hin zu neuen dynamischen Ordnungszuständen wie Strukturen.

Autonomie bedeutet Eigengesetzlichkeit: Ein System wie ein Mensch funktioniert und reguliert nach seinen eigenen Gesetzen. Autonomie bedeutet nicht, dass ein Mensch ganz alleine alles macht oder entscheidet. Zur Eigengesetzlichkeit des Menschen gehört, dass er in Beziehungen lebt, fühlt und denkt, dass er ein soziales, kulturelles und womöglich noch geistiges Wesen ist.

Bedürfniskommunikation: Eine erfolgreiche Kommunikation seiner wichtigsten Bedürfnisse ist für die gesunde Entwicklung eines Menschen die Grundlage. Ein Säugling ist existenziell darauf angewiesen, dass seine Bezugspersonen seine Bedürfnismitteilungen verstehen und hinreichend befriedigend beantworten. Solange er noch nicht sprechen kann, dienen seine Emotionen dem Ausdruck seiner Bedürfnisse. Im Laufe der Reifung eines Menschen lernt dieser, manche Bedürfnisse direkt und ohne Hilfe anderer Menschen zu befriedigen. Auch dies ist dann als Bedürfniskommunikation mit den jeweiligen Objekten zu verstehen. So bildet ganz allgemein die Bedürfniskommunikation den Kern der Psychodynamik gesunder Entwicklung.

Chaosforschung ist die Erforschung der Frage, wie in dynamischen Systemen aus Chaos Ordnung entstehen kann und andersherum Chaos entsteht.

Chaostheorie erstellt mathematisch formulierte Theorien zur Beschreibung u. a. von Dynamiken, bei denen aber kleinste Änderungen der Anfangsbedingungen ein nichtlineares Anwachsen von Störungen bewirken können. Das Verhalten derartiger Dynamiken führt zur Ausbildung chaotischer Beziehungen und ist langfristig nicht vorhersagbar. Ein **deterministisches Chaos** bezeichnet einen chaotisch erscheinenden Vorgang, dessen Ergebnis allerdings determiniert ist (durch einen evtl. berechenbaren Attraktor).

Emotionen meinen hier die Gefühle, die Menschen in Bewegung bringen (engl. »Motion«). Ihr Antrieb kommt von Bedürfnissen hinter den Emotionen, die auch in der jeweiligen Emotion zum Ausdruck kommen.

Epigenetisch bezeichnet den Einfluss der Umgebung auf die Aktivität und Strukturbildung von Genen, die Entstehung eines Lebewesens und die Ausprägung seiner Eigenschaften.

Explizit bedeutet, dass ein Verhalten bzw. die Verarbeitung einer Erfahrung sowie eine mitgeteilte Botschaft bewusst ist und willentlich – wie z.B. Sprechen, gewollte und bewusst gesteuerte Aktivitäten (s.a. implizit).

Flow ist ein Fließgefühl, z.B. wenn man mit all seinen Fähigkeiten, mit Körper, Gefühl und Gedanken hingegeben an einen Strom im Leben ist, z.B. in einer erfassenden kreativen Aktivität.

Ganzheit ist ein abstrakter Begriff. Die Endung »-heit« deutet auf eine Abstraktion hin. So bezeichnet Ganzheit hier etwas, was allen Ganzen, allen Systemen, zugrunde liegt. Im Zusammenhang des Menschen ist hier die attraktive Information gemeint, die das Erscheinen eines ganzen Menschen anzieht und informiert = formt. Die Attraktiva der Ganzheit bewirkt die Kohärenz des Ganzen, das Zusammenspiel all seiner Teile.

Gesundheit ist ein abstrakter idealer Leitbegriff, der von der WHO 1948 als »ein Zustand völligen psychischen, physischen und sozialen Wohlbefindens« definiert wurde.

Gesunde Entwicklung ist eine Annäherung an die Attraktiva Gesundheit. Es gibt so viele gesunde Entwicklungen wie es Menschen gibt. Jeder Annäherungsweg ist individuell und einzigartig. Dazu hat er drei motivationale Einstellungen mit komplexen Handlungsmustern.

Gesundheitsmodelle versuchen die komplexen Zusammenhänge von gesunder Entwicklung übersichtlich und handhabbar zu machen. Hier wird ein *systemisches Gesundheitsmodell* skizziert, das die selbstregulative Dynamik gesunder Entwicklung in einer mehrdimensionalen Umgebung beschreibt.

Gutes Leben definiere ich als ein Leben auf dem Weg zu Kohärenz und in Stimmigkeit. So ist, von außen betrachtet, jedes Leben ein gutes Leben, weil es sich nach jeweils seinem Vermögen und äußeren Bedingungen in Richtung Kohärenz entfaltet. Subjektiv für uns selbst bewerten wir es als gut, wenn wir dies Streben nach Kohärenz bewusst erleben. Mit dem

Gedanken an ein gutes Leben geht es um ein bewusstes Erinnern an unser innewohnendes Streben, an unsere evolutive Attraktiva und nicht um Beurteilung von Leben ob gut oder schlecht. Durch Kommunizieren über unsere attraktiven Vorstellungen vom guten Leben möglichst aller Menschen können wir unsere Kooperationen zur Mitgestaltung eines guten Lebens kultivieren.

Heuristik (wie **heuristisch**) bezeichnet die »Lehre vom Finden« von Lösungen und Erkenntnissen. Im Zusammenhang von Gesundheitswissenschaften wird besonders eine intentionale Heuristik zur Annäherung an Attraktiva gebraucht. Das kann ganz praktisch in Gesundheitszirkeln, im Goal-setting und im Salutogenic Reflecting Team sowie in Gesundheitswissenschaften von interdisziplinären Gruppen praktiziert werden.

Holarchie bezeichnet eine vertikale Ordnung von Ganzheiten oder Ganzen. Dabei ist das größere Ganze dem kleineren übergeordnet. Holarchie unterscheidet sich von Hierarchie, wie sie oft in einer Pyramide dargestellt wird, dadurch, dass das übergeordnete System das umfassende für das kleinere ist und dass es sowohl top-down als auch bottom-up-Wirkungen, Abhängigkeiten und Anpassungen gibt.

Ich-Dimension (ID): Menschliches Leben ist mehrdimensional. Es findet in mehreren Lebensdimension (LD) statt: Wir leben in einem physikalisch-chemischen Körper, der organismisch reguliert wird (1. LD/ID), in direkten zwischenmenschlichen Beziehungen (2. LD/ID), in kulturellen Bezugssystemen (3. LD/ID) sowie in einer Biosphäre (4. LD/ID), dem Sonnensystem und anderen kosmischen Systemen (5. LD/ID). In jeder dieser Lebensdimensionen haben wir Erfahrungen gemacht, die über Millionen von Jahren zu passigen Strukturen auch in unserem Gehirn geführt haben. In jedem einzelnen Leben werden die Verschaltungen in diesen evolutionär entstandenen Strukturen neu durch aktuelle Erfahrungen geprägt. So gibt es neuro-psychische Strukturen, die jeweils besonders für die Beziehungen in einer der Lebensdimensionen zuständig sind. Die individuelle Verarbeitung und Regulation der Beziehungen in jeweils einer Lebensdimension bildet die jeweilige Ich-Dimension. Dabei ist jede höhere Ich-Dimension bestrebt, alle darunterliegenden Dimensionen zu integrieren. Das Ergebnis dieser Integration der ich-Dimensionen und Ich-Zustände ergibt die individuelle Persönlichkeit.

Ich-Zustände (engl. ego-states) werden im Individuum durch erlebte Beziehungen wie auch wichtige Situationen gebildet. Es sind gespeicherte Beziehungs-, Fühl-, Denk- und Glaubensmuster, die insgesamt unser Ich ausmachen und auch durch äußere Anlässe aufgerufen wie getriggert werden können. Einzelne Ich-Zustände können verdrängt oder gar abgespalten werden, wie z. B. bei einem erlebten Trauma. Das Ziel ist allgemein eine Integration aller Ich-Zustände in die Persönlichkeit. Für die Verarbeitung und Integration kann eine Orientierung an den Ich-Dimensionen hilfreich sein.

Implizit wird ein neuropsychisches Funktions- und Verarbeitungssystem genannt, das unsere Körperfunktionen sowie Verhalten unterhalb unseres Wachbewusstseins reguliert. Alles, was nicht bewusst absichtlich stattfindet, wird implizit genannt. Viele implizite Vorgänge können im Nachhinein bewusst werden, andere wie z. B. die Stoffwechselregulation der Zellen bleiben unbewusst. Für die komplexen Vorgänge des Lebens, insbesondere alle Entwicklungsvorgänge, wozu Gesundung gehört, spielt das implizite neuropsychische Verarbeitungssystem wohl die größere Rolle: Das explizite Verarbeitungssystem kann pro Sekunde 40–50 Bits verarbeiten, das implizite etwa 40–50 Millionen Bits.

Information kommt aus dem Lateinischen von informare, was ursprünglich bedeutet formen, bilden. So wird hier *Information* ausgehend von dieser ursprünglichen Bedeutung verwendet als dasjenige, was Energie/Masse in eine Form bringt. Materie ist geformte also informierte Masse/Energie. Als Grundentitäten allen Daseins bleiben Energie und Information. In diesem allgemeinsten Verständnis hat Information die Bedeutung von Geist – allerdings mehr aus einer Beobachterperspektive, während Geist mehr aus der Innenperspektive gesagt wird.

So formen Informationen die neuronalen Verschaltungen in unserem Gehirn wie auch Verschaltungen im Computer, wo sie zu Daten werden. Wenn sie jemand abruft, können die Daten auch wieder informieren. Ob es auch Geist jenseits von Informationen gibt, also Geist der unsere Gehirntätigkeit nicht gestalten kann, können wir nicht sagen, da wir nur das denken können, was unser Gehirn informiert.

Intentionalität als Gerichtetheit einer Intention oder Absicht wird von Tomasello (2010, 2014) als grundlegend für menschliche Kooperation gesehen.

Schon sehr kleine Kinder können mit der Intentionalität ihrer Bezugsperson in Resonanz gehen und diese teilen. Aus der geteilten Intentionalität wird dann eine gemeinsame als Motivation für eine Kooperation. Wenn Kooperationen nicht mehr gut laufen, ist eine Überprüfung der Intentionalität oft hilfreich.

Kohärenz (engl. coherence) ist ein Begriff, der heute in verschiedenen Wissenschaften wichtig geworden ist und mit einer ähnlichen Bedeutung verwendet wird: Zusammenhang, Übereinstimmung, Stimmigkeit, Zusammenhalt, stimmige Verbundenheit, Ordnung(ssinn). In der Systemtheorie ist Kohärenz von zentraler Bedeutung: Jedes System hat seine eigene charakteristische Kohärenz; durch Kohärenz wird es überhaupt erst ein System.

Kohärenzgefühl ist die häufigste Übersetzung von Antonovskys »Sense of coherence« SOC. Da im »Sense of coherence« sowohl die wahrnehmende Bedeutung »Sinn für Kohärenz« enthalten ist, wie auch eine beschreibende »Gefühl von Kohärenz« erscheint es sinnvoll, beiden Bedeutungen nachzugehen.

Hier zunächst die Definition von Antonovsky aus dem Jahre 1987 (übersetzt 1997 von Alexa Franke): »Das SOC (Kohärenzgefühl) ist eine globale Orientierung, die ausdrückt, in welchem Ausmaß man ein durchdringendes, andauerndes und dennoch dynamisches Gefühl des Vertrauens hat.«

Kohärenzsinn ist unsere angeborene Fähigkeit, Kohärenz (stimmige Verbundenheit) in uns und zwischen uns und unserer Umwelt wahrzunehmen. Der Kohärenzsinn bewertet die eingehenden Signale aus den Sinnesorganen. Er bildet nach neuen neurophysiologischen Erkenntnissen die übergeordnete Funktion des Zentralnervensystems. Dieser Sinn für Kohärenz ist somit die Voraussetzung für das Entstehen von Kohärenzgefühl.

Kohärenzsystem ist die neue Bezeichnung für das dritte und dem Annäherungs- und Abwendungssystem übergeordnete neuro-motivationale System. Es gibt bisher noch keine allgemein anerkannte Bezeichnung. Im Englischen werden bestimmte Funktionen dieses Systems als »liking« bezeichnet im Unterschied zum »wanting« im Annäherungssystem. Im **Kohärenzmodus** kann ein Mensch sich gelassen fühlen und hat eine gewisse Distanz zu seinen Emotionen und Affekten im Annäherungs- und Abwendungsmodus. Im Kohärenzmodus streben wir nach Integration und stimmiger Verbundenheit.

Kokreativ (engl. co-creative) werden hier alle kreativen Kooperationen genannt, auch implizite, also nicht willentlich bewusst herbeigeführte.

Kommunikation definiert auf der menschlichen Alltagsebene ein gemeinschaftliches Handeln, in dem Gedanken, Ideen, Wissen, Erkenntnisse, Erlebnisse (mit-)geteilt werden und auch neu entstehen. Kommunikation in diesem Sinne basiert auf der Verwendung von Zeichen in Sprache, Gestik, Mimik, Schrift, Bild, Musik oder auch Geld. Kommunikation ganz allgemein ist die Aufnahme, der Austausch und die Übermittlung von Informationen zwischen zwei oder mehreren Personen wie auch anderen Lebewesen und Dingen. Hier wird besonders unterschieden zwischen direkter und indirekter/vermittelter Kommunikation. Die direkte, hier auch »soziale« genannte, findet in ganzheitlich sinnlich wahrnehmbarer Begegnung statt. Dabei macht der nonverbale Anteil meist mehr als 80 Prozent aus. Bei der indirekten, hier »kulturellen«, Kommunikation werden die Informationen im Wesentlichen über ein Medium, über Zeichensysteme wie Sprache, Bilder, Musik, Geld, Werkzeuge o. Ä. und heute besonders auch über digitalisierte technische Hilfsmittel wie Drucksachen und Elektronik vermittelt.

Kommunikationsmuster wie auch Interaktions- oder Beziehungsmuster sind wiederkehrende Muster oder Schemata zwischen Sendern und Empfängern.

Komplexität benennt eine Vielzahl von Wechselbeziehungen innerhalb und ggf. auch außerhalb eines Systems, die nicht mehr in ihrer Kausalität nachvollzogen oder exakt vorausberechnet werden können. Komplexe Systeme sind dynamisch und weisen häufig Aspekte von chaotischen Verläufen auf. Die Komplexität eines Systems steigt mit der Anzahl an Elementen, der Anzahl an Verknüpfungen zwischen diesen Elementen sowie der Funktionalität und Unüberschaubarkeit dieser Verknüpfungen (wie bei Nichtlinearität). Die **Komplexitätsforschung** untersucht eben diese Dynamiken und versucht, ihre Gesetzmäßigkeiten mathematisch zu erfassen. Sie beinhaltet heute auch die Chaosforschung.

Konstruktivismus ist eine moderne Erkenntnistheorie, die im 20. Jahrhundert geprägt wurde. Er geht davon aus, dass die Welt, wie wir sie sehen, ein Produkt subjektiver und kognitiver Konstruktionsleistungen ist. Die Frage ist dann nicht mehr: Was ist die Wirklichkeit? da nicht davon ausgegangen werden kann, dass ein ontologisches Sein der Dinge an sich existiert. Die Frage ist: Wie konstruieren wir die Wirklichkeit? Wissen wie Wissenschaft ist damit an die subjektive, epistemologische Konstruktion gebunden. Es läuft darauf hinaus, dass wir wissen, dass wir nicht wissen können: dass wir letztlich nur glauben können: Ich bin, weil ich glaube.

Kooperation wird in diesem Buch für unterschiedliche Arten von Zusammenwirken zu einem gemeinsamen Zweck benutzt: einmal für jede Form von Zusammenwirken von Teilsystemen innerhalb eines Systems und zum anderen als speziell menschlich partnerschaftliche und freiwillige Kooperation. Für Letztere werden aufgrund der Forschungen von Tomasello (2010, 2012, 2020) vier regelnde Kriterien angenommen: 1. Kooperationspartnerinnen gehen aufeinander ein. 2. Sie haben ein gemeinsames Ziel, eine gemeinsame Intentionalität. 3. Sie stimmen ihre unterschiedlichen Rollen miteinander ab (möglichst freiwillig). 4. Sie helfen sich gegenseitig, wenn einer Hilfe braucht.

Kultur meint hier Gebilde in der Selbstorganisationsstufe von Menschen, die wesentlich durch ihre Sprache und andere Zeichensysteme wie Geld, Bilder u. Ä., durch explizite Regeln und Gesetze, Organisationen und Arbeitsteilung charakterisiert sind. Dabei können Nationen, Sprachräume oder auch kleinräumigere Strukturen als Kultur bzw. kulturelle Organisationen in Betracht gezogen werden. Unter **kultureller** Evolution wird die Entwicklung von Kulturen in Richtung größerer Komplexität der Arbeitsteilung und anderer Beziehungen verstanden. In der Globalisierung wird die kulturelle Evolution heute deutlich bis hin zum Übergang in die globale Dimension, die im Anthropozän erscheint.

Kybernetik ist die Lehre der Kunst des Steuerns und Regelns, von der Regulation der Dynamiken von Systemen wie z. B. des Stoffwechsels .

Kybernetik 2. Ordnung bezeichnet eine Meta-Steuerung der Regulation durch Reflexion, Beobachten des Beobachters – gewissermaßen aus der Perspektive eines Übersystems.

Lebensdimensionen (LD, s. a. Systemdimensionen und Ich-Dimensionen) sind Dimensionen von Komplexität unserer Beziehungen in unseren Umwelten: in der physikalisch-chemischen Lebensdimension (0. LD), der bio-organismischen (1. LD), der sozialen (2. LD), kulturellen (3. LD), globalen und geistigen (4. LD) sowie kosmischen oder universellen (5. LD).

Lernebenen hat Gregory Bateson 1972 (1996) beschrieben als jeweils komplexeres Lernen von Kontexten von einfacherem Lernen usw. Das einfachste Lernen ist z. B. eine Gewöhnung wie Sättigung auf der Lernebene von Reiz-Reaktion. Die nächste Lernebene ist das konditionierte Lernen, also das Erkennen des Kontextes von Reiz und Reaktion. Das nächste komplexere Lernen ist dann ein Erkennen z. B. des zeitlichen Kontextes der Konditionierung und wie Menschen Kinder und Hunde dressieren. Analog zu Batesons Lernebenen habe ich hier Lernen 1 bis Lernen 5 beschrieben. Diese Lernebenen korrespondieren mit den hier ausgeführten Ich- und Lebensdimensionen in einem holarchischen Weltbild.

Macht-Opfer-Dreieck ist ein Beziehungsmuster zwischen den Rollen von Opfer, Täter und Retter/Richter. Dabei wird der Täter vom Opfer als mächtig erlebt. Um Verletzungen durch den Täter abzuwehren, muss der Mensch Macht entfalten. In Kulturen sind deshalb die Rollen von Richtern und Rettern mit Macht ausgestattet. Die Rollen *Retter* und *Richter* dienen der Fürsorge bzw. Vorbeugung von zwischenmenschlichen Verletzungen. Wenn sich diese Rollen und das Muster allerdings verselbstständigen, entfalten sich Macht- und Rollenspiele, in denen die Rollen fliegend wechseln können (vgl. auch Dramadreieck). Das Macht-Opfer-Dreieck kann dann als Schattenmuster eine Eigendynamik entfalten, wo Richter und Retter mehr Schaden als Nutzen anrichten können.

Meta-Kommunikation meint eine reflektierte Kommunikation über Kommunikation.

Metaphysisch bezeichnet eine Wirklichkeit neben, außer, hinter oder über der physischen Realität. Diese kann Naturgesetze, Muster, Abstraktionen, Attraktoren u. Ä. betreffen, die allesamt Informationen darstellen. Im Sinne von Naturgesetzen regeln die metaphysischen Entitäten die physischen.

Metasubjekte sind Subjekte, die größer sind als ein einzelnes Subjekt. So ist ein Paar das kleinste Metasubjekt. Gruppen, Parteien, Regierungen, universitäre Fakultäten oder Fachzweige sind Metasubjekte, wie auch Staaten, Kulturen und die Menschheit.

Metativ nenne ich eine Erkenntnis, die von einem Metasubjekt gewonnen oder geäußert wurde. Der Begriff *metativ* soll den Begriff *objektiv* in den Wissenschaften ablösen, der in Ignoranz moderner Erkenntnistheorie glauben macht, dass es eine vom Subjekt unabhängige wahre (= objektive)

Erkenntnis gäbe. Die Bedeutung von *metativ* ist ähnlich wie die von *intersubjektiv,* wie es neuerdings in der Wissenschaftstheorie verwendet wird. Der Begriff *metativ* öffnet im Unterschied zu intersubjektiv die Frage nach dem Metasubjekt der Erkenntnis und damit nach Transparenz es Erkenntnisprozesses. Eine metative Wahrheit ist womöglich umfassender und wahrscheinlicher, aber nicht unbedingt wahrer als die eines einzelnen menschlichen Subjektes.

MITWISSEN ist die ursprüngliche Bedeutung von lat. *conscentia,* das das Grundwort von engl. *conscious* = bewusst ist. Die Übersetzung als Bewusstsein geht auf Descartes (1596–1650) zurück. Ich gebe dem Mitwissen und damit auch Bewusstsein hier noch einen Bedeutungsaspekt, der möglicherweise der ursprünglichen Bedeutung von *conscentia* nahekommt: Demnach hat ein Mensch ein Mitwissen an seiner Umgebung, an der Kohärenz seiner Übersysteme, also z. B. seiner Familie und seiner Umwelt. Dieses Mitwissen erscheint oft unpräzise und damit mehr wie ein Ahnen oder ein Instinkt bzw. eine Intuition. Unter diesem Bedeutungsaspekt bekommt auch Bewusstsein einen Bezug zu unseren Übersystemen.

MÖGLICHKEITSRAUM ist ein virtueller, metaphysischer Raum, in dem z. B. in der Quantenphysik die Möglichkeiten des Erscheinens von Photonen auf einer Fotoplatte vor dessen Realisierung gedacht sind. Für den Fall des sogenaynnten Zusammenbruchs der Wellengleichung kann man die Möglichkeiten auch berechnen. In Analogie zur Quantenphysik denken wir uns alle Möglichkeiten von Entwicklungen als Informationen in eben diesem virtuellen Raum. Diese Informationen im Möglichkeitsraum können die Realität in der Zukunft informieren.

MOTIVATIONALE SYSTEME prägen basale psychophysische Einstellungen unseres Organismus für grundlegend unterschiedliche Aktivitäten. Sie haben besondere organische Funktionsorte im zentralen Nervensystem ZNS: das Annäherungs-, Abwendungs- und Kohärenzsystem. Als Richtungen von Motion, also Bewegung, treten sie schon bei Einzellern auf, die sich einer attraktiven Nahrungsquelle annähern können, von einer Gefahr abwenden und in einer neutral kohärenten Umgebung ruhen können.

PARENTIFIZIERUNG wird das Beziehungsmuster genannt, bei dem ein Kind eine Elternrolle für seine Mutter oder seinen Vater übernimmt. Das Motiv dahinter ist meist eine bei dem Elternteil und/oder im Familiensystem herrschende Not zu beheben. Auf diese Weise bekommt das Kind dann häufig zwar nicht das, was es zur Befriedigung seiner kindlichen Bedürfnisse gebraucht hätte, wohl aber Anerkennung und eine positive Rolle im System. Leider kann dies für das Kind überfordernd sein und später in entsprechenden beruflichen Kontexten zum sogenannten Helfersyndrom, des hilflosen Helfers (Schmidbauer) wie auch einem Burn-out, führen.

PATHOGENESE ist die Entstehung von Krankheiten. Eine pathogenetische Orientierung beinhaltet die Ausrichtung auf die Entstehung von Krankheiten und daraus folgend die Bekämpfung dieser.

PEM(S)-BRÜCKE: Ein Fragen nach dem Körperempfinden, der Emotion und den Gedanken, die zu einem Symptom gehören, ist eine Technik, die auch als PEM(S)-Brücke bezeichnet wird: eine physisch-emotional-mentale Brücke, die bei Bedarf, wie z. B. in existenziellen Krisen noch durch Fragen nach höherem Sinn oder einem anderen Glaubensinhalt ergänzt wird. Durch ein Zusammenbringen dieser drei bzw. vier Ich-Dimensionen wird ein Schritt zu ihrer Integration unternommen. Integration ist oft schon ein heilsamer Schritt. Das Bewusstsein muss bei diesem Schritt eine Position jenseits oder über diesen drei Dimensionen einnehmen: den inneren Beobachter im Kohärenzbewusstsein.

PSYCHISCH GESUND ist ein Mensch, wenn er in der Lage ist, seine unterschiedlichen Bedürfnisse, Anliegen und Ziele in seiner mehrdimensionalen Umwelt hinreichend befriedigend (für alle Beteiligten) zu kommunizieren – körperlich, emotional-mitmenschlich, mental-kulturell und geistig.

PSYCHODYNAMIK beschreibt psychophysische Regulationsvorgänge im Menschen. Ursprünglich wurde der Begriff von der Psychoanalyse für die Dynamiken geprägt, die psychischen Erkrankungen zugrunde liegen. Hier konzipiere ich eine salutogene Psychodynamik gesunder Entwicklung, von einem Wechselspiel von Attraktiva, Körper und Beziehungserfahrungen. In diesem Wechselspiel entstehen **PSYCHODYNAMISCH WIRKSAME MUSTER**, die sowohl salutogen wie auch pathogen wirken können.

PSYCHOLOGIE, SYSTEMISCHE, verstehe ich als Lehre von der Ganzheit des Menschen (seiner Psyche/Seele) in ihren mehrdimensionalen inneren und äußeren Wechselbeziehungen.

Rekursiv bedeutet rückbezüglich. Es bezeichnet in dynamischen Prozessen eine Rückkopplung auf sich wiederholende Schritte.

Rückkopplungsprozesse sind dynamische Vorgänge, bei denen jeder folgende Schritt auf dem vorherigen aufbaut. Positive Rückkopplung bedeutet, dass durch einen neuen Schritt der Vorgang weitergeführt bzw. beschleunigt wird; negative Rückkopplung heißt, dass durch die neue Aktion der Vorgang gehemmt wird.

Resilienz ist eine Widerständigkeit, auch »psychische Widerstandskraft« genannt, gegen Stresssituationen. Antonovskys Studie mit Frauen, die den Holocaust überlebt hatten, war zunächst eine Resilienzforschung. Allerdings hat er im Verlaufe dieser Forschung die Fragestellung erweitert zur salutogenetischen allgemeinen Frage: Wie können Menschen sich in Richtung Gesundheit entwickeln? In dieser Fragestellung ist die Mitgestaltung der äußeren Bedingungen inbegriffen. Bei der Fragestellung der Resilienz geht es nur darum, wie Menschen trotz stressender Bedingungen gesund bleiben können. Eine Veränderung der stressenden Bedingungen ist dabei nicht vorgesehen. So ist die Resilienz eine Teilfrage der Salutogenese. Wenn diese nur isoliert gestellt wird, kommt es zur Erforschung z. B. von Psychopharmaka zur Erhöhung der Resilienz von Tätern im Macht-Opfer-Dreieck (z. B. von Soldaten im Auslandseinsatz, wie bei der US-Army zur Vorbeugung von posttraumatischen Belastungsstörungen geschehen).

Resonanz ist ein Antwortschwingen in der Eigenschwingungsfähigkeit – sowohl in der physikalischen als auch der menschlichen Dimension. Im Sinne konstruktiver Interferenzen, können wir auch aufbauende und zerstörerische Resonanz unterscheiden.

Salutogenese ist eine Wortschöpfung von A. Antonovsky aus den 1970er-Jahren (lat. von salus = Unverletztheit, Heil, Glück und griech. génesis = Entstehung). Damit hat er die Frage nach der Entstehung von Gesundheit in die Wissenschaft gebracht. *Salutogenese ist eine Bezeichnung für den Beginn einer Wissenschaft von der Entstehung von Gesundheit.*

Salutogen ist alles, was eine gesunde Entwicklung fördert.

Salutogenetisch wird die Sichtweise genannt, die die Gesundheitsentstehung im Fokus hat.

Selbstheilungsfähigkeit (umgangssprachlich oft nicht ganz korrekt »Selbstheilungskräfte« genannt) ist die Fähigkeit des Organismus, sich zu regenerieren, bei Verletzungen oder Erkrankungen zu heilen und weitestgehend funktionstüchtig zu werden. Die Selbstheilungsfähigkeit von lebenden Systemen ist ein selbstregulatorischer und schöpferischer Vorgang und die Grundlage für deren Salutogenese.

Selbstorganisation ist der Vorgang, bei dem in einem System aus einer inneren Dynamik heraus aus Chaos Ordnung herstellt wird (s. a. Chaosforschung, Synergetik) oder sogar ein neues System emergiert. Maßgeblich für die ggf. neue Ordnung sind Attraktoren wie Attraktiva.

Selbstregulation ist die Regulation eines Systems nach maßgeblichen Regelgrößen wie auch Attraktiva, die dem System eigen sind. Erkrankung kann sowohl als Störung der Selbstregulation als auch als eine sinnvolle Variante der Selbstregulation in Bezug auf einen bestimmten Kontext verstanden werden.

Sozial werden hier Systeme und Beziehungen genannt, in denen direkt zwischenmenschlich kommuniziert wird. Das geschieht überwiegend (80–100 Prozent) nonverbal über die Sinne. In diesem Sinne sind die sogenannten sozialen Medien keine sozialen, sondern kulturelle Medien, weil in ihnen über Zeichensysteme und technische Hilfsmittel überwiegend verbal kommuniziert wird. Durch Nutzung emotionaler Metapher schaffen sie häufig eine Illusion sozialer Nähe und einen (fragwürdigen) Ersatz dafür.

Stressachse ist eine neuro-hormonelle Verknüpfung, die mit einer Bewertung einer Situation als bedrohlich beginnt und dann über zwei Wege die Hormonproduktion in der Nebenniere anregt: die schnelle neuronale Aktivierung über den Sympathikus und die etwas langsamere über Hormone des Hypothalamus und der Hypophyse bis zur Nebennierenrinde. Die Erste führt zur Freisetzung besonders von Adrenalin und die langsamere von Kortisol.

Sympathikotonus ist der Aktivitätszustand des sympathischen Nervensystems, der bei Stress erhöht ist und den ganzen Stoffwechsel auf das Abwenden von Gefahren einstellt.

System ist eine Gesamtheit von Elementen (Teilsystemen), die so in wechselseitiger Beziehung zueinander stehen, dass sie eine durchlässig begrenzte und bei Lebewesen eine aufgaben-, sinn- oder zweckgebundene Einheit bilden. Systeme haben damit eine eigene charakteristische Kohärenz. Sie sind grundsätzlich halboffen und wechselwirken so mit Systemen in ihrer Umgebung. Eine **systemische Sichtweise** richtet den Blick auf die wechselwirkenden Beziehungen sowohl zwischen Partner-Systemen einer Dimension als auch auf vertikale Beziehungen zu Teil- und Übersystemen.

Systemdimensionen sind qualitative Ausdehnungen (Dimensionen) von Komplexitätsgraden und Größenordnungen von Systemen. Sie bilden eine natürliche vertikale Ordnung (s. Holarchie), wie die von Zellen-Organen-Organsystemen als Teilsysteme eines Individuums, von Individuen als Teilsysteme einer Familie und Gemeinschaft, von Familien, Gemeinschaften und Organisationen als Teilsysteme einer Kultur, von Kulturen als Teilsysteme der Menschheit und Biosphäre, die Erde als Teilsystem des Sonnensystems usw. Ein jeweils größeres, Teilsysteme einschließendes übergeordnetes System, wird in Bezug zu seinen Teilsystemen **Übersystem** genannt. Die hier aufgeführten Systemdimensionen (wie Lebensdimensionen) haben Entsprechungen auch in logischen Ebenen, wie sie von Bateson und Russell aufgestellt wurden. Sie führen auch zu Resonanzen im Individuum wie zur Strukturbildung des Zentralnervensystems sowie der Persönlichkeit (s. a. Ich-Dimensionen).

Transgenerational bezeichnet eine Weitergabe von Informationen, Problemen, Einstellungen über mehrere Generationen hinweg. Dies ist zum Beispiel in der Trauma-Forschung bekannt geworden, wie auch in der Auswirkung von Kriegen auf folgende Generationen.

Literatur

Ärzteblatt (2016) https://www.aerzteblatt.de/nachrichten/66550/US-Studie-Medizinische-Irrtuemer-dritthaeufigste-Todesursache (Abruf 10.05.2021).

Allport GW (1959) *Persönlichkeit. Struktur, Entwicklung und Erfassung der menschlichen Eigenart.* Meisenheim/Glan: Verlag Anton Hain.

Antonovsky A (1979) *Health, stress and coping: New perspectives on mental and physical well-being.* San Francisco: Jossey-Bass.

Antonovsky A (1993) *Gesundheitsforschung versus Krankheitsforschung.* In: Franke A u. Broda M (Hrsg.) Psychosomatische Gesundheit – Versuch einer Abkehr vom Pathogenese-Konzept. (S. 3–14). Tübingen: dgvt.

Antonovsky A (1997) *Salutogenese. Zur Entmystifizierung von Gesundheit.* Tübingen: dgvt.

Aron EN (2010) *Sind Sie hochsensibel? Wie Sie Ihre Empfindsamkeit erkennen, verstehen und nutzen.* München: mgv.

Axelrod R (2009) *Die Evolution der Kooperation.* München: Oldenbourg.

Bateson G (1996) *Ökologie des Geistes.* Frankfurt/M.: Suhrkamp.

Bauer J (2006) *Das Gedächtnis des Körpers.* München: Piper.

Bauer J (2005) *Warum ich fühle, was du fühlst. Intuitive Kommunikation und das Geheimnis der Spiegelneuronen.* Hamburg: Hoffmann und Campe.

Bauer J (2009) *Das kooperative Gen: Abschied vom Darwinismus.* Hamburg: Hoffmann und Campe.

Bastian R (2014) *Wie gesunde Entwicklung möglich ist.* In: Der Mensch, Heft 49, 2-2014, S. 5–9.

Berne E (1978) *Was sagen Sie, nachdem Sie »Guten Tag« gesagt haben?* München: Kindler.

Bertalanffy L v (1969) *General System Theory. Foundations Development Applications.* New York: George Braziller.

Bircher J (2019) *Die verlorene Hälfte der Medizin. Das Meikirch-Modell als Vision für ein menschengerechtes Gesundheitswesen.* Berlin: Springer.

Bowlby J (2018) *Bindung als sichere Basis: Grundlagen und Anwendung der Bindungstheorie.* München: Reinhardt.

Bowlby J u. J Ainsworth (2020) *Bindung und menschliche Entwicklung: John Bowlby, Mary Ainsworth und die Grundlagen der Bindungstheorie.* Stuttgart: Klett-Cotta.

Bpb: *Anthropozän:* https://www.bpb.de/gesellschaft/umwelt/anthropozaen/ (letztmalig abgerufen 06.09.2020)

Bregman R (2020) *Im Grunde gut. Eine neue Geschichte der Menschheit.* Hamburg: Rowohlt.

Burkhart R u. W Hömberg (Hrsg., 2007) *Kommunikationstheorien. Ein Textbuch zur Einführung.* Wien: Wilhelm Braumüller.

Dalai Lama (2015) *Der Appell des Dalai Lamas an die Welt – Ethik ist wichtiger als Religion.* Wals bei Salzburg: Benevento Publishing.

Dawkins R (1996) *Das egoistische Gen.* Hamburg: rororo.

De Shazer S (2014) *Wege der erfolgreichen Kurzzeittherapie.* Stuttgart: Klett-Cotta.

Dörner K (2007) *Leben und sterben, wo ich hingehöre.* In: Der Mensch, Heft 39, 2-2007, S. 7–10.

Dröscher VB (1996) *Tierisch erfolgreich – Überlebensstrategien im Tierreich.* München: Goldmann.

Eccles JC (1994) *Die Evolution des Gehirns – die Erschaffung des Selbst.* München/Zürich: Piper.

Eibl-Eibesfeldt I (1995) *Die Biologie des menschlichen Verhaltens.* München: Piper.

Eigen M u. Winkler R (1996): *Das Spiel – Naturgesetze steuern den Zufall.* München: Piper.

Elliot AJ (Ed.) (2008) *Handbook of approach and avoidance motivation.* New York: Psychology Press.

Emmerling P (2015) *Ärztliche Kommunikation. Als Erstes heile mit dem Wort ...* Stuttgart: Schattauer.

Engel GL (1976) *Psychisches Verhalten in Gesundheit und Krankheit.* Bern: Huber.

Erikson EH (1957/1999): *Kindheit und Gesellschaft.* Stuttgart: Klett-Cotta.

Erikson EH (1988) *Der vollständige Lebenszyklus.* Frankfurt a.M.: Suhrkamp

Esch T (2017) *Der Selbstheilungscode.* Weinheim: Beltz.

Freud S (1923/2009) *Das Ich und das Es: Metapsychologische Schriften.* Frankfurt/M.: Fischer.

Fuchs T (2010) *Das Gehirn – ein Beziehungsorgan. Eine phänomenologisch-ökologische Konzeption.* Stuttgart: Kohlhammer.

Füllsack M (2011) *Gleichzeitige Ungleichzeitigkeiten. Eine Einführung in die Komplexitätsforschung.* Wiesbaden: VS Verlag.

Gadamer HG (2010) *Über die Verborgenheit der Gesundheit: Aufsätze und Vorträge.* Frankfurt/M.: Suhrkamp.

Gigerenzer G (2008) *Bauchentscheidungen. Die Intelligenz des Unbewussten und die Macht der Intuition.* München: Goldmann.

Grawe K (2004) *Neuropsychotherapie.* Göttingen: Hogrefe.

Grossarth-Maticek R (2000) *Autonomietraining.* Berlin/New York: de Gruyter.

Grossarth-Maticek R (2003) *Selbstregulation, Autonomie und Gesundheit.* Berlin/New York: de Gruyter.

Große Transformation (2013) https://www.umweltbundesamt.de/die-grosse-transformation (letztmalig abgerufen 12.11.2020)

Hansch D u. H Haken (2016) *Synergetik in Hirnforschung, Psychologie und Psychotherapie.* In: Petzer T u. Steiner S (Hrsg.): Synergie. Paderborn: Wilhelm Fink, S. 365–388.

Heisenberg W (1996) *Der Teil und das Ganze.* München/Zürich: Piper.

Höhl R (2014) *Therapiebooster Zielvereinbarung.* In: Ärzte Zeitung vom 26.09.2014: (abgerufen: 12.11.19).

Högel N (2018) https://de.wikipedia.org/wiki/Niels_H%C3%B6gel (letztmalig abgerufen am 10.01.21).

Hüther G (2017) *Co-creativity and Community.* Göttingen: Vandenhoeck & Ruprecht.

Hüther G (2018) *Interview zur Bedeutung von Emotionen.* In: Siegeszug der Emotionen. Herausgeber: Zukunftsinstitut GmbH.

Hüther G (2018) *Würde.* München: Knaus.

Juul J (2014) *Dein kompetentes Kind.* Reinbek: rororo.

Kant I (1781, 1788 / 2015) *Die drei Kritiken.* Köln: Anaconda.

Karpman S: *Drama triangle.* https://karpmandramatriangle.com/ (letztmalig abgerufen 10.01.21).

Kindl-Beilfuß C (2015) *Fragen können wie Küsse schmecken: Systemische Fragetechniken für Anfänger und Fortgeschrittene.* Heidelberg: Carl Auer.

Knoch D et al (2006) *Diminishing Reciprocal Fairness by Disrupting the Right Prefrontal Cortex.* In: Science 314 (5800): 829–32 DOI: 10.1126/science.1129156.

Knoch D (2007) *Funktionelle Hemisphärenasymmetrie der Selbstkontrolle?* In: Zeitschrift für Neuropsychologie, 18 (3), 2007, S. 183–192.

Knyazewa H (2016) *The Idea of Co-evolution: Towards a New Evolutionary Holism.* In: Petzer T, Steiner S (Hrsg., 2016) Synergie – Kultur- und Wissensgeschichte einer Denkfigur. Paderborn: Wilhelm Fink; S. 317–328.

Koestler A (1984) *Die Wurzeln des Zufalls.* München: Scherz.

Kriz J (1999) *Systemtheorie für Psychotherapeuten, Psychologen und Mediziner.* Wien: UTB Facultas.

Kriz J (2017) *Subjekt und Lebenswelt. Personenzentrierte Systemtheorie für Psychotherapie, Beratung und Coaching.* Göttingen: Vandenhoek & Ruprecht.

Kutscher PP u. H Seßler (2007) *Kommunikation – Erfolgsfaktor in der Medizin. Teamführung Patientengespräch, Networking & Selbstmanagement.* Heidelberg: Springer Medizin.

Latham G a. E Locke (1991) *Self-Regulation through Goal Setting.* In: Organizational behavior an human decision process: S. 50, 212–247 (1991).

LeShan L (1989) *Diagnose Krebs: Wendepunkt und Neubeginn.* Stuttgart: Klett-Cotta.

LeShan L u. Büntig W (2010) *Die Melodie des eigenen Lebens finden.* Interview auf DVD. Müllheim: Auditorium.

Locke E a. G Latham (2002) *Building a Practically Useful Theory of Goal Setting and Task Motivation.* In: American Psychologist: Vol. 57, No. 9, 705–717 DOI: 10.1037//0003-066X.57.9.705.

Losos JB (2018) *Glücksfall Mensch – Ist Evolution vorhersagbar?* München: Carl Hanser Verlag.

Lown B (2004) *Die verlorene Kunst des Heilens.* Frankfurt/M.: Suhrkamp.

Luhmann N (1987) *Soziale Systeme. Grundriss einer allgemeinen Theorie.* Frankfurt/M.: Suhrkamp.

Luhmann N (1992) *Die Wissenschaft der Gesellschaft.* Frankfurt/M.: Suhrkamp.

Machleidt W (2007) *Migration, Kultur und seelische Gesundheit.* E2-Vorlesung 2007. 57. Lindauer Psychotherapiewochen. (letztmalig abgerufen 10.01.2021).

Machleidt W, Heinz A (2010) *Praxis der interkulturellen Psychiatrie und Psychotherapie. Migration und psychische Gesundheit [Practicing intercultural psychiatry and psychotherapy: Migration and mental health].* Stuttgart: Urban & Fischer Elsevier.

Main M, J Solomon, TB Brazelton (1986) *Discovery of an insecure-disorganized/disoriented attachment pattern.* In: Affective development in infancy. Ablex Publishing, Westport CT 1986, S. 95–124.

Margulis L (2018) *Der symbiotische Planet oder Wie die Evolution wirklich verlief.* Frankfurt/M.: Westend.

Maslow AH (1981) *Motivation und Persönlichkeit.* Hamburg: Rowohlt.

Matoba K, Scheible D (2007) *Interkulturelle und transkulturelle Kommunikation [Intercultural and transcultural communication].* Working Paper of International Society for Diversity Management e.V. No. 3. Retrieved from http://www.idmdiversity.org/files/Working_paper3-Matoba-Scheible.pdf

Maturana H u. F Varela (1987) *Der Baum der Erkenntnis.* München: Goldmann.

Maturana H (1996) *Was ist erkennen?* München: Piper.

Merten K u. P Teipen (1991) *Empirische Kommunikationsforschung. Darstellung Kritik Evaluation.* München: Ölschläger.

Mogel W (2001) *The Blessings of a Skinned Knee: Using Jewish Teachings to Raise Self-Reliant Children.* New York/London/Sydney/Singapore: Scribner.

Mukherjee S (2012) *Der König aller Krankheiten: Krebs – eine Biografie.* Köln: Dumont.

Mutius B v (2008) *Die andere Intelligenz oder: Muster, die verbinden.* Stuttgart: Klett-Cotta.

Oettingen G (2017) *Die Psychologie des Gelingens.* München: Pattloch.

Panksepp J, Moskal J (2008) *Dopamine and Seeking: Subcortical »Reward« Systems and Appetetive Urges.* In: Elliot AJ (Ed.) (2008) Handbook of approach and avoidance motivation. New York: Psychology Press; P 67–88.

Peichl J (2007) *Innere Kinder, Täter, Helfer & Co. Ego-State-Therapie des traumatisierten Selbst.* Stuttgart: Klett-Cotta.

Peitgen HO, H Jürgens u. D Saupe (1994) *C.H.A.O.S Bausteine der Ordnung. Stuttgart/Berlin/Heidelberg:* Klett-Cotta/Springer.

Penrose R (1995) *Schatten des Geistes. Wege zu einer neuen Physik des Bewusstseins.* Heidelberg: Spektrum Akademischer Verlag.

Petzer T, Steiner S (Hrsg. 2016) *Synergie – Kultur- und Wissensgeschichte einer Denkfigur.* Paderborn: Wilhelm Fink.

Petzold TD (2000a) *Resonanzebenen – Zur Evolution der Selbstorganisation.* Bad Gandersheim: Verlag Gesunde Entwicklung.

Petzold TD (2000b) *Gesundheit ist ansteckend! Heilungsphasen und innere Bilder.* Bad Gandersheim: Verlag Gesunde Entwicklung.

Petzold TD (2000c) *Das Maßgebliche – Information Synthese Subjekt.* Bad Gandersheim: Verlag Gesunde Entwicklung.

Petzold TD (2007) *Bedürfniskommunikation.* In: Psychotherapie Forum Vol. 15, No.3, 2007, S. 127–133.

Petzold TD (2010) *Kreativer Flow in der Teamarbeit.* In: Petzold (Hrsg.) Lust und Leistung. Bad Gandersheim: Verlag Gesunde Entwicklung: S. 121–126.

Petzold TD (2010a) *Reflexionen zu Palliativmedizin, Sterben und Salutogenese.* In: Der Mensch; Heft 40, 1-2010, S. 36–39.

Petzold TD (2011a) *Emotionen und Kommunikation.* In: Der Mensch, Heft 42/43, S. 44–51.

Petzold TD (2011b) *Systemische und dynamische Aspekte von Ganzheit in einer Theorie der Allgemeinmedizin.* In: Zeitschrift für Allgemeinmedizin ZFA 2011 (87)(10), S. 21–26.

Petzold TD, Lehmann N (2011d) *Salutogenesis, globalization and communication.* In: Special Issue of International Review of Psychiatry Dec 2011, Vol. 23, No. 6, Pages 565–575.

Petzold TD (2012a) *Urvertrauen, Misstrauen und Vertrauen.* In: Petzold TD (Hrsg. 2012), Vertrauensbuch – zur Salutogenese. Bad Gandersheim: Verlag Gesunde Entwicklung; S. 15–26.

Petzold TD (2012b) *Kultur, Kooperation, Kreativität und Salutogenese.* In: Der Mensch, Heft 44, 1/2012; S. 22–30.

Petzold TD (2012c) *Salutogenic communication and coherence regulation.* Presentation on the 1st International Health Promotion Research Forum/5th International Research Seminar on Salutogenesis in Trondheim Norway 08/2012.

Petzold TD (2012d) *The Basics of Systemic Coherence Regulation – A Discourse on a Dynamic and Systemic Approach to Salutogenesis.* In: Exploring Mental Health: Theoretical and Empirical Discourses on Salutogenesis. Lengerich: Pabst Publishers, S. 157–176.

Petzold TD (2012e) *Der unvertraute Körper. Entwicklungspsychologische und physiologische Aspekte der Leiblichkeit.* In: ThPQ 160 4/2012; Linz/Österreich, S. 339–348.

Petzold TD (2013a) *Gesundheit ist ansteckend – Praxisbuch Salutogenese.* München: Irisiana.

Petzold TD (2013b) *Errors, communication and a learning feedback-loop for development.* Presentation on international conference in Ascona Switzerland: COME Communicating Medical Errors.

Petzold TD (2013c) *Qualitätsentwicklung und -kriterien aus salutogenetischer Perspektive.* In: Der Mensch, Heft 46, 1/2013, S. 28–31.

Petzold TD (2015) *Für eine gute Arzt-Patient-Kooperation ist die gemeinsame Intentionalität entscheidend.* Zeitschrift für Allgemeinmedizin Z.Allg.Med.10: 6–10.

Petzold TD (2017 / 2021) *Schöpferische Kommunikation.* Bad Gandersheim: Verlag Gesunde Entwicklung (vollständig überarbeitete Neuauflage erscheint April 2021).

Petzold TD (2018a) *Identität – dynamisch und mehrdimensional.* In: Geramanis O u. Hutmacher S (2018) Identität in der modernen Arbeitswelt. Berlin: Springer

Petzold TD (2018b) *Einblick in die Salutogenese bei Krebs – Das Opfer-Integrationsdreieck.* In: Naturheilkunde: Forum Komplementäre Onkologie/Immunologie 2/2018, S. 8/9.

Petzold TD (2018c) *Einladung zu einer »Globalen Ethik zur Kooperation« – Nur ein ethisches Gebot: »Kooperiere zum Wohle aller Menschen!«?* In: Der Mensch 57, 2/2018, S. 31–37. S.a.

Petzold TD (2019) *Kreative Gruppenprozesse – Kokreativer Raum KoRa.* In: Der Mensch 58, 1-2019: S. 59.

Petzold TD (2020) *Braucht unsere gesunde Entwicklung Digitalisierung? Systemische Reflexionen auf Mensch-Sein und Welt, gesunde Entwicklung, Ethik und Digitalisierung.* In: Korczak D (Hrsg. 2020) Digitale Heilsversprechen. Zur Ambivalenz von Gesundheit, Algorithmen und Big Data. Frankfurt/M.: Mabuse.

Petzold TD (2021) *Schöpferisch kommunizieren – Aufbruch in eine neue Dimension des Denkens.* Bad Gandersheim: Verlag Gesunde Entwicklung.

Petzold TD u. Bahrs O (2018) *Beiträge der Salutogenese zu Forschung, Theorie und Professionsentwicklung im Gesundheitswesen.* In: Jungbauer-Gans M, Kriwy P (2016–2020) Handbuch Gesundheitssoziologie. Wiesbaden: Springer Fachmedien VS.

Porges SW (2010) *Die Polyvagal-Theorie. Neurophysiologische Grundlagen der Therapie.* Paderborn: Junfermann.

Prinz W (2013) *Selbst im Spiegel. Die soziale Konstruktion von Subjektivität.* Berlin: Suhrkamp.

Rau H (2013) *Einladung zur Kommunikationswissenschaft.* Baden-Baden: Nomos UTB.

Riedl R (1978/79) *Über die Biologie des Ursachen-Denkens – ein evolutionistischer, systemtheoretischer Versuch.* Mannheim: Boehringer Mannheimer Forum 78/79.

Riedl R (1992) *Wahrheit und Wahrscheinlichkeit – Biologische Grundlagen des Für-Wahr-Nehmens.* Berlin/Hamburg: Paul Parey.

Roediger E (2009) *Was ist Schematherapie? Eine Einführung in Grundlagen, Modell und Anwendung.* Paderborn: Junfermann.

Rollnick S u. WR Miller (2004) *Motivierende Gesprächsführung.* Freiburg im Breisgau: Lambertus.

Rosa H (2005) *Beschleunigung. Die Veränderung der Zeitstrukturen in der Moderne.* Frankfurt/Main: Suhrkamp.

Rosa H (2016) *Resonanz. Eine Soziologie der Weltbeziehung.* Berlin: Suhrkamp.

Rosenberg MB (2012) *Gewaltfreie Kommunikation.* Paderborn: Junfermann.

Rosenthaler T u. A Fitzgerald (2004) *was haben sie? was fehlt ihnen? praxisorientiertes NLP im gesundheitswesen.* Wien/New York: Springer.

Roth G (2019) *Warum es so schwierig ist, sich und andere zu verändern. Persönlichkeit, Entscheidung und Verhalten.* Stuttgart: Klett-Cotta.

Rudolf G (2006) *Strukturbezogene Psychotherapie: Leitfaden zur psychodynamischen Therapie struktureller Störungen.* Stuttgart: Schattauer.

Salamone JD, Cousins MS, Bucher S (1994) *Anhedonia or anergia? Effects of haloperidol and nucleus accumbens dopamine depletion on instrumental response selection in a T-maze cost/benefit procedure.* In: Behav Brain Res 65:221–229.

Scharmer O (2019) *Essentials der Theorie U. Grundprinzipien und Anwendungen.* Heidelberg: Carl-Auer.

Scharmer O u. K Käufer (2008) *Führung vor der leeren Leinwand. Presencing als soziale Technik.* In: OrganisationsEntwicklung Nr. 2 |2008.

Sandhoff K u. W Donner (Hrsg. 2007) *Vom Urknall zum Bewusstsein – Selbstorganisation der Materie. 124. Verhandlungen der Gesellschaft Deutscher Naturforscher und Ärzte.* Stuttgart: Thieme.

Schauer M a. Elbert T (2010) *Dissociation Following Traumatic Stress. Etiology and Treatment* Zeitschrift für Psychologie/Journal of Psychology 2010; Vol. 218(2):109–127; DOI: 10.1027/0044–3409/a000018.

Schiepek G (Hrsg. 2004) *Neurobiologie der Psychotherapie.* Stuttgart: Schattauer.

Schiepek G, Eckert, H, B Kravanja (2013) *Grundlagen systemischer Therapie und Beratung. Psychotherapie als Förderung von Selbstorganisationsprozessen.* Göttingen: Hogrefe.

Schipperges H (1998) *Weltbild und Wissenschaft im Spiegel der Naturforscherversammlungen.* In Engelhardt D v. (Hrsg.) Zwei Jahrhunderte Wissenschaft und Forschung in Deutschland – Entwicklungen – Perspektiven. Stuttgart: Wissenschaftliche Verlagsgesellschaft.

Schlippe A v u. WC Kriz (Hrsg.) (2004) *Personenzentrierung und Systemtheorie. Perspektiven für psychotherapeutisches Handeln.* Göttingen: Vandenhoeck u. Ruprecht.

Schmidbauer W (2007) *Das Helfersyndrom. Hilfe für Helfer.* Reinbek: Rowohlt.

Schnabel PE (2015) *Einladung zur Theoriearbeit in den Gesundheitswissenschaften. Wege, Anschlussstellen, Kompatibilitäten.* Weinheim/Basel: Beltz Juventa.

Schubert C (2015) *Psychoneuroimmunologie und Psychotherapie.* Stuttgart: Schattauer.

Schubert C (2016) *Was uns krank macht – was uns heilt.* Munderfing: Fischer & Gann.

Schulz von Thun F (1981) *Miteinander reden: Störungen und Klärungen. Psychologie der zwischenmenschlichen Kommunikation.* Hamburg: Rowohlt.

Schulz von Thun F (1998) *Miteinander reden: Das »Innere Team« und situationsgerechte Kommunikation.* Hamburg: Rowohlt.

Schwing R u. Fryszer A (2010) *Systemisches Handwerk – Werkzeug für die Praxis.* Göttingen: Vandenhoeck & Ruprecht.

Simon FB (2006) *Meine Psychose, mein Fahrrad und ich. Zur Selbstorganisation der Verrücktheit.* Heidelberg: Carl-Auer.

Simonyi K (1995) *Kulturgeschichte der Physik.* Thun/Frankfurt/M.: Verlag Harri Deutsch und Budapest: Akadémiai Kiadó,

Singer T (2020): https://taniasinger.de/de/das-resource-project/ (letztmalig abgerufen 3.9.2020).

Spitzer M (2007) *Vom Sinn des Lebens. Wege statt Werke.* Stuttgart: Schattauer.

Spork P (2019) *Gesundheit ist kein Zufall: Wie das Leben unsere Gene prägt – Die neuesten Erkenntnisse der Epigenetik.* München: Pantheon.

Stangl W (2020) *Stichwort: »Tend-and-befriend-Reaktion«.* Online-Lexikon für Psychologie und Pädagogik. www:https://lexikon.stangl.eu/19305/tend-and-befriend-reaktion/ (letztmalig abgerufen 18.11.2020).

Strunk G u. G Schiepek (2006) *Systemische Psychologie. Eine Einführung in die komplexen Grundlagen menschlichen Verhaltens.* München: Elsevier – Spektrum.

Sturmberg JP a. CM Martin (eds. 2013) *Handbook of systems and complexity in health.* New York: Springer.

t-online.de 17.08.2018 https://www.t-online.de/gesundheit/gesund-leben/id_84295638/einbruch-der-lebenserwartung-werden-wir-doch-nicht-immer-aelter-.html (letztmalig abgerufen 10.01.2021).

t-onlne.de 30.10.2019: https://www.t-online.de/gesundheit/gesund-leben/id_86714828/warum-die-lebenserwartung-in-den-usa-sinkt.html (letztmalig abgerufen 10.01.2021).

Thuner S, Hanel R, Klimek P (2018) *Introduction to the Theory of Complex Systems.* Oxford: University Press.

Toepfer G (2018) *Biologie und Anthropologie der Wahrnehmung.* In: Hartung G u. Herrgen M (Hrsg.): Interdisziplinäre Anthropologie. Jahrbuch 4/2016: Wahrnehmung. Wiesbaden: Springer VS, 2017, korrigierte Publikation 2018, ISBN 978-3-658-14263-6. S. 28.

Tomm K (1996) *Die Fragen des Beobachters.* Heidelberg: Carl-Auer.

Tomasello M (2010) *Warum wir kooperieren.* Berlin: Suhrkamp.

Tomasello M (2014) *Eine Naturgeschichte des menschlichen Denkens.* Berlin: Suhrkamp.

Tomasello M (2020) *Mensch werden. Eine Theorie der Ontogenese.* Berlin: Suhrkamp.

Tomasello M u. K Hamann (2011/2012) *Kooperation bei Kleinkindern.* In: Max-Planck-Gesellschaft Jahrbuch 2011/2012.

Tschuschke V (2011) *Psychoonkologie. Psychologische Aspekte der Entstehung und Bewältigung von Krebs.* Stuttgart: Schattauer.

Vinje HF, Ausland LH, Langeland E (2017) *The Application of Salutogenesis in the Training of Health Professionals.* In 2017. The Handbook of Salutogenesis. Hrsg. Mittelmark et al: 307–318.

Uexküll T v (1963) *Grundfragen der psychosomatischen Medizin.* Reinbek bei Hamburg: Rowohlt.

Uexküll T v u. W Wesiack (1991) *Theorie der Humanmedizin.* München: Urban und Schwarzenberg.

Vohs KD a. RF Baumeister (eds. 2011) *Handbook of Self-Regulation. 2nd Ed.,* New York: Guiford Press.

Wahl WB (2011) *Gefühlsarbeit in Gesundheitsberufen – Reflexivität als Voraussetzung für Gefühlsarbeit.* In:Der Mensch, 42/43 1+2-2011, S. 53–60.

Watzlawick P, Beavin JH u. DD Jackson (1990) *Menschliche Kommunikation. Formen, Störungen, Paradoxien.* Bern: Hans Huber.

Weltärztebund (2017): https://www.bundesaerztekammer.de/fileadmin/user_upload/downloads/pdf-Ordner/International/Deklaration_von_Genf_DE_2017.pdf (letztmalig abgerufen 12.01.2021).

Wieser W (2007) *Gehirn und Genom. Ein neues Drehbuch für die Evolution.* München: C.H. Beck.

Winnicott DW (1983) *Von der Kinderheilkunde zur Psychoanalyse.* München: Fischer.

Winnicott DW (2012) *Vom Spiel zur Kreativität.* Stuttgart: Klett-Cotta.

Zwanzger P (2019) *Angst. Psychologie. Gesellschaft.* Berlin: MWV.

Index

Bibliografische Informationen der Nationalbibliothek

Die Deutsche Nationalbibliothek verzeichnet diese Publikation in der Deutschen Nationalbibliografie; detaillierte bibliografische Daten sind im Internet unter www.dnb.d-nb.de abrufbar.

HINWEIS FÜR DEN LESER
Die Informationen in diesem Buch sind vom Autor und Verlag sorgfältig erwogen und geprüft, dennoch kann eine Garantie nicht übernommen werden. Eine Haftung des Autors bzw. des Verlags und seiner Beauftragten für Personen-, Sach- und Vermögensschäden ist ausgeschlossen.

2. überarbeitete Auflage 2022

Barfüßerkloster 10, 37581 Bad Gandersheim
Tel: +49 (0)5382-95547-0 Fax: +49 (0)5382-9554712
E-Mail: verlag@geen.de
www.verlag.gesunde-entwicklung.de
www.geen.de

Grafik und Layout: Margrit Stüber
Druck: PRESSEL Digitaler Produktionsdruck, Remshalden
ISBN:978-3-9813922-8-9